아이들의 눈으로 본 수업 이야기

좋은 수업의
이론과 실제

김대석 | 박우식 | 성정민

박영story

서 문

아이가 경험한 좋은 수업의 구체적 장면과
좋은 수업의 기준을 함께 제시하다

수업을 잘하는 것은 모든 교사의 바람이다. 에듀테크가 일상화된 교육현장에서 좋은 수업에 대한 교사의 바람은 더 할 것이다. 학생들에게 좋은 수업을 하기 위해 교사들은 끊임없이 교수학습을 준비하고 있다. 공들여 준비한 수업을 하고 난 후, 학생들로부터 '좋은 수업'이었다는 피드백을 받고 싶어 한다. 그러하기에 예비교사들이 교육대학이나 사범대학에서 교직과정을 공부하고 현직교사들이 다양한 자격연수와 직무연수를 받는 궁극적인 이유는 '수업역량', 즉 아이를 이해하고 '좋은 수업'에 필요한 실천적인 지식과 스킬을 익히기 위해서이다.

좋은 수업이란 무엇을 의미하는가? 수업을 연구한 학자들의 견해를 종합해 보면, 좋은 수업의 의미와 기준은 시대와 상황에 따라 조금씩 그 결을 달리하고 있다. 이처럼 가변성과 역사성을 가지는 좋은 수업의 의미와 기준은 점차 다양해지고 있다. 저자들은 복잡다면한 교육 환경 속에서 좋은 수업을 관통하는 기준을 찾고자 노력하였다. 저자들은 좋은 수업에 대한 기존의 연구들이 이론이나 모형을 중심으로 이루어졌으며, 좋은 수업의 기준 역시 교사의 입장에서 주로 논의되고 있다는 점에서 그 한계를 인식하였다. 이 문제를 극복하고 교사의 관점뿐만 아니라 아이가 경험하고 인식하는 좋은 수업의 구체적인 장면과 기준을 제시하기 위하여 이 책을 저술하였다. 따라서 이 책은 아이의 눈으로 바라 본 좋은 수업의 이론과 구체적 수업 장면을 제시한 결과물로서 좋은 수업에 대한 실제적 입문서이다.

책에서 다루는 수업의 구체적 장면이 기존의 좋은 수업의 관점에서 보기에 부족한 장면도 있다. 그러나 학생은 그러한 수업을 좋은 수업으로 인식하고 있다. 이 책은 교육학 이론이나 교수자 관점이 아닌, 아이들의 눈으로 본 좋은 수업이다.

이 책의 핵심 내용은 ① 아이가 경험한 좋은 수업의 구체적 장면과 좋은 수업에 대한 인식이다. 또한 ② 좋은 수업을 구분짓는 기준 역시 이 책의 핵심 내용이다. 저자들은 아이가 수업에서 교사 및 동료들과 상호작용을 하면서 실제로 경험한 구체적 장면과 좋은 수업에 대한 인식을 심층적으로 분석하였다. 이를 위해 학생들이 초중고 시절 동안 경험한 좋은 수업의 구체적 장면을 좋은 수업의 기준별로 제시하였다. 또한 좋은 수업의 구체적인 장면을 통해 어떤 요인이나 기준이 수업을 의미 있게 만들었는지에 대한 답을 찾기 위해 좋은 수업의 기준을 다시 논의하여 함께 제시하였다.

이 책은 2부로 구성되었다. 1부에서는 좋은 수업의 여러 개념을 살펴보고, 좋은 수업의 기준에 대한 국내외의 연구 흐름, 학생의 관점에서 바라본 좋은 수업의 기준을 제시하였다. 지금까지 연구된 좋은 수업의 기준을 모두 검토하기보다는 우리 학생의 관점에서 좋은 수업의 개념과 기준을 제시하였다.

2부에서는 학생들이 실제로 경험한 좋은 수업의 구체적 장면을 학생의 관점에 맞는 13가지 좋은 수업의 기준과 함께 다루었다. 각 장에서는 ① 좋은 수업의 구체적 기준과 기준에 부합하는 좋은 수업의 ② 구체적 수업장면, 그리고 ③ 해설(이론)을 함께 다루었다. 13가지 좋은 수업의 기준은 다음과 같다.

(1) 분명한 학습 성취기준
(2) 수업 과정상의 명료한 구조화
(3) 수업몰입
(4) 학습내용(과제)의 명료한 구조화와 전개 및 정리
(5) 학습에서의 발달, 흥미와 동기를 유발시키는 의사소통
(6) 다양한 교수학습 방법
(7) 적절하고 충분한 연습과 적용
(8) 개별화된 학습과 성장
(9) 학습 촉진적인 분위기
(10) 준비된 환경
(11) 효과적인 동기부여

(12) 인지·정서통합계발 수업

(13) 교수학습결연

　　아이가 경험한 좋은 수업의 구체적 장면과 아이의 관점을 토대로 한 좋은 수업의
기준을 제시한 이 책이 예비교사에게는 좋은 수업에 대한 실제적 입문서로 활용되기
를 바란다. 또한 현직교사에게는 우리 교육 현장에 적합한 좋은 수업과 자신의 수업
성찰에 대해 고민하는 논의의 장을 펼치는 안내서가 되기를 기대한다.

2021년 2월

공주대학교 사범대학에서

김대석, 박우식, 성정민

목 차

세부 목차

PART 1

좋은 수업의 이론

PART 3

좋은 수업의 경험적 사례 특성 분석

사례 목차

CHAPTER 04 학습내용(과제)의 명료한 구조화와 전개 및 정리

CHAPTER 05 학습에서의 발달, 흥미와 동기를 유발시키는 의사소통

CHAPTER 06 다양한 교수학습 방법

표 목차

그림 목차

PART 3 좋은 수업의 경험적 사례 특성 분석

사례 이론 목차

PART
1

좋은 수업의 이론

01 좋은 수업과 효과적인 수업

'좋은 수업'의 개념은 용어가 가진 상대성 및 주관성 때문에 이 개념을 사용하는 학자 또는 개념이 사용되는 상황에 따라 다양한 의미를 가진다. '좋은'에 해당하는 영어 표현은 'Effective', 'Best', 'Good' 등이 주로 사용되기 때문에 '좋은 수업'은 '효과적인 수업'으로도 해석하는 것이 가능하다.[1] 하지만 효과적인 수업이 어떤 것이냐에 대한 담론에 대해서도 많은 논쟁이 있어 왔다. 논쟁의 핵심은 모든 상황에서 모든 학습자에게 '좋은 수업' 혹은 '효과적인 수업'이 존재하기가 어려울뿐더러 이를 객관적으로 정의하는 것도 난해하다는 점이다. 교사와 학생의 사회·문화적인 특성 및 교수학습이 계획·실천·평가되는 상황이 다양하기 때문에 모든 사람(이해당사자·교사와 학생)을 만족시키는 '좋은 수업'을 정의하는 것은 어쩌면 불가능할 수도 있다. 그럼에도 불구하고 효과적인 수업의 관점에서 좋은 수업을 과학적으로 규명하려는 수업효과성 연구들은 좋은 수업을 이해하는 하나의 중요한 초석이 된다.

본서에서는 지금까지 연구된 좋은 수업의 개념이나 유형을 모두 검토하기 보다는 효과적인 수업의 특징(혹은 기준)의 관점에서 좋은 수업의 이론과 개념의 변천 과정을 제시하였다. 이를 위해 먼저 수업에 관한 일반적인 정의를 살펴보고, 수업 효과성 연구, 좋은 수업의 연구 방향, 좋은 수업의 몇 가지 정의를 소개하였다.

1 수업의 정의

수업의 의미는 시대, 사회·경제적 환경, 문화적 배경, 사회의 발전, 교사와 학생의 가치관에 따라 다르게 나타난다. 수업의 개념적인 정의가 교사의 강의 중심에서 교사와 학생 혹은 학생들 간의 협동을 중시하는 것으로 이미 변하고 있다는 점은 이를 반증하는 예이다.

더욱이 21세기에 교사와 학생은 지식정보화 사회, 4차 산업혁명 시대, 가상현실 (VR), 인공지능(AI) 등으로 대변되는 시대를 살고 있다. 특히 포스트모던하고 다문화적인 시대는 구성주의 교육을 강조하고 있다. 구성주의 교육은 지식의 객관성과 절대성에 의문을 제기하고, 상대적이며 주관적인 지식관을 주장한다. 지식 인식과 형성에 관한 지식, 즉 메타-지식에 대한 관심은 수업의 정의를 더욱 다양하게 만들고 있다. 일반적으로 알려진 수업에 대한 몇 가지 정의는 아래와 같다.[2]

- 목표 달성을 위해 교사의 교수 활동과 학생의 학습 활동이 실제적이고 구체적으로 실현되는 것
- 학습 활동이 일어나도록 학생의 내·외적 조건을 체계적으로 조성하는 것
- 학습을 통해 행동이 변화되도록 일련의 상황을 통제하거나 조직하는 과정
- 학습자가 의도된 지식, 기능, 신념을 합리적으로 조정하는 과정
- 교수와 학습을 줄인 용어로 교학상장(敎學相長)의 상호작용 상황을 의미
- 교육목적 달성을 위해서 교사와 학생이 교육내용(교육과정)을 매개로 상호작용하는 핵심적 활동
- 학습자가 특정 조건에서 특정하게 행동하는 것을 배울 수 있도록 학습자 개인의 환경을 조성하는 과정
- 의도한 목표가 정해져 있고 이 목표를 달성하기 위한 교사의 교수 활동과 학생의 학습 활동이 교육내용이나 교수 매체를 통해서 상호작용으로 이루어지는 일련의 과정

2 수업 효과성 및 효과성 모형 연구

좋은 수업의 특징을 찾아내고 객관화시키려고 하는 수업 효과성 연구는 교사 및 학생의 특성과 관계된 다양한 분야에서 이루어지고 있다. 교사 영역만을 연구하기도 하고,[3] 교사와 학생 모두를 고려하기도 한다.[4] Medley[5]는 교사의 인성·특성, 수업 방법, 수업행동, 전문적 능력을 중심으로 효과적인 수업의 기준과 관련된 좋은 수업 연구를 강조한 반면, Rosenshine[6]은 교사의 인성·특성, 교사와 학생의 상호작용, 학생의 주의·숙달내용·주의력 증진 상황이라는 3단계 기준을 제시하였다. Ornstein과 Lasley[7]는 효과적인 수업을 하는 교사 변인을 기준으로 좋은 수업의 연구 역사를 다음과 같이 분석하였다.

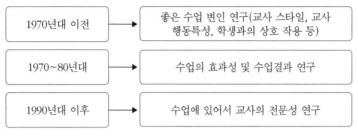

[그림 1-1] 효과적인 수업의 교사 변인 기준 연구사

수업 효과성 연구를 대표하는 것이 '수업 효과성 모형'이다. 수업 효과성 모형은 수업의 세 가지 측면인 투입, 과정, 산출 중 강조하는 영역에 따라 효과적인 수업의 의미를 달리하고 있다. 하지만 무엇보다도 이들 세 영역 모두를 강조하는 수업이 효과적인 수업인 것은 분명하다.[8] 각 영역에서 고려하거나 검토할 요인은 다음과 같다.

〈표 1-1〉 수업 효과성 모형의 투입-과정-산출 영역과 요인

영역	고려 및 검토 요인
투입	학생특성(지식수준, 관심, 능력 등), 교사특성(지위, 성, 교과내용 지식 등), 수업 내용 특성(범위 등) 등
과정	교실 분위기, 교사행동, 학생의 학습활동, 내용조직, 평가 절차 등
산출	단(장)기적 학습, 단(장)기적 태도변화와 기능 습득 등

Rosenshine과 Furst[9]는 과정-산출 연구를 통해 효과적인 교사의 수업행동 특성과 그렇지 않은 교사의 수업행동 특성을 규명하였다. 이들은 효과적인 수업을 하는 교사의 행동 특성으로 ① 명확성, ② 다양성, ③ 열정, ④ 과제 지향 행동, ⑤ 교사의 비지시성, ⑥ 준거자료를 학습할 수 있는 기회 제공 등을 제시하였다. Medley[10]는 좋은 수업에 기여하는 교사의 효과성을 밝히고자 다음을 주제로 과정-산출 수업 연구를 하였다.

- 수업운영(classroom management)
- 시간분배(time allotment)
- 발문기술(questioning techniques)
- 교사의 반응(teacher reactions)
- 행동문제(behavior problems)
- 교수기법(teaching techniques)
- 개별 아동과의 협력(working with individual pupils)

Walker[11]는 현직 교사와 예비 교사를 대상으로 효과적인 수업을 하는 교사의 12가지 특징을 다음과 같이 제시하였다.

- 수업 진행을 위한 만반의 준비(prepared)
- 수업에서 학생에게 긍정적인 태도(positive attitudes) 유지
- 모든 학생에 대해 높은 기대(high expectations)
- 수업에 있어서 창의성(creativity) 제시
- 공정한(fairly) 학생 대우와 평가
- 학생들과 개별적이고 다가가기 쉬운 관계(personal, approachable touch) 형성
- 학급에 대한 소속감(a sense of belongings) 향상
- 학생의 문제에 공감하기
- 유머감(a sense of humor)과 매사에 긍정적인 태도
- 학생 존중(respect students) 태도
- 학생을 용서하고(forgiving) 나쁜 감정을 갖지 않는 태도
- 자신의 실수를 인정(admit mistakes)하는 태도

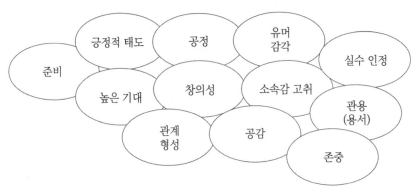

[그림 1-2] Walker의 효과적인 수업을 하는 교사의 12가지 키워드

좋은 수업의 초기 연구는 교사의 효과적인 교수 행위에 관심을 가지면서 시작되었다. 대표적인 초기 연구 내용은 암송학습(recitation lesson)으로 중요한 정보를 학생들이 효과적으로 숙지할 수 있도록 하는 것이었다. 1920~1930년대의 좋은 수업은 수업에 있어서 주의집중(attentiveness)에 초점을 두었다. 본격적이며 과학적인 수업 효과성 연구는 1930년대 Barr와 Emans[12]로 보고되고 있다. 이들은 성공적인 수업의 예측변인으로 교사의 태도, 흥미, 인성 등에 초점을 두었다.

이후 효과적인 수업을 하는 교사의 수업운영 방법을 관찰한 대표적인 연구로는 Kounin[13]의 효과적인 수업운영 기술이 있다. Kounin은 수업을 효과적으로 운영하는 교사들이 가지는 기법으로써 다음을 제시하였다.

- 완전파악 혹은 장악력(with-it-ness): 마치 뒤에도 눈이 있는 것처럼 교사가 교실 모든 곳에서 어떤 일이 일어나는지를 알고 수업을 운영하는 상황
- 동시처리 혹은 동시반응(overlapping, multitasking): 교실에서 발생하는 둘 이상의 사건을 교사가 동시에 살피고 반응하는 상황
- 부드럽고 유연한 수업전개(smoothness): 학생의 활동이나 사고과정을 방해하는 교사의 급격한 변화 없이 부드럽게 수업을 운영하는 상황
- 수업의 신속함 혹은 추진력(momentum): 수업 활동을 신속하게 시작하고, 계속 유지하며, 효과적으로 수업을 마무리하거나 전환하는 교사의 수업운영 능력
- 집단반응태세(group focus/group alerting): 학생들의 주의를 집중시키면서 과업을 신속하게 인식하도록 하는 교사의 수업운영 능력
- 파급효과(ripple effect): 특정 학생에 대한 교사의 언행이 파급이 되어 다른 학생의 언행에 영향을 주게 되는 상황
- 학생의 책무성(students' accountability): 학생 각자가 배운 사실, 개념, 절차 등의 학습 활동에 적극 참여하면서 수업에 대해 분명한 책임을 지도록 교사가 수업을 운영하는 능력
- 포만회피(satiation avoidance): 포만은 반복으로 인하여 수업유인이 변화하는 것을 의미함. 반복 학습은 학생들에게 피곤함과 지겨움을 느끼게 함. 따라서 효과적인 수업운영을 하는 교사는 학생에게 도전 자극을 주며, 수업의 다양성을 추구하고, 학생의 진보인식을 강조함.

아울러 Kounin은 효과적인 수업을 방해하는 교사의 행동도 제시하였다.

- 교사의 과잉설명
- 수업 내용의 이탈 및 탈선(digression)
- 모둠 혹은 전체 학습에 적합한 과제를 개별학습으로 전개 등

효과적인 수업에 대한 양적 연구는 교사와 학생의 **언어적 상호작용**에 관한 것이 대표적이다. 이 연구는 수업시간에 교사와 학생이 주고받는 언어적 의사소통 방식과 그 내용을 효과적인 수업의 분석 틀로(학습자 중심 의사소통, 교사 중심 의사소통, 중립적 의사소통 등) 삼는다. 이 밖에도 효과적인 수업의 특징과 모델을 찾기 위한 유의미한 양적 연구들이 지속적으로 이루어지고 있다. 구체적인 내용은 다음과 같다.14)

1990년대까지는 학습자의 학업성취 결과, **학습태도, 학습동기**를 향상시키는 변인들을 효과적인 수업으로 간주하는 연구가 진행되었다.15) 이후 효과적인 수업 변인에 대한 연구는 수업모형에 근거를 둔 **체계적인 접근방법**에 따라 의도한 수업목표를 성취한 수업을 효과적인 수업으로 간주하였다.16) 임규혁17)은 교사주도의 다양한 교과내용이나 교수활동을 통해 수업목표를 달성하거나 학습자의 정의적 또는 인지적 능력을 증진시키는 수업을 효과적인 수업이라고 보았다.

2000년대에 와서는 수업을 구체적인 영역, 즉 ① 도입, ② 전개, ③ 상호작용, ④ 피드백, ⑤ 평가 등으로 구분하여 교수법과 교육공학적 자원을 적절히 사용하였는지에 중점을 두고 교사의 수업을 평가하는 방법이 도입되었다. 하지만 마이크로티칭이나 플랜더스(Flanders)의 언어적 상호작용모형 등을 통한 효과적인 수업에 대한 평가는 수업을 단편적이고 파편화시켜서 분석하는 **행동주의적 접근**이라는 비판을 받고 있다.

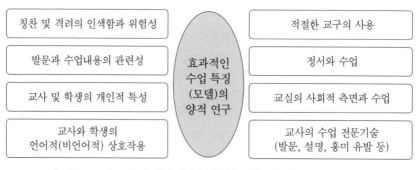

[그림 1-3] 효과적인 수업 특징(모델) 관련 양적 연구들

최근에는 효과적인 수업을 학습자의 관점에서 종합적으로 정의하려고 하는 경향이 있다. **구성주의 교육방식**이 학교 현장에 도입되면서 효과적인 수업은 전통적인 지식의 전달 관점에서 학습자가 지식을 가장 잘 구성하도록 하는 교사의 수업 방식을 효과적인 수업 특성으로 보고 있다.

[그림 1-4] 수업 연구 패러다임의 변화

4 좋은 수업의 정의

좋은 수업에 관한 정의를 살펴보는 것은 좋은 수업의 특징을 이해하는 데 도움이 된다. 조규진[18]은 좋은 수업을 ① 수업내용의 전달과 이해, ② 학급운영적인 측면, ③ 구성적 사고의 촉진, ④ 수업 주제의 현실 적용 가능성의 관점에서 교사의 행동 기준과 직접 관련된다고 주장하였다. 김도기 등[19]은 수업컨설팅 관점에서 좋은 수업을 "과학성(기술)을 바탕으로 교사와 학생이 함께 만드는 예술적 행위이며, **교육적 감식안**을 가지고 학생의 바람직한 성장을 안내하는 과정"이라고 보았다. 좋은 수업에 대한 이와 같은 정의는 수업을 '**예술적 행위**', '**교육적 감식안**', '**학생의 바람직한 성장**'의 관점에서 접근하는 것이다. 이는 예술적 관점에서 교육과정과 수업을 보았던 Eisner[20]의 생각이 잘 녹아 있으며 동시에 수업의 과학성을 보완한 정의로 해석된다.

조규진 등[21]과 김도기 등[22]은 좋은 수업을 판단할 수 있는 기준으로 다음의 5G를 제시했다. 5G의 조건은 좋은 수업을 판단하는 기준이면서 동시에 좋은 수업이 가지는 특징이기도 하다.

학교 현장의 경험적 풍토에서 수업을 연구한 Meyer[23]는 좋은 수업을 다음과 같이 정의한다. 그에게 있어서 좋은 수업은 ① 수업문화와 분위기는 민주적이어야 하며,

짜임새 있는 수업 설계 (Good Design)	• 탄탄한 수업 설계, 교육과정 해석과 재구성, 일관성, 자연스러운 수업진행, 수업시간 관리 등
효과적인 언어적 의사소통 (Good Telling)	• 교사의 어조와 억양, 효과적인 발문, 화술, 설명력(언어적 의사소통 능력; 교사 자신의 전문지식을 학생이 쉽게 이해할 수 있도록 전달하는 능력) 등
효과적인 비언어적 의사소통 (Good Showing)	• 수업목표(내용)에 적합한 교수매체 사용, 적절한 교수매체 활용법, 교사의 전문성에 어울리는 복장, 적절한 비언어적 의사소통, 교실 공간의 적절한 활용, 판서전략 등
적극적 참여와 상호작용 (Good Involving)	• 효과적인 학생 참여 유도 전략, 적절한 학습과제 제시, 활발한 학생 참여, 참여하지 않는 학생에 대한 조치 등
내용의 이해와 목표 도달 (Good Understanding)	• 잠재적 학습목표를 포함하여 학생의 이해 및 수업목표 도달을 통해 좋은 수업 여부를 파악함

② 수업의 기초는 교육 본연의 과제에 충실해야 한다. 또한 ③ 수업의 목표가 교사와 학생 모두 성공적인 교수학습을 위한 결속을 지속적으로 유지하면서 ④ 지속적으로 의미의 생성을 지향하는 의사소통을 해야 한다. ⑤ 좋은 수업은 학생 각자의 능력을 계속 발전시키는 데 도움을 주어야 하며 동시에 ⑥ 학생뿐만 아니라 교사에게도 성취와 만족, 보람을 제공해야 한다.

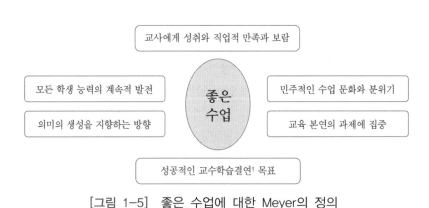

[그림 1-5] 좋은 수업에 대한 Meyer의 정의

---

1 교수학습결연(teaching-learning alliance)은 교사와 학생이 수업에 있어서 통용될 권리와 의무, 달성해야 할 성취과제와 성과에 대하여 상호 신뢰를 근거로 교수학적인 사회적 계약을 맺는 것이다. 교수학습 동맹(결연)의 형태로는 명시적인 상황, 암묵적인 상황, 형식적인 계약, 동맹(결연)이 체결된 것처럼 수업하는 상황, 갈등적인 상황, 교수학습에 대한 거부 상황 등으로 나타남(Meyer, 2004: 195-196).

02 좋은 수업의 기준 연구

좋은 수업의 중요한 기준으로 교사중심 수업, 권위주의적 수업, 각인하기 쉬운 형식으로 지식을 구조화시켜서 전달하는 수업 행동 특성은 점차 감소하고, 교사와 학습자의 민주적이고 합리적인 관계와 관련된 수업 특성들이 증가하는 경향이 있다.

1 좋은 수업의 기준에 대한 국내 연구

이화진 등[24]은 좋은 교사의 수업은 이해하기 쉽고 재미있으며, 학습자 수준에 적합하며, 학습자 주도적인 수업이라고 보았다. 조난심 등[25]은 다음을 좋은 수업의 기준으로 제시한다.

- 의미 있고 균형 잡힌 수업
- 다양한 상호작용이 있는 수업
- 높은 몰입과 협동적 분위기
- 학습에 도움이 되는 평가

김주훈 등[26]은 다음을 좋은 수업의 기준으로 제시한다.
- 학습자의 수준과 능력에 대한 고려
- 학습동기 유발
- 학습자의 생활이나 경험과 밀착된 내용
- 학습자 참여
- ICT · 오개념 · 협동학습의 사용 등

서경혜[27])는 좋은 수업을 전달, 구성, 관계, 결과 관점에서 제시한다.

- **전달 측면**: 교과내용을 명확하고 효과적으로 전달
- **재구성 측면**: 학습자가 현재 지식을 더 높은 수준으로 재구성
- **관계 측면**: 교사와 학습자가 활발하게 상호존중하며 신뢰를 쌓아가는 인간관계
- **결과 측면**: 의도한 수업진행과 수업목표의 성취라는 결과적 측면

김재춘과 변효종[28])은 교육적 사태 속에서 발생하는 상호작용 활동을 통해 학습자들의 경험의 의미를 확대시켜 줄 수 있는 수업을 좋은 수업이라고 주장한다. 고창규[29])는 문제해결을 위한 활동중심이며 자기주도적 학습을 통해 교사가 의도한 결과가 도출된 것을 좋은 수업행동으로 보았다. 손승남[30])은 교사의 전문성 관점에서 좋은 교사의 행동특성을 제시하였다. 그가 제시한 교사의 전문성 관점은 다음과 같다.

교직관, 수업준비도, 전문지식, 학습자이해능력, 교육적 지혜, 수업기술, 매체활용능력, 평가능력, 피드백, 학급운영 능력

이혁규[31])는 교사의 학습자통제, 수업분위기 주도, 질문과 판서, 시간 관리와 학습집단 조직, 다양한 교수방법을, 강선주와 설규주[32])는 가르치고자 의도한 결과가 도출되고 학습자의 배움이 수업에서 구체적으로 실현되게 하는 교사의 수업행동을 좋은 수업의 요소로 보았다. 또한 앞에서 언급한 것처럼 조규진 등[33])은 좋은 수업의 특성으로 다음의 5G(좋은 Design, Telling, Showing, Involving, Understanding)를 제시하였다. 지금까지 검토한 국내의 좋은 수업의 기준(특징)과 관련된 주요 연구는 아래와 같다.[1]

〈표 2-1〉 효과적인 수업의 기준(특성)

연구자(연구시기)	효과적인 수업의 기준(특성)	비고
이화진 외 (2001)	• 학습자주도적인 수업 • 학습자수준에 맞게 설명·이해 수업 • 재미와 이해가 쉬운 수업	수준별 수업 중심의 행동 특성
김주훈 외 (2003)	• 학습동기 유발 및 적극적인 참여 • 협동학습의 광범위한 사용 • 통합적 학습경험의 중시 • 효율적인 ICT 활용 수업	

1 '효과적인 수업의 기준(특성)' 연구는 조규진(2013)의 연구를 근거로 정리·보완했음.

연구자(연구시기)	효과적인 수업의 기준(특성)	비고
서경혜 (2004)	• 전달: 내용의 정확한 전달 • 구성: 창의성과 문제해결 중심 • 관계: 교사·학습자 간 긍정적 관계 • 결과: 학습목표 도달	교사·학습자 면담연구
김재춘·변효종 (2005)	• 수업 사태에서 일어나는 상호작용을 통한 학습자의 경험의 의미 확대	개념적 검토
고창규 (2006)	• 학습자의 자기주도적 학습 • 문제해결에 필요한 활동중심 • 교사가 의도한 결과 산출	초등수업행동 특성
손승남 (2006)	• 교사의 수업전문성: 학습자이해, 교육적 지혜, 수업기술, 학급운영능력, 피드백, 매체활용, 수업방법, 평가 • 학습자에 대한 충분한 고려 • 사회문제 수용 및 반영된 수업	수업전문성과 교사교육 관점
강선주·설규주 (2008)	• 학습자가 배우려고 한 내용의 실현 • 교사의 교수 의도 결과 도출	사회과 수업 특성

이혁규
(2008)
	• 학습자의 학습과 배움에 대한 관심
	• 수업=교과가 교수가 되는 현상
	• 수업 수행 능력 강조
	   − 학생통제
	   − 수업분위기
	   − 시간관리 및 모둠 조직
	   − 질문과 판서
	   − 다양한 교수방법
		수업비평 관점

조규진·김도기· 김명수(2011) 김도기(2015) 김도기 외(2016)	• Good Design(좋은 설계) • Good Telling(좋은 강의) • Good Showing(좋은 모범) • Good Involving(좋은 몰입/참여) • Good Understanding(좋은 이해)	수업설계 관점

좋은 수업의 기준에 관한 외국의 연구의 방향은 **교수·학습 환경, 수업분위기, 교사와 학습자의 유대관계**를 점차 강조하는 경향이 있다. 1980년대 후반부터 미국은 좋은 수업으로써 **학습자 중심의 경험적·실제적·복합적 수업**을 최고의 수업행동 실천 기준으로 제시했고, **협동·민주·인지적 수업** 방식을 강조했다. 1990년대에는 수업 내용을 효과적으로 전달하는 교사의 특성만으로는 충분하지 않다고 보고 **자기주도적인 학습**이 가능하도록 교사가 지원해야 하면서, 여기서 **교사·학습자의 감정적 유대**를 강화하는 교사의 수업행동 특성을 강조하였다.[34] 이런 현상은 2000년대에 들어서 점차 강화되는 경향을 보인다.

Danielson과 McGreal[35]은 1950년대부터 효과적인 수업 특성 변천사를 통해 1990년대부터 ① 학습자의 수업 참여와 결정, 비판적 사고와 문제해결 능력 등의 학습자의 사회정서 역량 함양, 그리고 ② 학습자를 이해하고 학습자와 유대관계와 의사소통을 위한 교사의 심리·행동 특성들을 강조하고 있다고 보았다.

Weinert와 Helmke[36]는 학생에게 긍정적인 영향을 주는 좋은 수업의 기준을 제시했으며, 그 구체적인 내용은 아래와 같다.

- 효과적인 학급경영(수업자료의 습득을 위한 시간 활용의 집중도, 효율적 시간 활용)
- 수업의 구조화(수업진행의 구조화, 교사의 지시 및 설명의 명료성, 주의집중력 확보)
- 학생에게 적절한 도움 제공(학습상태 진단, 개별상담, 개인 및 집단에서의 개입과 통제)
- 학습의 촉진(학습취약 아동 우선 촉진, 학업성취 목표를 학생의 성취 능력에 맞춤)
- 사회적 분위기(민주적 수업 분위기, 대화 상대자로서 교사, 학생의 정서적 경험의 수용)
- 다양한 수업 방법 사용

Brophy가 주장한 좋은 수업의 12가지 기준은 다음과 같다.[37]

- 지원적인 학급 분위기
- 학습의 기회 보장
- 교육과정과의 연계성
- 학습방향의 설정
- 일관성 있는 내용
- 사려 깊은 의사소통
- 연습 및 적용 활동
- 학생의 과업 참여에 스캐폴딩
- 교수 전략
- 협동학습
- 목적 지향적인 평가
- 성취에 대한 기대

Meyer는 효과적인 수업의 특성을 10가지로 선정하면서 기존의 교사의 수업행동 특성에 더하여 교사의 수업환경 준비와 학습을 촉진하는 분위기, 의미 생성적인 교사와 학습자 사이의 의사소통 및 개별적인 학습의 촉진과 학습자에 대한 분명한 성취 기대를 포함시켰다. 또한 그는 효과적인 수업을 위해 교사가 가져야 하는 수업행동 특성으로 환경과 정서(분위기), 의사소통(개별적 촉진과 성취기대)을 강조했다.

Tileston[38]는 좋은 수업을 위한 교수실천 핵심 요소로 ① 정서적으로 안정된 분위기, ② 학습자의 동기를 부여하는 과제, ③ 학습의 과정을 평가하는 '참평가', ④ '협동학습과 학습자의 성공감' 형성을 주장했다. 이와 같은 핵심 요소를 실천하기 위해 Tileston이 제시한 좋은 수업의 10가지 기준은 다음과 같다.

- 학습을 촉진하는 교수학습 환경 조성
- 학습양식(방법)에 따른 교수학습 전략
- 이전·이후 교수학습경험 연결 전략
- 장기기억 교수학습 방법
- 고차원적 사고과정을 통한 지식의 구성
- 협동학습
- 학습자들 간의 격차 줄이기
- 다양한 참평가
- 실생활 적용을 위한 교과의 심층적인 이해
- 기술공학적 방법 도입

Borich도 자신의 10대 교수방법 중에 학습자가 성공적으로 수업에 참여하도록 하고, 학습자의 견해와 기여를 적극 활용하며, 수업내용뿐 아니라 학습과정에 대한 발문, 교사의 수업태도, 학습자와의 관계 등을 중요한 수업행동 특성에 포함시켰다.[39]

- 수업의 명료성
- 수업방법의 다양성
- 과업지향적인 수업
- 학습자의 적극적인 수업 참여
- 학습자의 학습 성공률
- 학습자의 견해와 기여 활용
- 체계화된 요약 및 정리 활동
- 수업내용 및 학습과정에 관한 발문
- 심화 및 구체화 진술
- 교사의 태도, 학습자와의 관계

미국의 전문직 교수기준 국가위원회(NBPTS)는 경력교사의 전문성 개발을 위한 5대 기준을 선정했다.[40] 5대 교수행동 특성은 교사가 학습자의 학습에 헌신할 것을 강조하고 학습자의 학습을 관리하고 점검하면서 학습공동체의 일원으로서 교사의 역할과 행동을 요구하고 있다.

- 학습자의 학습에 헌신
- 교수 내용과 방법 숙달
- 학습자의 학습 관리 및 점검
- 교수(teaching)의 체계적 실천 사고
- 학습공동체의 일원으로서 교사

Zemelman 등[41]은 좋은 수업의 14가지 기준을 다음과 같이 제시한다.

- **학생의 질문과 흥미로 출발하는 학생중심 수업**: 실제적이며 풍부하고 복잡한 생각과 내용, 전체를 포괄하는 맥락, 적극적이고 구체적인 현장경험, 도전·선택·책임감의 강조
- **고차원적 사고를 통한 개념이해 수업**: 학생의 발달단계에 적합, 인지적 체계를 구성함, 모든 범위의 의사소통 방법 활용, 경험으로부터 사고하며 학습한 내용에 대한 반성
- **대화, 토론, 논쟁수업**: 친절하며 상호지원적인 분위기, 소모둠 협동 활동, 민주적인 교실

아울러 이들은 교사가 학생과 함께 수업에 대한 책임 가지기, 교실 워크숍(classroom workshop), 전략적 사고, 소규모 협동학습 활동, 통합단원 구성, 학습의 재현, 형성적–반성적 평가를 좋은 수업의 구조로 간주했다.

미국 주교육감협의회(CCSSO: Council of Chief State School Officers)는 신규교사의 자격을 부여하는 데 있어서 공통적인 기준이 필요함을 인식하였다. 이에 주교육감협의회는 InTASC[2]를 구성하여 초임교사에게 반드시 필요한 10가지 기준에 관한 수행능력(performances), 필수적 지식(essential knowledge), 중요한 성향(critical dispositions)을 마련하였다.[42] 이 기준은 수업을 효과적이고 훌륭하게 수행하기 위해 교사에게 가장 기본적이고 중요한 기준을 밝히고 있으며, 동시에 각각의 기준은 과거부터 좋은 교사의 자질과 특징에 관한 연구 결과를 종합하고 있기 때문에 우리나라 교육에 시사하는 바가 크다.

---

2 InTASC는 '주정부간 초임교사 평가 및 지원 컨소시엄'(Interstate New Teacher Assessment and Support Consortium)의 두문자 약어로 미국의 각 주가 공동으로 좋은 수업을 위해 교사의 핵심적인 교수 자격 기준을 제정하였음(CCSSO, 2011).

InTASC가 제시한 교사의 자격기준은 4개 영역, 10가지 기준이다. 4개 영역은 학습자와 학습, 내용, 수업실제, 전문적 책임이다.

학습자와 학습 영역의 기준은 학습자의 인지·정서·신체적 발달 이해(기준 1), 학습자의 학습차이 이해(기준 2), 다양하고 긍정적인 학습 환경 조성(기준 3)을 강조한다.

내용 영역은 내용 지식과 내용 적용 기준으로 구분된다. 내용 지식은 교사가 가르치는 영역의 핵심개념, 탐구방법, 학문의 구조 등의 이해를 강조한다(기준 4). 내용 적용은 학습자의 비판적 사고, 창의성, 실제적인 문제 해결에 협력적으로 참여시키기 위해 가르치는 내용을 적용시킬 수 있는 능력(기준 5)이다.

수업실제 영역은 평가, 수업계획, 수업전략 기준으로 구성되어 있다. 평가는 교사가 학습자를 성장시키고 학습의 진전을 조성하고 교수학습에 있어서 효과적인 의사결정을 위해 다양한 평가 방법을 이해하고 활용함을 의미한다(기준 6). 수업계획은 교사가 지역사회 및 학습자의 상황에 관한 지식뿐만 아니라 내용지식, 교육과정 지식, 통학문적 기술 지식, 교육학 지식을 토대로 모든 학생이 엄격한 학습목표에 달성할 수 있도록 세워야 한다(기준 7). 수업전략에서 교사는 다양한 수업전략을 이해·활용해서 학습자가 내용을 깊이 이해하도록 해야 한다. 이를 통해 학습자는 유의미한 방식으로 지식을 적용할 수 있는 기술을 함양하도록 교사는 격려해야 한다(기준 8).

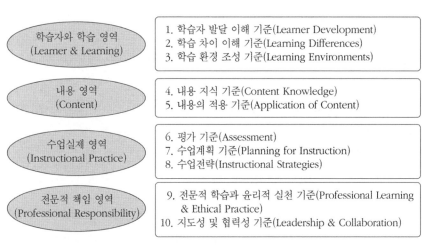

[그림 2-1] InTASC의 교사 자격기준(4개 영역 10가지 기준)

전문적 책임 영역에는 전문적 학습 및 윤리적 실천 기준과 지도성 및 협력 기준이 있다. 전문적 학습 및 윤리적 실천은 교사가 지속적으로 전문적인 학습에 참여하고 자신의 수업실천, 특히 교사의 선택과 행동이 타인에게 줄 수 있는 영향을 계속해서 평가하고, 학습자 각자의 필요를 충족시키기 위해 실제적인 것의 적용을 요구하는 기준이다(기준 9). 지도성 및 협력성은 교사가 학습자인 학생의 학습에 책임지고, 학습자를 성장시키기 위해 학습자, 가족, 동료, 다른 전문가, 지역사회 구성원과 협력하고, 그 전문성 향상에 어울리는 지도적 역할과 기회를 모색하는 능력을 요구하는 기준(기준 10)이다.

좋은 수업의 기준으로는 교사의 **수업기술**(teaching skill)도 중요하다. 교사는 가르치는 내용에 대한 전문적인 지식뿐만 아니라 가르치는 기술에 관한 지식도 필요하다. 수업기술과 방법은 실행과정에서 교육적이어야 한다. 수업기술은 수업내용을 효과적으로 전달하고 학생들이 수업에 적극 참여하며 수업을 방해하는 행동을 사전에 예방하거나 제거하는 데 효과적이다. 따라서 교사에게 필요한 수업기술에 관한 연구도 좋은 수업을 위해서는 계속되어야 할 것이다.

Smith[43]는 교사의 수업기술은 현직 교사에게도 필요하지만 교사 양성과정에서 배워야 한다고 주장하면서 다음의 10가지 기준들을 제시하였다.

- 수업을 자극하는 발문, 구조, 탐문
- 다양한 종류의 지식 능숙하게 다루기
- 행동 강화 기능 수행하기
- 개인 간의 관계 처리하기
- 학생의 필요와 학습의 어려움 진단하기
- 학생, 학부모, 교육관계자 등과 의사소통하고 공감하기
- 다양한 모임에 참여하기(학습과 배움을 위해)
- 수업 기술 장비 활용하기
- 학생 성취 평가하기
- 수업자료의 적절성 평가하기

Danielson[44]은 수업기술에 관한 이전의 연구를 검토하면서 효과적인 수업을 하는 교사가 가지고 있어야 할 영역으로 ① 수업계획과 수업준비, ② 교실환경, ③ 수업 역량, ④ 전문가다운 책임감을 제시했다.

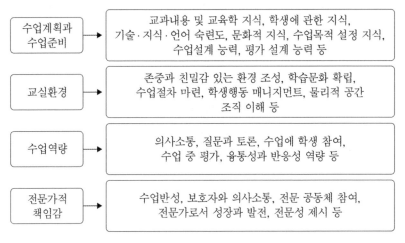

[그림 2-2] Danielson의 좋은 수업의 기준 영역

① 수업계획과 수업준비를 위해서 교사는 교과내용과 교육학 지식(학문의 내용과 구조, 선행학습과의 관련성, 내용관련 교육학), 학생에 관한 지식(발달, 학습과정, 기술/지식/언어적 숙련도, 관심과 문화적 특징, 특별한 요구사항), 수업목적 설정 지식(가치, 계열, 연관성, 명료성, 균형성, 다양한 학습자에 대한 적합성), 자원 지식(교실사용을 위한 자원, 내용지식과 교육학 확장 자원, 학생을 위한 자원), 일관성 있는 수업설계(학습 활동, 수업자료와 재원, 수업 모둠, 과와 단원 구조), 학생평가 설계(수업결과와 일치성, 표준과 기준, 형성평가 설계, 계획을 위한 사용) 능력이 필요하다.

② 교실환경 영역의 기준으로는 존중과 개인적 친밀감이 있는 환경 조성(교사-학생 및 학생 간 상호작용), 학습문화 확립(학습내용의 중요성, 학습 및 성취 기대, 학습에 있어서 학생의 자부심), 수업절차 마련 및 관리(수업 모둠, 수업전이, 수업자료(재료), 명령 없는 의무이행, 전문적 보조자의 감독), 학생행동 매니지먼트(기대, 학생행동 모니터, 학생의 문제행동 대응), 물리적인 공간 조직(안정과 접근성, 가구의 배치와 물리 자원 사용)에 대한 이해가 필요하다.

③ 좋은 수업을 위해 교사에게 필요한 역량은 학생과의 의사소통(학습기대, 지시와 절차, 내용 설명, 구두 및 문서 언어 사용), 질문과 토론(질이 높은 질문, 토론 기법, 학생참여), 학습에 학생 참여(활동과 과제, 학생모둠, 수업자료(재료), 수업구조와 속도), 수업 중 평가(평가 기준, 학습 점검, 학생에게 피드백, 학생의 자기평가와 발전에 대한 검토), 융통성과 반응

성(수업 조정, 학생에게 반응, 지속성)이 있어야 한다.

④ 전문가다운 책임감을 가지기 위해서 교사는 수업 반성(정확성, 미래 수업에 사용), 정확한 기록 유지(과제에 대한 학생의 완성, 학습에 있어서 학생의 발전, 지시하지 않은 기록), 보호자와 의사소통(수업 프로그램 정보, 학생 정보, 수업에 가족 참여), 전문 공동체 참여(동료와의 관계, 전문적인 연구 공동체에 참여, 학교봉사, 학교(지역) 프로젝트 참여), 전문가로 성장과 발전(내용지식과 교육학적 기술 향상, 동료로부터의 피드백 수용, 교직에 공헌), 전문성 제시(정직과 윤리, 학생 봉사, 생각·행동 및 노선·신념 등에 대한 공개 지지, 법령 준수)라는 기준을 제안했다.

지금까지 논의한 좋은 수업을 만들기 위해 연구가들이 제시한 기준이나 특성을 표로 정리하면 〈표 2-2〉와 같다.3

〈표 2-2〉 좋은 수업의 특성(기준)에 관한 해외 연구

연구자(연구시기)	좋은 수업의 특성(기준)	비고
전문직 교수기준 국가위원회(NBPTS)의 경력교사 전문성 개발 5대 기준 (1989, 2001)	• 학습자의 학습에 헌신 • 교수 내용과 방법 숙달 • 학습자의 학습 관리 및 점검 • 교수(teaching)의 체계적 실천 사고 • 학습공동체의 일원으로서 교사	경력교사 전문성 개발기준
Gaskins (1992)	• 학습자의 자기주도성 • 교사·학습자의 감정적 유대 • 긍정적인 상호작용이 바탕	수업 내용 이외의 특성
Weinert & Helmke (1997)	• 학급경영 • 수업의 구조화 • 도움제공 • 학습촉진 • 수업의 민주적 분위기 • 다양한 수업형식	수업에 긍정적인 영향을 주는 요인
Zemelman, Daniels, & Hyde (1998)	• 학습자 중심, 경험적, 실제적, 복합적 수업 • 총체, 반성, 사회적 수업 • 협동, 민주, 인지적 수업 • 발달, 도전적 수업	좋은 수업의 기준

---

3 '좋은 수업의 특성(기준)에 관한 해외 연구'는 조규진(2013: 57)의 연구에 최근 연구를 추가·보완했음.

연구자(연구시기)	좋은 수업의 특성(기준)	비고
Danielson & McGreal (2000)	• 1950: 교사효과성(말투, 표정, 열정 등) • 1970: 교사중심의 구조화된 수업 • 1980: 교육과정의 효과적 전달 • 1990: 학습자 참여와 결정, 비판적 사고와 문제해결 능력 • 2000: 학습자의 유기적 참여와 내용 이해	좋은 수업 특성 변천사
Brophy (2000)	• 지원적인 학급분위기 • 학습의 기회 • 교육과정 연계성 • 학습방향의 확립 • 내용의 일관성 • 의미를 생성하는 의사소통 • 연습과 응용활동 • 학생의 학습 참여 스캐폴딩 • 다양한 교수전략 • 협동학습 • 목적 지향적 평가 • 성취기대	좋은 수업의 12가지 기준
Meyer (2004)	• 명료한 수업 구조 • 높은 학습몰두 시간 • 학습내용의 명료성 • 방법의 다양성 • 지능적 연습 • 학습 촉진 분위기 • 의미 생성적인 의사소통 • 개별적인 촉진 • 분명한 성취 기대 • 준비된 환경	좋은 수업의 특성
Tileston (2005)	• 학습을 촉진하는 수업 환경조성 • 학습양식에 따른 수업 전략 • 이전·이후 교수학습 경험 연결 전략 • 장기기억 교수학습 방법 • 고차원적 사고과정을 통한 지식구성 • 협동학습 • 학습자들 간의 격차 줄이기 • 다양한 참평가 • 실생활 적용을 위한 심층 이해 • 기술공학적 방법의 교수학습 활용	좋은 수업의 10가지 실제

연구자(연구시기)	좋은 수업의 특성(기준)	비고
Borich (2011)	• 수업의 명료성 • 수업방법의 다양성 • 과업지향적인 수업 • 학습자의 적극적인 수업 참여 • 학습자의 학습 성공률 • 학습자의 견해와 기여 활용 • 체계화된 요약 및 정리 활동 • 수업내용 및 학습과정에 관한 발문 • 심화 및 구체화 진술 • 교사의 태도, 학습자와의 관계	효과적인 수업의 핵심행동
Zemelman, Daniels, & Hyde (2012)	• 학습자 중심, 실제, 복합, 경험, 도전적 • 인지적, 발달적, 구성적, 표현적, 반성적 • 상호작용적, 사회적, 협력적, 민주적	좋은 수업의 14개 원칙 제시
CCSSO (2011)	• 교과 전문성과 학습경험 창출 • 아동에 대한 지식과 합당한 대우 • 개인차 인정, 다양한 학습기회 제공 • 다양한 수업전략 사용 • 상호작용, 학습참여, 동기유발 조성 • 협력적 지원에 적절한 의사소통 • 다양한 목표에 근거한 수업 설계 • 평가 전략의 이해와 활용 • 전문성 신장 • 교육공동체와의 건강한 관계 구축	신규교사 평가 및 지원을 위한 주정부간 협력기구(InTASC)의 교사자격 기준 핵심 원칙(2013년 까지)
CCSSO (2013)	• 학습자와 학습(3): 학습자 발전, 학습차이 이해, 학습 환경 지원 • 교과내용(2): 교과내용 지식, 적용 • 수업실천(3): 다양한 평가, 수업계획, 다양한 교수전략 • 전문적 책임(2): 전문성 함양과 윤리적 실천, 리더십과 협동(소통)	4개 영역 10개 기준 (2013년부터 새 기준 적용)

03 학생의 관점에서 좋은 수업의 기준

1 Meyer의 좋은 수업의 10가지 경험적 기준

Meyer는 좋은 수업의 기준에 대한 현장 연구들을 종합하였다. 특히 학교 현장에서 인식한 좋은 수업의 특징 및 이와 관련된 기준들을 제시하고 있기 때문에 본 연구의 출발점으로 삼았다. 그가 제시한 좋은 수업의 특성은 아래와 같다.[45]

- 민주적인 수업문화 속에서,
- 교육본연의 과제에 기초하고,
- 성공적인 교수학습결연이라는 목표를 가지면서,
- 의미의 생성을 지향하고,
- 모든 학생의 능력의 계속적인 발달에 기여하는 수업

민주적 수업문화는 민주적인 학급규칙에 기반을 둔다. 좋은 수업은 학생의 인격적 성숙과 학생 간의 좋은 관계 형성을 돕고 사회의 유지와 발전에 기여해야 한다. 이것은 수업이 **민주적인 (학급)규칙**에 의거하여 진행될 때 가능하다. 즉, 수업이 우수한 학생의 발전을 방해하지 않으면서 동시에 부진한 학생을 의식적으로 향상시킬 때, 그리고 수업을 통하여 바람직한 인성을 함양하고 따돌림이나 폭력에 엄격하게 대응할 때 가능하다. 교사가 어떠한 이유로든 이러한 학급규칙을 일시적으로 철회한다면 학생에게 분명하게 안내해야 한다. 좋은 수업은 **의미를 생성**하고 그것을 지향한다. 수업을 통해 교과 지식과 능력을 개발하는 것도 중요하지만, 인격을 형성하고 자신의 개인적 발달과업을 달성하기 위한 동기를 형성하는 것도 중요하다. 마지막으로 **학생의 능력의 계속적인 발달에 기여**하는 것이다. 학교란 제도가 만들어지고 오늘날까지도 학교가 중요한 교육기관으로 인식되는 이유는 모든 학생이 체계적인 지식과 능력을 형성하는 데 학교가 기여하기 때문이다. 더욱이 학교(학급) 공동체 속에서 학생 간에 상호지원과 체계적인 학습이 일어나 모든 학생의 계속적인 발달에 기여하는 것이 좋은 수업이다.

Meyer는 자신의 정의한 좋은 수업의 특성을 효과적으로 발현하는 10가지 기준을 제시하였다. ① 분명한 성취기대, ② 수업의 명료한 구조화, ③ 학습 몰두 시간의 높은 비율, ④ 내용적인 명료성, ⑤ 의미 생성적인 의사소통, ⑥ 방법적 다양성, ⑦ 지능적 연습, ⑧ 개별적 촉진, ⑨ 학습 촉진적인 분위기, ⑩ 준비된 환경.

〈표 3-1〉 좋은 수업의 10가지 기준(일부 수정)

10가지 기준[46]	구분
(1) 분명한 성취기대	목표 측면
(2) 수업의 명료한 구조화	과정 측면
(3) 학습 몰두 시간의 높은 비율	
(4) 내용적 명료성	내용 측면
(5) 의미 생성적인 의사소통	
(6) 방법적 다양성	행동 측면
(7) 지능적 연습	
(8) 개별적 촉진	사회적 측면
(9) 학습 촉진적인 분위기	
(10) 준비된 환경	공간 측면

(1) **분명한 성취기대**는 교육과정 성취기준과 학생의 능력에 맞는 학습활동을 제시할 때, 제시한 학습내용과 기준에 대하여 교사와 학생이 상호간에 분명하게 이해하고 그것을 교수학습결연으로 삼을 때, 공식적 혹은 비공식적 학업진보에 대한 피드백을 제공할 때, 분명해지고 학습을 촉진한다. 여기서 성취기대를 교사와 학생이 분명히 인식하고 기준을 제시하는 것은 교수학습결연의 한 부분이다. 학생에 대한 성취기준은 교사만 갖는 것이 아니라, 학생도 자신의 기준에 대한 목표를 공식화하면서 기대한다.

(2) **수업의 명료한 구조화**는 수업의 과정상의 명료한 구조화를 의미한다. 이것은 효과적인 수업운영과 교수학습방법의 전개를 포함한다. 이 기준의 관찰 지표는 쉬운 언어 사용, 수업참여자들의 명료한 역할 분담, 과제의 명료성, 수업 운영 단계의 명료

한 구분, 교사 주도와 학생 주도의 분명한 구분, 규칙 준수 등이다.

(3) **학습몰두시간**(time on task)은 의도된 목표의 달성을 위해서 학생이 실제로 사용한 시간이다. 높은 학습몰두시간은 교사와 학생의 성실한 준비와 시간엄수, 수업 조직이나 규칙과 관련된 것은 수업시간 외에 해결하기, 수업진행상의 명료한 구조화 등을 통해서 달성 가능하다.

(4) **내용적인 명료성**은 수업의 과제가 명료하고, 수업의 전개가 순조롭고, 수업결과 정리가 명료한 수업이다. 여기서 수업결과 정리의 명료성은 목표나 문제(혹은 과제)가 분명하게 해결(혹은 이해)되었거나, 해결되지 않았다면 왜 해결되지 않았는가에 대하여 분명하게 이해하는 것이다.

(5) **의미 생성적인 의사소통**은 학생이 교사와의 상호작용 속에서 교수·학습과정과 그 결과에 대하여 나름의 가치 있는 의미를 부여하는 것이다. 이 기준은 수업설계에서부터 학생을 참여시키는 것, 의미 있는 대화, 수업에 관한 교사−학생의 회의, 수업 이후의 피드백 문화를 구성요소로 한다.

(6) **방법적 다양성**은 다양한 교수학습방법이나 형식의 사용, 수업진행 형식의 변용(유연성), 개별학습, 협동학습, 교사설명 등의 적절한 균형을 통하여 달성가능하다.

(7) **학습이 어느 정도 진행되면 지능적 연습**이 필요하다. 이것은 충분히 자주 연습하고, 학습목표 달성을 위한 정확한 연습과제를 적절한 학습전략을 사용하여 수행하며, 연습과정에서 교사가 충분하고 적절한 지원을 할 때 달성된다.

(8) **개별적 촉진**은 학생 각자가 자신의 수준에 맞는 학습을 통하여 자신의 강점을 발달시키고 약점을 보완하는 것을 목적으로 한다. 이것은 학생의 인지, 정의, 심동 영역을 포괄적으로 발달시키는 기회를 제공하고, 적절한 지원과 보장(충분한 학습시간과 공간 지원, 적절하고 충분한 방법과 자료 지원)을 하는 것을 구성요소로 한다.

(9) **학습 촉진적인 분위기**는 학습을 촉진하는 혹은 학습에 도움이 되는 분위기를 말한다. 학습을 촉진하는 분위기는 구성원이 서로 존중하고 배려하며, 규칙을 준수하며, 책임을 공유하며, 학생 개인과 학급 전체에 대하여 교사가 공정한 태도를 갖는 것을 특징으로 한다.

(10) **준비된 환경**은 교육공간이 질서가 있으며, 필요한 기능적인 시설과 도구를 갖추고 있는 것을 의미한다. 준비된 교육환경에서 교사와 학생은 공간을 그들만의 것으로 만들고 효과적으로 활용할 수 있으며, 이를 통해 높은 학습 성과를 낼 수 있다.

〈표 3-2〉 Meyer의 10가지 좋은 수업의 기준과 내용

좋은 수업의 기준	핵심 내용
분명한 성취 기대	교육과정과 교육기준에 맞으며, 학생의 성취능력에 적합한 학습내용 제시, 학업진보에 대한 지속적이고 촉진적인 환류(feedback)
수업의 명료한 구조화	수업의 과정·목적·내용의 명료성, 역할의 명료성, 규칙에 대한 합의, 수업의례(routine)와 자유 공간 등
학습 몰두 시간의 높은 비율	효과적인 시간 관리와 시간 엄수, 수업 조직에 소용되는 시간의 절약, 과업 편성의 리듬화 등
내용적 명료성	수용할 수 있는 과제 선정, 주제 전개 과정의 타당성, 수업 결과의 명료한 정리 등
의미 생성적 의사소통	수업 계획 단계에 학생 참여, 토론 문화, 일일 학습장 작성, 피드백 등
방법의 다양성	풍부한 연출 기법, 행동 방식의 다양성, 수업진행 방법 변용, 방법적 기본 형식들 간의 균형 등
지능적 연습	학생 스스로 학습전략 인식, 정확한 연습과제 제시, 효과적인 학생 지원, 연습을 장려하는 틀(frame) 제공 등
개별적 촉진	자유 공간, 교사의 인내와 기다림, 수준별 수업과 통합, 특별한 도움이 필요한 학생에 대한 특별한 촉진 등
학습 촉진적인 분위기	상호존중, 규칙준수, 책임부여, 공정성과 배려 등
준비된 환경	질서정연, 기능적인 실내 배치, 학습도구 및 기자재 완비

2 좋은 수업을 위한 교사의 균형 잡기

수업은 복잡하고 다면적이며 이율배반적인 특징을 지닌다. 학생들은 서로 경쟁하면서 동시에 협력과 배려를 요구받고 있다. 경험적으로 효과적인 수업의 특징을 분석한 연구자들은 **이율배반적인 수업 상황에서 균형**을 잡아야 한다고 주장한다.[47] 교사가 수업을 계획하거나 진행할 때 신중하게 고려하고 균형을 잡아야 할 대표적인 내용은 아래와 같다.

균형(Balance)

① 교사 중심의 지도와 학생의 자율성 존중 간의 균형
② 자기주도적 학습 vs. 협동학습, 획일 수업 vs. 개별화 수업 vs. 프로젝트 수업 etc 다양한 수업 방식(모형)들 간의 균형
③ 수업의 목적, 내용, 방법 결정과정상의 균형

[그림 3-1] 이율배반적인 수업 상황과 균형

수업지도, 촉진 및 방향설정 측면에서 Meyer의 10가지 기준의 재구분도 가능하다. 준비된 환경 기준은 수업지도, 이들 수업지도, 촉진 및 방향설정 영역 모두에 적용할 수 있다. ① 분명한 성취 기대, 명료한 구조화, 학습 몰두 시간의 높은 비율은 수업지도 측면의 기준으로 '교사중심의 수업과 학생의 자율성 존중 수업의 균형'이 필요한 기준이다. ② 학습 촉진적인 분위기, 개별적 촉진, 지능적 연습은 수업촉진의 기준으로 자기 '주도적 학습, 협동학습, 일반수업, 개별화 수업 등 다양한 수업 방식들 간의 균형'이 필요하다. ③ 내용적 명료성, 방법적 다양성, 의미 생성적 의사소통은 수업 방향설정 기준으로 '교수학습의 목적, 내용, 방법에 있어서 이율배반적인 수업상황에서 균형'을 찾아야 한다.1, 48)

영역	Ⅰ. 수업지도 측면	Ⅱ. 수업촉진 측면	Ⅲ. 수업방향설정 측면
영역별 좋은 수업 기준	① 분명한 성취 기대 ③ 학습 몰두 시간의 높은 비율 ④ 수업의 명료한 구조화	⑦ 지능적 연습 ⑧ 개별적 촉진 ⑨ 학습 촉진적 분위기	④ 내용적 명료성 ⑤ 의미 생성적 의사소통 ⑥ 방법적 다양성
이율배반적인 수업상황에서의 균형점	교사중심의 수업과 학생의 자율성 존중 수업의 균형	자기 주도적 학습과 협동학습 등의 균형	수업의 목적, 내용, 방법 결정과정상의 균형

⑩ 준비된 환경

[그림 3-2] 좋은 수업의 10가지 기준의 재분류(일부 내용 수정)

---

1 Meyer는 학습 촉진적 분위기, 의미 생성적 의사소통, 분명한 성취 기대가 '교수학습결연'과 관련된다고 주장함.

학생의 관점에서 좋은 수업의 기준

좋은 수업의 기준이나 특징에 관한 연구들은 대부분 연구자나 교사의 관점에서 이루어졌다. 또한 현장 경험적인 연구보다는 이론적인 측면에서 좋은 수업 연구가 많다. Meyer는 자신의 10가지 기준이 Brophy 등의 학자들이 설정한 좋은 수업의 기준을 고찰하면서 현장 교사의 경험적인 의견을 수렴하여 선정한 것임을 밝히고 있다. 그럼에도 불구하고 그가 제시한 기준은 연구자나 교사의 입장에서 좋은 수업의 기준이라는 한계는 피하기 어렵다. 이에 저자들은 Brophy와 Meyer의 좋은 수업 기준을 토대로 학생들의 입장에서 좋은 수업의 기준을 제시하였다.

특히 예비교사들이 초·중등학교 시절 경험한 좋은 수업의 대표적인 사례로는 학생의 동기를 부여하는 내용이 두드러졌다. 또한 인지적인 교과내용을 정서적인 측면과 적절하게 통합시킨 수업 역시 좋은 수업으로 제시한 사례도 많았다. 따라서 좋은 수업의 11번째와 12번째 기준으로 **효과적인 동기부여와 인지·정서통합계발 수업**을 선정하였다. 끝으로 모든 좋은 수업의 기준의 기저에 존재하는 교사와 학생 사이의 라포를 강조하는 **교수학습결연**을 마지막 기준으로 제시하였다. 교수학습결연은 교사와 학생들 사이의 '수업동맹' 혹은 '교수학습동맹'과 유사한 개념이며, 상담·심리학에서의 내담자와 상담자의 **'작업동맹'**(working alliance)과 관련된 용어다. 교수학습결연은 교사와 학생 간의 관계, 책임의식, 상호 존중과 배려를 강조하고 교사와 학생이 함께 수업을 만들어 나가는 기준과 관련된다. 이러한 의미에서 교수학습결연은 좋은 수업의 모든 기준을 아우르는 포괄적인 기준으로 볼 수 있다.

교사의 관점에서 대표적으로 좋은 수업의 기준을 제시한 Meyer의 기준과 학생의 관점에서 좋은 수업의 기준을 제시한 이 책의 기준을 비교하면 아래의 표와 같다. 이 책의 기준을 중심으로 2부에서는 각 기준에 대한 구체적인 좋은 수업의 사례를 제시하였다.

<표 3-3> 좋은 수업에 대한 기준

		Meyer의 기준	이 책의 새로운 기준	비고
1	목표 측면	분명한 성취 기대	분명한 학습 성취기준	
2	과정 측면	수업의 명료한 구조화	수업 과정상의 명료한 구조화	교사의 교수학습 계획 관점
3		학습 몰두 시간의 높은 비율	수업몰입	
4	내용 측면	내용적 명료성	학습내용(과제)의 명료한 구조화와 전개 및 정리	효과적 판서·요약·매체 사용 등
5		의미 생성적 의사소통	학습에서의 발달, 흥미와 동기를 유발시키는 의사소통	대화와 발문을 통한 반성적 성찰
6	행동 측면	방법의 다양성	다양한 교수학습 방법	훌륭하고 매력적인 강의, 체험·실험·실습 수업, 연극수업, 프로젝트 수업, 협동학습, 가르침을 통한 배움, 평가 활용 수업, 토의·토론 수업, 거꾸로 수업 등
7		지능적 연습	적절하고 충분한 연습과 적용	핵심 개념의 이해와 연습, 현실 문제에 응용
8	사회적 측면	개별적 촉진	개별화된 학습과 성장	개별화 전략
9		학습 촉진적인 분위기	학습 촉진적인 분위기	자율, 감화, 공정한 태도, 배려, 전문성, 민주적 분위기 등
10	환경 측면	준비된 환경	준비된 환경	효과적인 수업을 위한 좌석 배치, 수업 준비물, 음향, ICT 환경 등
11		·	효과적인 동기부여	※ 추가 기준: 많은 학생들이 교사의 적절한 수업동기 부여를 좋은 수업 경험으로 인식함.
12		·	인지·정서통합계발 수업	※ 추가 기준: 교과내용의 인지적 측면과 관련 정서를 통합시키는 수업
13		·	교수학습결연	※ 추가 기준: 학습 촉진적인 분위기, 학습에서의 발달, 흥미와 동기를 유발시키는 의사소통, 분명한 학습 성취기준과 관련됨.

1부
미주

1) 서경혜(2004). 좋은 수업에 대한 관점과 개념: 교사와 학생 면담 연구. **교육과정연구, 22**(4), 165-187. p. 166.

2) 주삼환·이석열·김홍운·이금화(2009). **수업관찰 분석과 수업연구.** 서울: 한국학술정보. pp. 21-22.

3) Medley, D. M. (1979). The effectiveness of teachers. In P. L. Peterson & H. J. Walberg(Eds), *Research on teaching: Concepts, findings, and implications*(pp. 11-27). CA: McCutchan.

4) Rosenshine, B., & Furst, N. (1971). Research on teacher performance criteria. In S. B. Othanel(Ed.), *Research in teacher education: A symposium*(pp. 37-72). Englewood Cliffs, NJ: Prentice-Hall.

5) Medley, D. M. (1979). The effectiveness of teachers. In P. L. Peterson & H. J. Walberg(Eds), *Research on teaching: Concepts, findings, and implications*(pp. 11-27). CA: McCutchan. pp. 11-27.

6) 권낙원(2013). **수업기술(효과적인 수업기술에 대한 지침서).** 경기 파주: 아카데미프레스.

7) Ornstein, A. C., & Lasley, T. J. (1990). *Strategies for effective teaching.* NY: Harper & Row.

8) 권낙원(2013). **수업기술(효과적인 수업기술에 대한 지침서).** 경기 파주: 아카데미프레스. p. 18.

9) Rosenshine, B., & Furst, N. (1971). Research on teacher performance criteria. In S. B. Othanel(Ed.), *Research in teacher education: A symposium*(pp. 37-72). Englewood Cliffs, NJ: Prentice-Hall.

10) Medley, D. M. (1977). *Teacher Competence and Teacher Effectiveness. A Review of Process-Product Research.* ERIC Number: ED143629.

11) Walker, R. J. (2008). Twelve characteristics of an effective teacher: A longitudinal, qualitative, quasi-research study of in-service and pre-service teachers' opinions. *Educational Horizons, 87*(1), 61 61-68.

12) Barr, A. S., & Emans, L. M. (1930). What qualities are prerequisite to success in teaching. *Nation's Schools, 6*, 60-64.

13) Kounin, J. (1970). *Discipline and group management in classroom.* NY: Holt, Rinehart and Winston.

14) 주삼환·이석열·김홍운·이금화(2009). **수업관찰 분석과 수업연구.** 서울: 한국학술정보. pp.64-65.

15) 유택열(2002). **수업 연구와 실제**. 서울: 교육과학사. 조영달(1999). **한국 교실 수업의 이해**. 서울: 집문당. 주삼환 외(1998). **수업 관찰과 분석**. 서울: 원미사.

16) 서경혜(2004). 좋은 수업에 대한 관점과 개념: 교사와 학생 면담 연구. **교육과정연구**, 22(4), 165-187. p. 167.

17) 임규혁(1996). **학교학습 효과를 위한 교육심리학**. 서울: 학지사.

18) 조규진(2013). 교원능력개발평가 평가지표에 대한 비판적 고찰. **교원교육**, 29(1), 53-70. p. 59.

19) 김도기·강명자·김경희·김상민·김효정·박용석·송일민·조영숙·홍미경(2016). **수업컨설팅: 좋은 수업의 조건 5G**. 서울: 학지사. p. 55

20) Eisner, E. W. (1979). *The educational imagination: On the design and evaluation of school programs*. NY: Macmillan.

21) 조규진·김도기·김명수(2011). 좋은 수업의 조건 탐색: 5G를 중심으로. **초등교육연구**, 24(4), 325-350. p. 341.

22) 김도기·강명자·김경희·김상민·김효정·박용석·송일민·조영숙·홍미경(2016). **수업컨설팅: 좋은 수업의 조건 5G**. 서울: 학지사. p. 59.

23) Meyer, H. (2004). *Was ist Guter Unterricht?* Berlin: Cornelsen. 손승남·정창호 역(2011). **좋은 수업이란 무엇인가?** 서울: 삼우반.

24) 이화진·최승현·김왕규·윤천탁·정미경(2001). **제7차 교육과정 적용에 따른 수준별 수업자료 개발연구**. 연구보고 RR 2001-14-1. 한국교육과정평가원.

25) 조난심·양종모·유정애·정미경·장연자(2001). **학교 교육 내실화 방안 연구(Ⅰ): 학교 교육과정과 수업 운영을 중심으로**. 한국교육과정평가원 연구보고 RRC 2001-10.

26) 김주훈·최승현·강대현·곽영순·유정애·양종모·이주섭·최원윤·김영애(2003). 학교 교육 내실화 방안 연구: 좋은 수업 사례에 대한 질적 접근. **열린교육연구**, 11(1), 43-61.

27) 서경혜(2004). 좋은 수업에 대한 관점과 개념: 교사와 학생 면담 연구. **교육과정연구**, 22(4), 165-187.

28) 김재춘·변효종(2005). '좋은 수업'의 의미에 대한 비판적 검토. **수산해양교육연구**, 17(3), 373-382.

29) 고창규(2006). 초등학교 '좋은' 수업의 특성 연구. **열린교육연구**, 14(1), 25-49.

30) 손승남(2006). 좋은 수업의 조건: 교수론적 관점들. **교육사상연구**, 20, 115-134.

31) 이혁규(2008). **수업, 비평의 눈으로 읽다**. 서울: 우리교육.

32) 강선주·설규주(2008). **좋은 사회과 수업을 위한 컨설팅 내용과 방법**. 경기도: 교육과학사.

33) 조규진·김도기·김명수(2011). 좋은 수업의 조건 탐색: 5G를 중심으로. **초등교육연구**, 24(4), 325-350.

34) Gaskins, R. W. (1992). When instruction is not enough: A mentor program. *The Reading Teacher*, 45(8), 568-572.

35) Danielson, C., & McGreal, T. L. (2002). *Teacher evaluation to enhance professional practice*. Alexandria, Virginia: ASCD.

36) Weinert, F. E., & Helmke, A. (1997). *Entwicklung im Grundschulalter*. Weinheim: Beltz/PsychologieVerlagsUnion. Meyer(2004)의 책에서 재인용함(pp. 240-242).

37) Brophy, J. E. (2000). *Teaching. Educational Practices Series 1*. Geneva: International Academy of Education and the International Bureau of Education.

38) Tileston, D. W.(2005). *10 Best teaching practices*. 임청환·정종진·성용구 역(2007).

좋은 수업의 실제: 10가지 전략. 서울: 시그마프레스.

39) Borich, G. (2011). *Effective teaching methods: Research-based practice(7th ed.).* Boston: Pearson.

40) NBPTS (2001). What teachers should know and be able to do. Retrieved June 22, 2017 from www.nbts.org/

41) Zemelman, S., Daniels, H., & Hyde, A. (2012). *Best practice: Bringing standards to life in America's classrooms(4/e).* Portsmouth, NH: Heinemann. p. 155.

42) CCSSO (2013). *InTASC Model core teaching standards and learning progressions for teachers 1.0.* Washington, DC: CCSSO.

43) Smith, B. O. (1969). *Teachers for the real world.* Washington, D. C.: AACTE. p. 71.

44) Danielson, C. (2007). *Enhancing professional practice: A framework for teaching.* Alexandria, VA: ASCD.

45) Meyer, H. (2004). *Was ist Guter Unterricht?* Berlin: Cornelsen. 손승남·정창호 역 (2011). 좋은 수업이란 무엇인가? 서울: 삼우반. pp. 30-32.

46) Meyer, 상게서, p. 47.

47) Meyer, 상게서, p. 54.

48) Meyer, 상게서, p. 254.

PART
2

좋은 수업의 실제

01 분명한 학습 성취기준

1 이론[1]

가. 의미

전통적인 성취는 학습할 내용 지식, 학생의 성취 능력, 학생의 노력으로 구성된다고 보았다. 최근의 성취에 대한 정의에는 교사의 올바른 학습활동 제시와 노력을 비롯한 다양한 투입 요인을 포함하고 있다. 따라서 분명한 학습 성취기준은 학습 내용의 분명한 제시, 학생의 성취 능력, 다양한 투입으로 정의된다. 교사는 학생의 학습을 자극하고 모든 학생이 개별적인 방식으로 학습을 촉진하도록 도와주어야 한다. 교사는 학생에게 기준이 되는 성취를 명확하게 하고 학생이 이를 쉽게 이해할 수 있도록 해야 한다.

(1) 학습 성취기준(내용)의 투명성

학생이 성취해야 할 내용에 대해 교사는 명확하게 제시해야 한다. 이것이 바로 성취에 대한 기준의 투명성이다. 성취기준의 투명성을 위해서는 다음의 과정이 필요하다.

- 교육과정과 학생들의 성취능력에 맞춘 교수학습 경험을 제시한다.
- 제시한 교수학습 경험에 대해 상호 이해하고 분명한 성취기준에 합의한다.
- 성취 결과의 감독(평가)을 통해 학습 발전에 대한 피드백을 제공한다.

(2) 분명한 학습 성취기준 제시를 위한 교사의 역할

교사가 학생에게 분명한 성취기준을 가지기 위해서는 먼저 교육과정에 제시된

---

1 좋은 수업의 이론 부분(특히 1~10장)은 Meyer(2004)의 내용을 기초로 관련 기준을 제시한 학자들의 내용을 정리·보완하였음.

교육목적과 목표에 대한 방향을 정하고 이를 기준으로 학생의 학습상태에 대한 방향을 설정해야 한다. 또한 교사는 학생이 납득할 수 있는 과제를 설정하고, 이 과제가 효과적으로 달성되었는지를 판단하기 위한 평가 기준을 공개해야 한다. 그 과정에서 학생의 성취기준에 대한 교사의 촉진적 태도와 효과적인 피드백이 필요하다.

이것들이 체계적으로 잘 이루어지면 학생은 제기된 과제를 자신의 목표와 동일화하게 되고, 학생의 성취 준비도가 증가하며, 분명한 성취기준을 중심으로 공정한 평가로 이어진다. 이러한 상황은 궁극적으로 교수학습 분위기를 향상시키고 교사와 학생의 교수학습결연을 강화하는 효과를 가지고 온다.

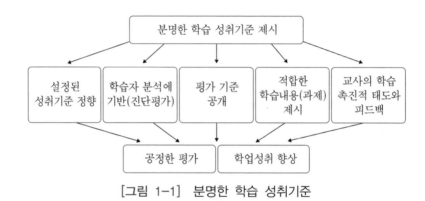

[그림 1-1] 분명한 학습 성취기준

나. 분명한 학습 성취기준 지표

✔ 교사와 학생은 기준이 되는 성취 결과에 대해 함께 논의한다.
✔ 학생들은 과제를 정확히 알고 있고, 명확하지 않은 것을 질문한다.
✔ 학생들은 과제의 난이도 설명을 듣거나 난이도를 스스로 평가할 수 있는 자료를 가지고 학습한다.
✔ 시험은 미리 예고되어야 하며, 다양한 성취 평가 형태를 적용한다.
✔ 학생들의 성취 평가 결과에 대한 교사의 피드백은 명확하고 지속적이다.
✔ 학생들은 성취 평가 결과에 대해 의견을 개진하며, 평가 결과는 성취기준을 수정하는 데 사용된다.

다. 분명한 학습 성취기준 관련 연구결과

• **성취와 학교 분위기**: 좋은 수업 분위기 및 좋은 학교 문화를 만들려는 노력은 분명한 성취기준과 관련이 있다.

- **성취와 학생의 흥미:** 성취와 학생들의 동기부여, 흥미, 수업의 질은 관련이 깊다.
- **성취기준에 대한 지각과 학습 속도:** 학습 속도에 대한 교사의 언어적 혹은 비언어적인 의사소통은 학생에게 기준이 되는 성취가 무엇인지를 학생이 지각하는 데 영향을 준다.
- **성취에 대한 압력의 부작용:** 학생의 능력 이상의 성취기준에 대한 압박과 잦은 평가(검사)는 오히려 학생의 학습을 방해한다.
- **평가 오류의 부정적 영향:** 평가에 대한 잘못된 관행 및 측정(평가)의 오류는 학생의 성취기준에 부정적인 영향을 준다.

라. 분명한 학습 성취기준을 위한 고려사항

- 성취도 평가는 학습에 도움을 주어야 한다.
- 성취도 평가의 공정성을 위해 노력해야 한다.
- 성취 결과 평가와 순수한 교수학습과정을 분명히 해야 한다. 평가와 관련된 경우에 학생의 실수는 성적에 부정적인 영향을 주지만, 교수학습과정에서의 실수나 논의를 위한 토론은 수행평가에 긍정적이기 때문이다.
- 성취에 대한 긍정적인 피드백을 지속적으로 해야 한다.
- 대안적 형태의 성취 기록과 평가 검사들을 활용한다. 개별 학생에게 알려 주는 학습 발전 상황 보고서, 학생 및 학부모와 학습 상황이나 단계에 관한 평가회의, SWOT 분석의 관찰 기록, 포트폴리오 등은 학생들의 학습발달과 학업성취 상태를 알려준다.

2 사례와 해설

사례 1 모둠별 학습 후, 발표 및 질의응답을 하면서 학습내용을 명확히 이해하고 기억에 오래 남음

고등학교에서 **모둠별로 학습하고 발표 및 질의응답**하는 수업을 하였다. 선생님은 인체 파트가 어렵고 암기를 할 게 많아 학생들이 지루하게 여기고 성취기준을 달성하기 어렵다고 하면서 학생 발표수업을 진행하였다. 모둠은 이전 성적을 기준으로 성적이 높은 학생 2명, 낮은 학생 2명으로 구성되었으며 모둠별로 1시간은 같이

이질집단 모둠편성

공부하고, 1시간은 발표하였다.

조원들과 생각과 의견을 교환하면서 학습하는 것이 처음에는 당황스러웠다. 그래서 초반에 몇 십분 동안 대화 없이 시간만 흘러갔다. 하지만 궁금한 점을 친구들에게 물어보고 쉽게 설명하였다. 선생님의 설명보다 동료의 설명이 더 **이해하기 쉬운 경우도 있었다.**

발표 준비를 하면서 주고받은 내용은 **오랫동안 기억되었다.** 나중에 따로 시간을 내어 복습할 필요가 없었다. 또한 다른 조가 제기하는 질문에 대답하는 나를 보면서 스스로 많이 성장하였음을 느꼈다.

사례 2 초등학교 담임교사는 교실 게시판에 한국사 성취기준표를 게시하여 학생들이 한 학기 동안 참고하도록 함(한국사)

초등학교 6학년 담임선생님은 사회에 관심이 많았다. 6학년 사회의 내용은 한국사였는데, 선생님은 **학기 초 사회시간에 플로터로 인쇄한 표가 그려진 종이를 가져와서 교실 게시판에 붙여 놓았다.** 그 표에는 1학기 동안 사회 시간에 배울 한국사의 내용들이 나열되어 있었다. 각 수업 시간마다 한 줄씩 무엇을 배울지 표로 잘 정리되어 있었고, **수행평가를 볼 내용은 배울 내용 옆에 "수행"이라고 붉은 글씨로 표시되어 있었다.** 지금 생각해 보면, 그 내용들이 성취기준이었던 것 같다. 선생님은 한 학기 동안 학생들이 배울 성취기준들을 표로 정리하여 게시했고, 실제로 **한국사 내용을 전체적으로 이해하고 평가에 미리 대비할 수 있도록 도움을 준 자료였다.**

학기 초 성취기준이 정리된 큰 표를 교실에 게시

평가를 시행할 성취 기준에 표기하여 학생들이 참고하도록 함

02 수업 과정상의 명료한 구조화

1 이론

가. 의미

수업을 명료하게 구조화시키는 것은 좋은 수업의 기본이자 출발점이다. NBPTS (1989, 2001)는 '교수 내용과 방법 숙달', Weinert와 Helmke(1997)은 '수업의 구조화', Danielson과 McGreal(2000)은 '교사중심의 구조화된 수업', Brophy(2000)는 '내용의 일관성', Borich(2011)는 '수업의 명료성', 그리고 Meyer는 '수업의 명료한 구조화'를 좋은 수업의 기준으로 제시하고 있다.

수업의 명료한 구조화는 수업의 목표구조, 내용구조, 사회적 구조, 과정구조, 행동구조, 공간구조를 의미한다. Meyer는 이 6가지 구조가 좋은 수업의 기준을 모두 내포할 수 있지만, 이를 구체화시키면 명료한 수업의 구조는 ① 내적 측면의 교수학습 방법의 전개와 ② 외적 측면의 수업운영을 의미한다고 보았다. 따라서 좋은 수업의 명료한 구조화는 교사와 학생에게 잘 파악되는 '일관된 수업 전개과정'이 수업시간을 관통하면서 수업운영이 제대로 이루어지는 상황을 의미한다.

우리나라 학생들은 '수업과정상의 명료한 구조화', 즉 내용구조와 과정구조가 명확할 때 좋은 수업으로 인식하였다. 수업 내용 및 과정구조가 명확하게 전개되기 위해서는 ① 수업의 목적, 내용, 방법의 조화와 일치, ② 방법적인 근본 리듬(패턴)의 존재, ③ 수업과제, 규칙, 역할의 명료성이 필요하다.

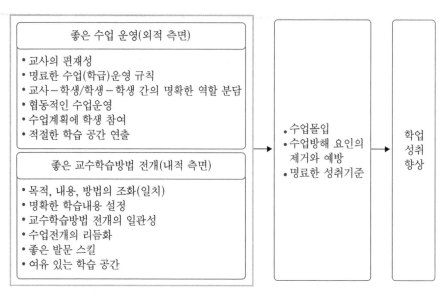

[그림 2-1] 수업 과정상의 명료한 구조화 기준

나. 수업 과정상의 명료한 구조화 지표[1]

✔ 수업과제의 명확한 제시
✔ 교수학습과정에서 교사와 학생의 명료한 역할 분담
✔ 수업 진행 단계의 명료한 구별
✔ 학생들이 이해하기 쉬운 언어[용어]의 사용
✔ 교수학습계획서 이행의 명료성
✔ 수업의 목적, 내용, 방법에 어울리는 좌석 및 공간 배치
✔ 규칙의 준수·이행과 통상적인 의례(routine)의 활용
✔ 순조로운 리듬[패턴]에 따른 수업 진행과 휴식 시간 준수
✔ 교사 주도적 수업 단계와 학생 주도적 수업 단계의 명료한 구별
✔ 학생의 학습목표 설명 가능
✔ 상호 합의된 약속[규칙] 준수 및 존중
✔ 안정적인 수업 진행과 방해 요인 제거 및 효과적인 대응
✔ 수업계획 이행 및 변경이 필요한 경우 정당한 이유 제시 및 학생과 협의

---

1 본서에 제시된 좋은 수업의 기준과 관련된 지표들은 Meyer가 제시한 내용을 수정·보완하였음.

다. 수업 과정상의 명료한 구조화 관련 연구결과

- 수업의 명료한 구조화를 위해서 교사는 능숙한 교수학습 방법을 적절하게 사용할 수 있어야 하며, 동시에 효과적인 학급(수업)운영 방법을 습득할 필요가 있다.
- 교수학습 방법을 능숙하게 전개하기 위해서는 교사는 명확한 과제를 설정하고, 수업방법을 전개하는 과제에서 일관성을 가지며, 효과적인 발문 기술을 사용하고, 수업의 목표·내용·방법의 조화를 이끌어내고, 교수학습 과정이 리듬감 있게 전개되도록 해야 한다.
- 학급(수업)운영을 효과적으로 하기 위해서 교사는 명확한 학급규칙을 확립하고, 교사와 학생의 역할을 분담하며, 수업에 공동의 책임을 지우고, 능숙한 수업 공간을 연출하며, 교사가 수업상황을 완전히 파악하고 있음을 학생들에게 상기시킨다. 효과적인 학급(수업)운영은 교사가 학생들과 건전하고 긍정적인 유대관계를 맺고, 수업 방해 요인이나 학급규칙상의 갈등을 해결하고, 교수학습 몰입 시간을 높이는 데 기여한다.
- 교사의 능숙한 교수학습 전개와 효과적인 학급(수업)운영은 궁극적으로 바람직한 수업 분위기를 만들어서 성취 기대를 명확하게 하고, 주의집중력을 높이며, 수업 방해요인을 예방하거나 최소화하여 학습몰두시간을 증가시키는 데 기여를 한다.

라. 수업 과정상의 명료한 구조화를 위한 고려사항

수업을 명료하게 구조화시키는 방법으로는 ① 지능적인 수업 준비하기,[2] ② 수업 내용 미리 알려주기, ③ 타성적 질문 방식을 벗어나는 발문하기, ④ 통상적인 수업 행동(routine)하기, ⑤ 자유로운 분위기 형성하기 등을 고려할 필요가 있다.

---

2 Meyer(2004: 62)에 따르면, '지능적인 수업 준비'란 해결할 과제를 중심에 놓고, 중간 정도의 추상적 수준을 유지하며, 수업의 전환점과 학습 과제를 정확하게 설정하고, 교수학습에 문제가 없을 정도로 중단될 수 있는 결절점을 미리 준비하는 수업을 의미함.

사례 3 도입, 전개, 마무리가 알찬 수업: 학습목표 안내, 적절한 학습분량, 형성평가로 마무리, 속도감과 긴장감이 있는 수업 진행

고등학교 과학수업은 항상 **시작과 진행, 마무리가 탄탄했고 알찼다.** 수업은 지난 수업에서 끊어졌던 내용이 이어서 진행되는 것이 아니라 매 수업마다 배우는 목표가 달랐다. 수업 시작 시 **학습목표를 안내하였고** 한 차시의 **학습목표를 달성하기 위한 적절한 분량의 수업을 준비하였다.** 또 중간에 수업의 흐름이 처지면 바로 **조별학습으로 전환하여 문제를 푸는 등 수업이 늘 속도감 있게 진행되었다.** 수업 중간에도 배운 내용을 정리하였다.

좋았던 점은 수업 후에 배운 것이 머릿속에 남아 있다는 것이었다. 수업의 말미에 5분 정도 학습을 한 후 항상 퀴즈로 수업을 마무리하였다. 선생님은 학생이 답을 말할 때까지 질문을 하였기에 수업에 항상 집중하였다. 속도감 있고 긴장감 있는 수업이 참 좋았다.

사례 4 시 소개 → 시 공책 쓰기 → 시 바꿔 쓰기 → 시 창작으로 연결된 체계적인 수업: 이해와 앎을 넘어 실제적 활동을 통해 학습이 삶에 확장됨

중학교 국어 시간에 **선생님은 매번 시를 하나씩 소개해 주고, 학생들은 그 시를 '시 공책'에 적었다.** 학생들이 시를 적는 동안 선생님은 시의 배경, 상황, 감정 등을 설명하였다. 처음으로 시를 암기 대상 이상의 것으로 느꼈다. 작가의 감정이나 생각을 표현하는 시에 대해 큰 매력을 느꼈다. 학생들은 '시 공책'을 소중히 여겼다. 시 내용에 맞춰 공책 여백에 그림을 그리거나 힘들 때 위로를 받을 수 있는 시를 골라 읽는 학생도 있었다.

수업 시간에 적었던 많은 시 중 몇 개를 골라 자신의 주제에 맞게 바꿔써보는 수업활동을 하였다. 시의 원래 내용은 지키되 내용을 조금 바꿔 나만의 시를 창작하는 것이다. 학생들은 시를 써 본 경험이 많지 않아 이 활동이 특별하게 다가왔다. 이후 선생님은 학생들의 시를 읽어주었다. 동료의 시를 듣는 것은 재미있는 경험이었다. 동료의 사정과 감정에 대해 잘 알고 있기에 동료의 시에 공감하고 더 잘 이해할 수

(좌측 여백 주석)
도입: 학습목표 안내

학습목표 달성에 적절한 학습분량

마무리: 형성평가

속도감, 긴장감 있는 수업

시 공책 쓰기

시 바꿔 쓰기

있었다. **이후 나만의 시를 쓰는 활동을 하였다.**

시 수업을 통하여 시가 더 이상 교과서 속 지루한 문학이나 지성인만 쓰고 나눌 수 있는 소유물로 생각되지 않았다. 시 수업을 계기로 많은 아이들이 시를 좋아하게 되었고, 함께 학급 시집을 만들기도 하였다. **단순히 시를 읽고 분석하는 것이 아니라 직접 써보고 공유하는 유익한 수업이었다.**

4번 사례는 학생이 자신의 정서를 글로 표현하는 시 문학 수업이다. 문학 수업은 문학에 대한 천편일률적인 해석이나 문학의 통사적 가치, 작가를 중심에 둔 지식 위주의 내용에 치우칠 위험이 있다. 그러나 이 사례에서 매 차시 수업은 독립적이고 단절되기보다 연결되었다. '시 소개'에서부터 '시 창작'에 이르기까지 체계적으로 수업을 구성함으로써 학생의 자유로운 표현이 가능하였다. Meyer(2004)는 수업을 가로지르는 통일성을 수업의 붉은 끈으로 표현한다. 이 수업은 수업을 가로지르는 붉은 끈이 흐트러지지 않은 채 학생의 자유로운 문학표현 활동을 보장한 수업이다.

또한 학습이 아는 것에서 머물지 않고 실제적 활동을 통하여 학습이 삶에 확장되었다. 시를 알고 이해하는 것에만 머물지 않고 직접 창작하고 공유하고 문집을 만들면서 시가 나와 관련을 맺고 내 삶에 유익한 부분이 되었다.

사례 5 학습내용과 관련되는 이야기, 질문과 추측, 수업흐름, 이전 학습과의 연계, 시각화를 통한 설명

〈도입〉 고등학교 생명과학 소화와 흡수, 신경계 단원 시간이었다. 선생님은 도입 부분에서 본시 학습내용과 관련된 소변에 대하여 말하면서 소변에서 포도당이 검출되어 당뇨병이 있다고 말했다. 당뇨가 있는 선생님의 사정에 안타까운 마음이 들면서 수업에 더 몰입하였다. 이어서 칠판에 학습할 내용의 **목차를 제시하고** 목차의 각 소제목을 보면서 어떤 내용을 학습할 것 같은지를 질문하면서 학생들로 하여금 본시학습 내용에 대해 추측하도록 하였다. 학생들은 소화와 흡수, 순환과정, 피의 순환 등 학습내용을 추측하고 답하면서 학습동기가 유발되었다. 이후 선생님은 소제목의 단어 뜻을 설명하고 신경계를 **그림으로 설명**하면서 **오늘 배울 내용의 전체적인 흐름(순서)을 설명**하였다. 본시 학습 전에 배울 내용의 전체적 윤곽을 아는 것은 이후 학습내용을 이해하는 데 큰 도움이 되었다.

〈본시 학습〉에서 소화와 흡수를 학습할 때 **중학교의 교육내용과 연결**하여 "각 기관에서 이미 필요한 영양분이 흡수되기 때문에 소변에 필수영양분이 검출되지 않

으며 만약 검출된다면 몸에 이상이 있는 것"임을 설명하였다. 중학교에서 **배운 내용과 연결하여 설명하여 이해가 쉬웠으며** 이전 학습내용도 상기되었다. 또 소변이 검출되는 과정을 **그림으로 설명**하여서 이해가 쉬웠다.

이 수업은 다음과 같은 좋은(effective) 특징을 지닌다. 첫째, 교사 자신의 당뇨병 이야기에 학생들이 안타까운 감정이 들면서 수업에 몰입하게 되었다. 둘째, **배울 내용에 대한 질문과 추측, 대답을 하면서 학습동기가 유발되었다. 셋째, 수업의 전체적 흐름을 시각적으로 설명을 하였고 이것은 학생들이 학습내용을 이해하는 데 도움이 되었다.** 넷째, 이전에 배운 내용과 연계하여 새로운 내용을 학습함으로써 이해가 잘되고 이전 학습내용도 상기가 되었다. 마지막으로 그림 매체를 이용하여 학생들의 주의집중을 계속 유지하려 했다. 그림 등의 시각화된 자료를 사용하여 설명이 전체적 이해에 도움이 되었다.

사례 6 교사는 매 시간 전체 학습의 순서를 칠판에 순차적으로 필기하며 수업을 진행함

초등학교때 담임선생님은 매 수업시간마다 칠판에 공부할 순서를 적었다. 단원명, 학습문제, 활동 1, 활동 2, 정리와 같은 순서였는데, 이 항목들 사이에 여백을 많이 두고 판서하였다. **선생님은 수업이 시작부터 끝날 때까지 이 항목들 사이를 수시로 채워 나갔다.** 예를 들어, 수학 수업이면, 활동 1 부분에 1번 문제 풀이, 그 시간에 배운

공식 등 한 가지 세부 활동을 할 때마다 여백에 간략히 적고 학생들에게 상기시켰다. 초등학교 때는 선생님이 왜 힘들게 일일이 활동을 적는지 이해가 되지 않았지만, 지금 내가 그때 선생님의 행동과 함께 수업 내용을 기억하고 있는 것은 선생님의 수업 방식 덕분인 것 같다. 선생님은 **학생들이 현재 무엇을 하고 있는지 명확히 알아야 한다고** 생각하고 수업을 진행하셨다고 생각한다.

03 수업 몰입

1 이론

가. 의미

'몰입'은 어떤 대상에 빠져 있는 심리적 상태를 의미한다. 따라서 수업 몰입은 학생이 수업에 흥미와 재미를 느끼면서 인지·정서적으로 집중하고 있는 상태를 의미한다. 아울러 수업에 몰입을 하게 되면 학생은 주변의 방해 환경, 다른 생각, 심리적인 불안 등을 스스로 차단하고 수업하는 과업에 정신을 집중한다. 수업 몰입은 학생이 과제에 몰두하면서 동시에 실제로 학문적인 학습이 발생해야 한다. 전자를 **과제 몰두 시간**(TOT: Time On Task), 후자를 **학문적인 학습 시간**(ALT: Academic Learning Time)이라고 한다.

과제 몰두 시간은 의도한 교수학습 목표를 달성하기 위해 학생에 실제로 수업에 몰입하는 데 사용한 시간을 의미한다. 과제 몰입 시간 중에서 실제 학문적인 학습이 발생한 시간의 측정과 중요성에 대한 논의도 지속되고 있다.

나. 수업 몰입을 높이는 지표

✔ 교사의 수업이 옆길로 새지 않으며, 교사가 학생의 학습활동을 방해하지 않는다.
✔ 수업운영상의 문제가 거의 없으며, 학생에게 허용된 자유가 남용되지 않는다.
✔ 다수의 학생이 자발적으로 교수학습에 참여하며, 학습의 결과가 내용적으로 풍부하다.
✔ 학생들은 사소한 일에 주의집중을 잃지 않으며, 수업을 지루해 하지 않는다.
✔ 긴장하는 교수학습과 이완하는 교수학습 국면이 적절하게 균형을 이룬다.
✔ 수업 시간과 일정이 고유의 리듬을 갖고 있으며, 이것이 학생의 수업 몰입에 기여한다.
✔ 교사와 학생 모두 수업과 활동시간을 엄수하며, 성실하게 교수학습 준비를 한다.

다. 수업 몰입 관련 연구결과

- **수업 몰입 시간의 양**: 학교 간 수업에서의 수업 몰입 시간을 비교해 보면 65%~85% 사이에 위치한다. 수업 몰입 시간이 높을수록 수업을 방해하는 행동이 나타날 가능성은 줄어든다.
- 학생의 주의집중력을 높일수록 수업 몰입 시간은 증가한다. 수업의 명료한 구조화가 학생의 주의집중력을 높이고 학습 방해 요소들의 범위를 축소한다.
- 수업 몰입 시간을 높이는 데에는 적절한 학습 속도도 중요하다. 교사가 학습 내용 전개를 빨리하면 학생은 과도한 부담을 느낀다. 반면 학습 속도가 너무 늦어지면 학생들은 수업에 집중하지 않고 과제 집중과는 무관한 행동을 한다.
- 수업 몰입 시간을 높이는 발문을 위해서는 교사의 대기 시간을 늘려야 한다. 일반적으로 교사가 학생에게 질문을 하고 기다리는 시간은 0.9초이다. 학생의 수준 높고 깊이 있는 답변을 바란다면 교사는 자신의 발문에 대한 학생의 답변 대기 시간을 늘려야 한다.
- 학생이 집중력 있게 학습하는 시간은 30초~5분 전후에 불과하다. 학생이 집중할 수 있는 시간을 고려하여 수업진행이나 과제수행을 계획해야 한다.

라. Slavin의 QAIT Model

Slavin의 QAIT 모형에 따르면, 교수학습의 효과성에 대한 평가는 다음의 4가지에 의해 결정된다: ① 양질의 수업(Quality of instruction), ② 수업수준의 적절성(Appropriate levels of instruction), ③ 수업의 높은 동기부여(Incentive), ④ 높은 학습 몰두 시간(Time). 아울러 교수학습 내용과 직접 관련이 없는 규칙, 수업운영, 조직상의 문제는 수업시간 이외에 해결해야 한다.[1]

① 양질의 교수학습 달성을 하기 위해서는 교사의 훌륭한 학급운영, 수업과정의 명료한 구조화, 밀도 있는 연습, 이해 가능한 내용, 피드백 활용이 필요

② 수업운영의 적절성을 위해서는 수업 난이도 조절과 학생들에게 개별적인 도움을 제공하는 것이 필요

③ 수업의 높은 동기부여 방법으로는 유의미한 내용을 다루고, 학습 친화적인 수업 분위기를 조성하며, 수업에 대한 두려움을 제거하는 것이 필요

④ 학습 몰두 시간을 높이기 위해서는 교사와 학생은 수업을 위해 충분히 준비하고, 시간을 엄수하며, 자기주도적인 학습과정의 조직화가 필요

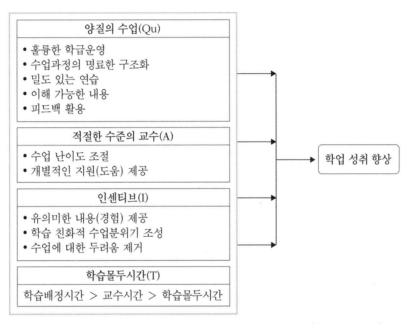

[그림 3-1] Slavin의 교수학습의 효과성 평가 모형(QAIT Model)

마. 수업 몰입을 높이기 위한 고려사항

수업 몰입 시간을 높이기 위해서 교사는 먼저 ① 수업 시간을 엄수하고, ② 교수학습 이외의 불필요한 활동을 제거하며, ③ 수업 집중을 높이기 위해 체조, 워밍업, 쿨링다운 등을 실시하고, ④ 학생들 사이의 능력에 따른 학습 속도를 인정하고 '느림과 빠름'의 방법을 통해 차별화 전략을 이용할 필요가 있다. 무엇보다 교사는 시간적인 여유를 항상 확보하면서, 학생들이 수업에 집중하고, 동료 및 교사와 의미 있는 의사소통을 할 시간을 확보해야 한다.

〈학습시간(learning time)과 좋은 수업〉[2]

Coleman 연구의 반작용으로써 학교교육의 효과성을 규명하려는 노력이 일어났다. 그 일환으로 학습시간의 효과성이 분석되기 시작하였다. 여러 연구에서 학습시간을 주요 교수학습변인으로 보고하였다. 또한 학습의 기회(혹은 학습시간) 제공이 학업성취도를 결정하는 주요 변인이며, 학습시간과 학업성취도 간에 유의미한 정적 상관관계를 보고하였다. 한편 종전의 연구가 학습시간의 양과 학업성취도가 유의미한 상관을 갖는 것으로 보고하고 있으나 그 강도는 비교적 낮게 나오고 있는데, 이유는 양적인 학습시간을 주로 분석하였기 때문이다. 즉, 이전의 학습시간 연구는 학생이 학습시간에 집중했던 안했던 간에 학습활동에 참여한 전체시간을 대상으로 삼았는데, 이것을 **학습에 배정된 시간**(alloted time, AT)이라고 하며 가장 넓은 의미의 학습시간이라 할 수 있다.

이후의 연구에서는 명목적으로 할당된 학습시간(AT)의 양(예: 수업일수, 1일당 교수시간, 출석일수 등) 보다 실제로 학습에 몰두하는 시간(active learning time 또는 engaged learning time)이 강조되었다. 이러한 능동적인 학습시간 또는 학습몰두시간은 주의정도를 강조하는 지표로서 과제몰두시간(time on task, TOT)이라 한다. 과제몰두시간보다 학생의 심리적 및 인지적 측면을 보다 강조하는 **학문적 학습시간**(academic learning time, ALT)이 있다. ALT는 학생이 과제에 주의를 기울이면서 성공적으로 과제를 수행하는 시간의 양을 의미한다. 이것은 능동적인 학습몰두시간(TOT) 중에서 성공적으로 과제를 수행한 시간의 비를 가리킨다.

그러므로 ALT는 단순한 주의(집중)지수인 TOT보다 더 예언력이 있다. TOT는 주의집중과정에 한정되고 있음에 비해 ALT는 주의집중뿐만 아니라 이해와 기억 등의 전체적인 인지과정을 함축한다. 이 외에 수업에 학생이 참여한 시간으로 일부는 학습이 일어났고 일부는 소비될 수도 있는 **교수시간**(teaching time, TT)이 있다.

각각의 학습시간의 양을 비교하면 AT > TT > ToT > ALT 순으로 나타날 것이다. 학생이 수업에 참여하기는 하되 학습이 일어나지 않는 경우가 있으므로, 교수자 입장에서 학습시간 손실이 적은 AT=TT=ToT=ALT로 유의미한 학습이 일어나도록 하는 것이 필요하다. 한편 학습시간의 효과가 학업성취도에 미치는 효과는 직접적이지 않으며 매개요인을 고려해야 한다.

ALT이든 아니면 TOT이든 학습시간은 무엇인가로 채워져야 하는 빈 그릇과 같으며 그 시간을 채우는 것은 학습자마다 다를 것이다. 학습시간은 빈 그릇이며 그것을 채우는 것은 교수학습활동과 학습자에 달려있다. 따라서 빈 그릇인 학습시간을 알차게 채우는 성과는 교수학습활동과 학습의 질에 달려있는 것이다.

사례와 해설

사례 7 교사가 교과내용을 랩 가사로 만들어 노래 부르면서 수업에 흥미가
생김(역사)

고등학교 국사 선생님은 수업 시간에 갑자기 칠판 필기를 모두 지우고 큰 글씨
로 무언가를 쓰기 시작하였다. 오늘 배운 내용을 간단히 요약한 것이었는데 글자 위
에 알 수 없는 화살표들과 물결(~)모양의 기호들이 덧붙여 있었다. 선생님은 방금까
지 배운 내용은 다 잊어도 지금 칠판에 적은 이 내용만은 절대로 잊지 않도록 해주
겠다며 **칠판에 적힌 내용을 손으로 짚어가며 랩을 하였다.** 칠판의 내용은 랩의 가사이 주제 관련 핵심내
용을 가사로 만들
어 교사가 랩(가
요)을 부름
고 가사 위에 표시된 기호들은 음의 높낮이와 리듬에 관한 기호였다.

가사의 내용은 고구려, 백제, 신라의 중앙집권화와 전성기를 이끌었던 왕과 그
시기를 세기별로 나열한 것이었다. 선생님은 "왕! 왕!"으로 시작해 세기별로 각 나
라의 왕의 이름과 주요 업적을 **박자와 리듬에 맞춰 읊었다.** 처음엔 다소 오글거리는
가사와 낯선 선생님의 모습에 충격을 받아 입을 손으로 틀어막으며 고개를 가로저
었지만, 왠지 모르게 **중독성 있는 리듬과 선생님의 밝고 긍정적인 에너지가 우리의 마
음을 움직였고 다들 깔깔대며 랩을 신나게 따라했다.** 선생님의 랩은 신선한 충격이었
고, 방학이 끝날 때까지 아이들 사이에서 연일 화제가 되었다.

이후 선생님은 우리의 폭발적인 반응에 힘입어 가끔 새로운 랩을 제작하였고
우리는 신나게 박수까지 쳐가면서 랩을 따라 불렀다. 선생님은 랩 이외에도 일방적
인 강의식 수업이 아닌 아이들과 소통하는 수업을 하기 위해 퀴즈, 야외수업 등을
하였다. 선생님의 수업은 **가만히 앉아서 듣기만 하는 수업에 지친 우리에게 웃음과 생
기를 주었다.**

사례 8 영어 단어를 노래로 만들어 부르면서 어휘 이해와 해석이 수월해지
고 영어에 흥미가 생김(영어)

선생님이 만들어 들려준 영어 단어 랩이 아직도 기억에 남는다. 선생님은 항상
본시학습에 들어가기 전에 **그날 배울 단어로 만든 랩이나 노래의 가사지를 먼저 나누
어 주고 직접 우리 앞에서 들려주었다.** 우리는 따라 하면서 자연스럽게 단어를 익혔 교사의 수업행동
퍼포먼스

다. 더욱이 선생님은 학생들 사이에서 인기 있는 k-pop 노래를 이용하여 단어 노래를 준비하였기 때문에 우리들은 항상 **즐겁게 노래를 따라 불렀다.** 물론 이전보다는 진도가 조금 느려졌다. 선생님은 단어 노래 때문에 진도가 느려져서 불만이 있으면 언제든지 말하라고 하였지만 누구도 불만을 가지지 않았고 오히려 계속 단어 노래 수업을 할 것을 요청하였다.

노래를 통해 배운 단어는 **기억에 오래 남았고 독해도 훨씬 수월하였다. 영어에 흥미는 물론이고 자신감도 생겼다.** 다른 시간에는 자던 친구들도 영어 시간만큼은 깨어서 노래를 듣고 싶어하였다. 선생님 덕분에 영어에 재미를 느꼈고 수업이 기다려졌다. 나는 항상 영어 수업 전에 오늘은 선생님께서 어떤 노래를 준비해 오실지 기대하게 되었다. 원래 싫어하는 과목을 물어보면 영어를 말했는데 이후로 가장 좋아하는 과목이 되었다.

기억에 오래 남고
교과 흥미가 생김

▌사례 9▐ 교과 내용으로 개사한 곡을 부르면서 즐겁게 수업하고 교과내용을 암기함(한문)

한문은 한자 암기와 본문 암기가 중심을 이루었다. 우리말과 다른 문법구조와 다양하고 함축적인 의미를 담고 있는 한자의 특성 때문에 내용을 이해하기 어려웠다. 그러나 중학교 때 한문선생님은 어려운 한문을 따라오지 못하는 학생들을 다그치거나 암기할 것을 요구하는 것 대신, 학생들에게 무엇이 어렵고 이해가 되지 않는지를 묻고 의견을 구하였다.

그리고 다음 수업시간에 이전 학습에서 **배운 내용을 토대로 동요 '자전거'를 개사한 곡을 준비하였다. 학생들은 본문의 내용이 담긴, 개사한 곡을 같이 불렀다.** 어색하였지만 몇 번을 반복하자 금방 본문을 외우게 되었다. 아이들의 반응이 좋아 선생님은 다음으로 학습한 내용을 어떤 노래로 개사하면 좋을지 우리에게 물었다. 다음 시간에는 동요 '크레파스'를 개사하여 학습하자는 의견이 나왔고 다음 시간에도 우리는 개사한 동요를 같이 **흥얼거리면서 수업에 빠져 들었다.**

04 학습내용(과제)의 명료한 구조화와 전개 및 정리

---

1 이론

가. 의미

수업의 내용이 명료하다는 것은 ① **수업 과제 설정이 설득력 있으며**, ② **수업 주제(내용)의 전개과정이 순조로우며**, ③ **수업 결과의 정리가 명료하고 구속력이 있음**을 의미한다.

(1) 설득력 있는 수업 과제 설정

교사가 설득력 있는 수업 과제를 학생에게 제시하기 위해서는 학생의 학습구조와 학습상태를 제대로 분석할 때 비로소 가능하다. 학습구조의 분석은 수업 내용의 구조를 분명히 하는 것과는 다른 개념이다. 수업의 목적을 달성하기 위해 학생들은 어떤 학습 행동을 수행해야 할 것인지를 교사가 구체적으로 고민하는 것이 바로 학생의 학습 구조를 분석하는 것이다. 동시에 설득력 있는 수업 과제를 설정하기 위해서는 학생의 학습 상태도 분석할 필요가 있다. 학습상태의 분석은 학생들의 학습 수준과 학습 가능한 상태를 진단하는 것이다. 교사는 학생들이 학습할 과제에 대해 요구되는 능력과 태도를 가지고 있는지를 확인하고 이에 적합한 수업 과제를 설정해야 수업의 내용적 명료성에 기여할 수 있다.

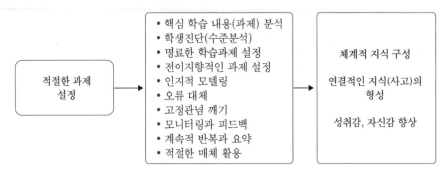

[그림 4-1] 학습내용(과제)의 명료한 구조화와 전개 및 정리 기준

(2) 순조로운 수업 주제(내용) 전개

수업 주제와 내용을 물 흐르듯 순조롭게 전개하는 교수학습 방법은 다양하다. 예를 들면 다음과 같다.

- 직선적이고 내용적 논리에 따른 전개
- 다양한 내용에서 시작하여 종합하는 전개
- 배열 변경 정거장 전개
- 양파 구조 전개
- 주제가 다른 수준에서 반복되는 나선형 전개

(3) 명료하고 구속력 있는 수업 결과 정리

수업의 결과를 명확하게 정리하려면, 교사는 학생들에게 수업의 결과를 주기적인 요약 및 반복, 학생의 오류에 대한 올바른 수정, 깔끔한 판서와 노트 정리, 명확하고 정확한 용어(언어) 사용을 통해 가능하다. 수업의 결과를 구속력 있게 정리하려면, 교사는 말 혹은 글로 학생들에게 정확하게 알려주고, 문서와 같은 자료를 통해 합의하며, 교사는 수업의 결과를 정확하고 세심하게 제시할 필요가 있다.

나. 내용(과제)의 명료한 구조화와 전개 및 정리 지표

- ✔ 수업내용을 명확하게 제시하는 도입을 제시한다.
- ✔ 세심하고 깨끗하고 명확하게 판서를 한다.
- ✔ 수업내용을 명료하게 하는 매체를 사용한다.
- ✔ 학습결과가 공책이나 노트북에 깨끗하게 정리되어 있다.

✔ 구체적인 모델, 은유, 감각적인 직관을 사용하여 수업을 전개한다.

✔ 학생의 선행 경험과 일상적인 생각을 수업에 이용·대조·발전시킨다.

✔ 수업내용 이해 정도를 모니터링한다. 피드백, 발문, 재요약 등을 통해 선정된 주제에 집중하며, 수업의 내용이 옆길로 새거나 장황하지 않게 한다.

✔ 오류와 실수할 가능성에 대해 지능적인 대응 방법을 제시한다.

✔ 수업 중간과 수업 마지막에 규칙적인 반복과 요약을 하거나 시킨다.

다. 내용(과제)의 명료한 구조화와 전개 및 정리 관련 연구결과

- **네트워크화 된 지식의 구성**: 지식의 수직적 전이와 수평적 전이가 가능한 수업 지식(능력)은 수업의 내용·과제가 명료함을 보여준다.

- **메타인지 능력 강화**: 내용적 명료성은 자신의 사고에 대해 사고하는 메타 인지 능력을 강화한다.

- **인지적 모델링 학습**: 인지적 모델링 학습은 학습자의 메타인지 능력을 강화하는 하나의 방법이며 내용적 명료성이 강할 때 나타난다.

- **자신의 학습에 대한 모니터링**: 내용적 명료성은 자신의 학습에 대한 모니터링을 하게 한다.

- **요구 수준**: 학생에 대한 교사의 요구 수준은 학습의 성과에 영향을 준다.

- **개방적 혹은 폐쇄적 과제 설정**: 학습 능력이 높거나 고학년 학생일수록 학생 중심의 학습과 모둠 속에서의 독립적인 학습이 학습성과를 높인다.

- **선행조직자 활용**: 선행조직자는 정착 관념으로 새로운 주제에 대한 지식(수행)에 있어서 내용적 명료성에 유용하다.

라. 내용(과제)의 명료한 구조화와 전개 및 정리를 위한 고려사항

- 준비된 수업 내용만을 전달하는 수업[1]과의 결별: 수업은 교사와 학생이 공동으로 만들어가는 교수학습의 과정이다. 따라서 수업 내용에서 벗어난 논의나 학생이 제시한 다양한 상황 역시 수업 내용에 속한다.

- 학생의 일상적인 경험을 진지하게 수용하면서 교과적인 해명의 출발점으로 삼는다.

- 과제의 수준과 내용을 정확하게 제시한다.

---

1 Meyer(2004: 99)는 이를 '양동이 모델'로 부름.

- 수업 중에 이루어지는 피드백은 학습의 장애물을 발견하고 제거하는 데 유용하다.
- 전이 지향적인 과제를 설정한다.
- 학생의 오류에 대해서 지능적으로 대응한다. 즉 학생이 범한 오류의 일부를 이용하여 수업을 한 차원 높게 전개시킨다.
- 교사의 모범이나 학생들 스스로 중요한 내용을 반복하고 부분들을 종합하는 능력을 함양하도록 지도한다.

2 │ 사례와 해설

가. 학습내용의 명료한 구조화와 전개

사례 10 시각적 효과를 고려한 구조화된 판서와 사진, 동영상 매체를 효과적으로 활용한 설명식 수업(한국사)

도입: 시각화와 구조화된 판서로 이전학습 복습

고등학교 한국사 선생님은 매 수업마다 칠판에 긴 화살표를 그리고 구석기시대부터 삼국시대 전까지 시간순대로 화살표 위에 표시하며 배웠던 내용을 복습했다.

본시학습: 시각적 효과를 고려한 구조화된 판서

본 수업이 시작되면 화살표 밑에 판서를 하는데, 의·식·주·대표적인 유물로 나누고 칠판을 왼쪽부터 4칸으로 나누고 판서를 하였다. 또한 칠판에 키워드나, 간단한 그림을 그렸다. 또한 중요한 포인트를 짚어 노란색 분필로 칠판에 적으며 설명을 하였다. 판서는 색깔별로 정리되어 있는데 흰 분필은 일반적인 설명, 빨간 분필은 예시를 들어 설명, 노란색은 중요한 내용이나 포인트를 표시할 때, 파란색은 그림을 그릴 때만 가끔 사용하였다.

사진, 동영상 활용

마무리: 질의-응답

또한 교과서에 없는 유물이나 유적지 사진을 인터넷에 찾아보며 설명하고 학습내용과 관련된 짧은 동영상을 시청하기도 하였다. 마무리 시간에는 수업내용 중 어려운 내용에 대하여 질의응답을 하였다.

이 수업이 좋은 이유는 판서와 사진, 동영상을 활용하여 학생들이 **몰입**하였고, 수업시간을 꽉 채워 수업하지 않고 도입에서 복습을, 마무리에서 질의응답을 하여 **여유롭게 수업**을 하였기 때문이다. 또한 마무리 부분에서 질의응답을 하면서 다시 한 번 필기한 것을 보면서 생각을 정리하고 이해가 되지 않는 것을 질문할 수 있었기 때문이다.

사례 11 캘리그라피, 그림을 활용하여 핵심내용을 이미지로 시각화하여 효과적으로 학습함(국어)

고등학교 국어시간에 '만무방'을 **캘리그라피를 활용**하여 학습하였다. 작품 '만무방'을 처음 접하였는데 선생님은 바로 본문을 읽지 않고 말없이 칠판에 '만무방' 글자를 쓰셨는데 단순히 정자로 적지 않고 작품의 주제, 분위기, 정서 등을 담은 캘리그라피 형식으로 표현하였다. 선생님은 캘리그라피에 대해 따로 설명을 하지 않았지만 학생들은 작품을 읽지 않아도 **글자를 통해 미리 작품의 분위기를 예측**할 수 있었다. 이후 본문을 읽을 때 작품에 대한 배경지식이 생겨서인지, 작품의 흐름을 잘 이해할 수 있었고 등장인물의 심리에 더욱 **감정이입**해서 읽을 수 있었다.

도입: 주제를 캘리그라피를 활용하여 이미지로 시각화하여 전달

본시학습

이후에도 선생님은 작품을 읽기 전에 캘리그라피를 그리거나, 칠판을 화폭 삼아 **작품의 내용을 담은 그림을 그렸다.** 이것은 작품을 **시각적이면서도 정서적인 측면에서 이해**하는 데 도움이 되었다. 캘리그라피, 그림 등의 **이미지를 활용한 수업방법**을 통하여 개념에 대한 이미지가 생성되면 개념을 더 잘 이해할 수 있음을 알았다. 이후부터는 학습이나 발표를 할 때 개념에 대한 이미지를 생성하기 위하여 학습내용을 그림, 사진 등으로 시각화하려고 노력한다.

> 판서는 교사에게 가장 기본적이면서도 중요한 도구이다. 판서는 교사의 의도를 직접적이고 효과적으로 표현할 수 있는 좋은 도구이다. 너무 많은 수업 도구를 사용하는 것은 오히려 외재적 인지부하를 증가시켜 학습에 방해가 될 수도 있다. 교사는 판서의 적절한 사용을 통해 수업 내용을 명료화할 수 있다.

사례 12 문학사의 흐름을 큰 틀로 먼저 조망하면서 해당 작품의 위치와 의의를 설명함(국어)

국어 선생님은 몸짓, 손짓, 목소리의 어조나 강약 같은 비언어적 요소를 잘 활용하였다. '원미동 사람들' 소설의 첫 차시에 선생님은 작가 소개, 소설 창작 배경이 된 부천시 원미동에 대해 이야기하였다. 이 소설은 사실주의 소설이었기에 선생님은 소설 속에 등장하는 배경뿐만 아니라 원미동 사람들이 왜 그렇게 행동하게 되었는지 이해하는 데 도움이 되는 이야기들을 하였다. 겪어보지 못했던 시절의 이야기들은 흥미로웠고 재미있었다. 소설이 시작되기도 전에 또 다른 소설을 듣는 느낌이었고, 그 당시 사람들이 겪었던 문제들을 알 수 있었다.

교사 수업행동 (퍼포먼스) 작가소개, 작품배경 설명

이어서 선생님의 **문학사 흐름을 설명하였다.** 선생님은 **한국의 근대 ~ 현대까지의 연도를 칠판에 적으며 문학사 흐름을 설명하였다.** 1910년~1930년대를 설명하며 항일문학, 그리고 검열 속에서 풍자와 유희가 빛날 수밖에 없었던 당위성을 이야기해 주었다. 1940년~1960년대에 이르기까지 전쟁과 분단이라는 사건들을 겪으며 그러한 경험들을 소설 속에 담았던 비판적인 문인들과 이러한 사건들에서 벗어나 순수 문학을 추구했던 사람들에 대한 이야기 또한 담겨있었다. 그리고 개방과 함께 들어온 여러 문학사상에 의해 다양하게 나뉘었던 문학의 모습과 〈난쟁이가 쏘아올린 작은 공〉과 〈원미동 사람들〉이 동시대 사람들을 그리고 있었다는 것을 설명해 주었다. 이 두 소설이 1980년대 한국 사회의 발전 속 이면을 보여주는 공통점을 가졌다는 것은 지금도 인터넷에 나와 있지 않은 이야기다.

교과서 혹은 참고서 속 문학작품의 특징을 이해하는 데 급급했던 나에게 유익한 수업이었다. **학년별 위계성에 따른 작품 배치 속에서 내가 그동안 배운 문학지식들은 모두 단편적이고 파편적이었다.** 교과서나 참고서에 나오지 않은 문학사 흐름과 시대적 배경을 이해하면서 **작품이 잘 이해되었고, 작가와 등장인물에게 한결 더 가까워졌다.**

> 학생들은 흔히 파편화되고 단절된 각 차시의 수업에서 해당 내용이 차지하는 위치를 교과 목과의 관계 속에서 파악하지 못하고 분절되고 파편화된 내용으로 학습한다. 이 사례처럼 해당 학습내용이 교과목에서 차지하는 위치와 다른 영역의 내용과 어떻게 관련되는지 조망해보면서 학생은 학습 내용을 보다 명확하게 알고 이해할 수 있다.

사례 13 노래 가사를 시처럼 낭독하면서 심미적 체험을 함(국어)

중학교 국어 시 수업에서 선생님은 수업이 끝날 때쯤 과제를 내었다. ① 자신이 좋아하는 노래 가사를 문집에 적고 가사를 시로써 어떻게 읽는 것이 효과적일지를 생각해보고, ② 다음 수업 때 가사를 낭독하는 것이었다. 1차시: 시 학습 → 과제 안내

나는 드라마의 ost 노래가사를 적었다. 과제를 하면서 처음으로 노래 가사를 무의식적으로 흥얼거리는 게 아니라 운율과 정서를 살려가면서 읽었다. 그러면서 **시의 정서와 상황, 화자의 입장이 되어 시를 읽는 것이 어떤 것인지 알게 되었다.** 시에 대한 지식뿐만 아니라 시의 내용을 직접 체감하는 시간이었다. 드라마를 볼 때의 감정을 생각하면서 읽었는데 그것은 그저 '시의 운율을 살려서 읽자'라는 생각을 가지고 읽었을 때와는 전혀 다른 느낌을 주었다. 마치 내가 가사의 주인공이 된 것 같았고 시를 읽으면서 **감정이입**이 되어 마음이 아팠다.

다음 시간, 선생님의 설명에 따라 번호 순서대로 학생들은 좋아하는 가수 노래, 드라마나 영화 ost, 팝송 등에 자신이 느낀 감정을 실어 시(노래 가사)를 읽었다. 수업은 자신이 **좋아하는 노래를 소재로 진행되어서 많은 아이들이 집중하였다.** 과제를 하면서 내가 느낀 감정은 동료의 가사 낭독을 통해서도 느낄 수 있었다. 평소 알던 노래가사에서 전혀 다른 느낌을 받았다. 2차시: 시 낭독 (체험)

수업을 통해 난해하고 어렵게만 느껴졌던 시의 매력을 알게 되었다. **시에 대한 기본적인 배경지식을 배운 후 직접 경험을 하면서 시를 이해하기 쉬웠다.** 수업을 통해 시가 얼마나 사람의 마음에 많은 감동을 주는지 깨달았다.

사례 14 어휘 빠르게 읽고 회상하기, 시의 주제 어휘의 마인드맵 활동, 발표, 질문과 답변, 마인드맵 완성, 정리의 활동을 통해서 사고를 확장하고 내용을 깊이 있게 이해함(국어)

중학교 국어 시간에 선생님은 학생들에게 종이 한 장씩을 나누어 주었다. 그 종이에는 '모순, 반증, 방증, 개연성, 관철, 논거, 선험적, 역설, 준거' 등과 같은 단어들이 약 70개 정도가 쓰여 있었다. 대부분의 단어가 생소하고 어려웠다.

① 아이들이 종이를 받자 선생님은 검정색 스톱워치를 꺼내더니 종이에 쓰인 모든 단어를 소리 내서 읽어보라고 하였다. 스톱워치의 삑 소리와 동시에 학생들은 모두 소리 내서 단어를 읽기 시작하였다. 누구는 1분 10초, 그리고 또 다른 아이는 단어 소리내어 빨리 읽기

57초 만에 읽기를 다 끝내고서 종이에 기록하는 부분에 각자 걸린 시간을 썼다.

기억나는 단어 회상하기

1분 30초 정도가 지나자 모든 학생들이 읽기를 다 끝냈다. ② 이어서 종이 뒷면에 기억에 남는 단어들을 모두 쓰는 활동을 하였다. 나는 10개를 채 못썼으나, 많이 쓴 친구는 20개 정도까지도 기억하였다. ③ 그 후에 선생님은 70개의

3가지 단어 의미 설명

단어 중에 3가지 단어를 골라 뜻을 알려줬다. 그날은 모순, 반증, 방증의 의미를 설명하였다.

마인드맵 가지치기

④ 단어를 읽고 뜻을 알아보는 시간이 끝난 뒤에 선생님은 다시 A4용지를 모두에게 나누어주었고, 칠판 가운데에 '길'이라는 글자를 적었다. ⑤ 그러고 나서 받은 종이에 '길'이라는 글자를 쓰고 나서 **마인드맵**으로 생각나는 것들을 2분 동안 가지치기하는 활동을 하였다. ⑥ 2분이 지나고 선생님은 학생들의 주의를 집중시킨

발표

뒤에 자신이 쓴 것을 자유롭게 말해보라고 하였다. '지름길, 오르막길, 흙먼지, 횡단보도'와 같이 길과 연관된 단어들이 나왔고 ⑦ 선생님은 칠판에 마인드맵을 그려가며 적었다. 예습을 한 학생들은 '새로운 길'이라는 윤동주 시의 제목과 그 내용을 언급했고 이 역시도 칠판에 적혔다. '길'과 관련된 단어를 모두 마인드맵에 적고 나서 선생님은 오늘 배울 시가 '새로운 길'이라고 소개하였다.

본시학습

'길'을 중심으로 마인드맵 가지치기

⑧ 교과서를 펴고, '새로운 길'을 소리내어 읽었다. 마지막 구절까지 읽은 뒤에 칠판에 그려져 있던 마인드맵을 다시 지우고, ⑨ 가운데에 길로 연상되는 이미지를 그렸다. 네 개의 가지를 만들어서 주제, 상징, 태도, 상징 효과를 각각의 가지 위에 적었다. 이어서 상징이라는 가지 옆에 5개 가지를 추가로 뻗어서 민들레, 아가씨, 까치, 바람과 같은 상징적 의미의 시어를 적었다.

교사 질문과 학생 답변을 통해 마인드맵 완성

⑩ 이어서 민들레 씨가 새로운 길에 핀다는 것과 아가씨와 바람은 어떤 의미인지를 학생들에게 물었다. 처음에는 단순히 길에 민들레가 있어서 그렇다는 답변이 많았지만 선생님은 좀 더 깊고 풍부하게 생각해보라고 하였다. 민들레의 의미에 대한 토론 결과 민들레는 힘든 상황 속에서 살아가는 사람들이라는 의미에 도달하게 되었다. 다른 어휘들 역시 동료들의 답변과 선생님의 지도 결과 각각의 어휘가 상징하는 의미를 알게 되었다. 태도나 상징 효과도 모두 답변과 도움을 통해 해결해나갔다. ⑪ 질문과 답변이 칠판에서 시에 대해서 간략하고 정확하게 마인드맵으로 정리

마인드맵 노트에 정리

가 되었다. ⑫ 칠판의 마인드맵을 공책에 적은 후 수업이 끝났다.

새로운 것을 배웠다는 느낌이었다. **학습내용을 깊게 생각할 수 있었고**, 복습하지

않아도 정리된 마인드맵을 보며 수업내용을 정리할 수 있었다.

이 수업사례에서 도입부분 활동은 다음과 같다. 70개의 단어를 읽고 기억나는 대로 적기 → 교사가 70개 단어 중 모순, 반증, 방증의 의미 설명 → 종이에 '길'을 중심으로 마인드맵 가지치기 → 학생 발표 → 교사가 칠판에 마인드맵으로 학생 발표 정리 → 본시 학습 내용(주제) 소개

문제는 도입부분 활동이 많고 학습목표나 본시학습과 무관한 활동이 전개되었다는 점이다. 즉, 70개의 단어 읽고 기억나는 대로 적기 → 교사가 70개 중 모순, 반증, 방증의 의미 설명은 생략되어도 주제 전개에 아무런 지장이 없을 것이며, 교사가 설명한 3개 단어의 의미가 주제와 무관한 것으로 보인다. 본시 학습은 주제어를 중심으로 연상되는 단어들을 학생들과 질문-답변을 하면서 마인드맵으로 가지치기하면서 사고를 확장하는 효과적인 활동을 전개하였다.

사례 15 감각(청각)을 자극하여 시를 이해하고 학생들을 주의집중시킴(문학)

고등학교 문학 시간, 선생님은 ① 나눠준 유인물의 내용은 시어를 보고 느껴지는 감정, 시와 관련된 자신의 경험, 시를 감상하고 느낀 점 등에 대한 질문들이었다. 이어서 ② 선생님은 ppt를 통해 매미소리를 들려주었다. 매미가 시끄럽게 울다가 잔잔해지는 정신 사나운 소리였다. ③ 선생님은 매미소리에 대한 감상을 물었다. 매미소리가 어떠한지를 물어볼 때, 처음에는 다들 의아한 분위기였다. ④ 곧 선생님은 오늘 배울 〈매미 울음 끝에〉 시를 소개하였다.

도입: 질문 → 매미소리 감상 → 시 소개

학생들은 ⑤ 함께 한 번 낭송을 했고, ⑥ 유인물의 순서대로 질문에 답을 적고, 발표하고 싶은 사람이 발표하였다. 학생들이 엉뚱한 답변을 발표해도, 선생님은 '그렇게도 생각해볼 수 있겠다'라며 격려해주었다. 시의 표현 중에는 '정적의 소리인 듯 쟁쟁쟁', '희한한 그늘의 소리'와 같이 독특한 것들이 많아 선생님은 해석을 하지 않고 학생들이 직접 생각하며 시어를 느껴보도록 하였다. 그렇게 표현에 대해 하나하나 학습한 후, ⑦ 다시 전체 시를 읽어보았다.

본시학습: 함께 낭송 → 학습지 활동 → 발표 → 함께 낭송 → 해설

선생님은 시에 대한 다른 해석을 제시하였는데, 이해를 돕기 위해 빠르게 상승하던 선이 어느 순간 이후에 끊기는 것이 아니라 그대로 직선으로 쭉 이어지는 모습을 그래프로 그렸다. 학생들은 새로운 해석에 감명을 받았다.

수업을 마치기 전에 처음 들었던 매미소리를 다시 들었다. 처음에 들었던 것과 다르게 여러 생각을 하며 들을 수 있었다. 시에 대한 진정한 감상을 해 볼 수 있는

마무리: 매미소리 감상

수업이었다. 시청각 **자료를 통해** 집중시키고, 열린 질문을 사용하여 학생들이 **다양한
생각**을 할 수 있었다.

사례 16 교사의 개념 설명 → 개인별 사례 조사 → 조별 공유 → 조별 발표 →
교사의 부연설명 활동을 통해서 핵심개념을 명확히 이해함(법과 정치)

1차시: 교사의 개
념 설명

법과 정치 수업에서 선생님이 헌법재판소의 개념과 권한에 대해서 설명할 때,
낯선 법적 용어들이 많아서 어렵고 이해가 되지 않았다. 특히 위헌법률심판과 헌법
소원 심판을 구분하는 것이 어려웠다.

사례조사 과제

선생님은 학생들에게 위헌법률심판과 헌법소원심판 사례 조사과제를 내주었다.
사례를 찾을 때 직접 헌법재판소 사이트에 들어가서 위헌법률심판과 헌법소원심판
사례를 조사하라고 하였다. 위헌법률심판 사례들을 조사하니 법률용어들이 많고 사
건 내용이 길게 정리되어 있어서 이해가 되지 않았다.

2차시: 사례조사 내
용 공유(모둠 토의)

다음 시간 학생들은 조사해 온 **다양한 사례들을 서로 공유**하면서 많은 사례들을
접하였다. 학생들은 조사한 것을 서로에게 알려줌으로써 자신이 확실히 이해했는지
확인할 수 있었다. 또한 내가 조사하지 않은 개념에 대해 동료의 설명을 들으며 이

발표 및 정리

해할 수 있어서 유익하였다. 조별 토의 후 한 명씩 나와서 발표를 하였다. 이 때 선
생님은 사례에 대해서 다시 설명하였고, 학생들은 확실하게 개념을 정리하였다.

교과서에 있는 개념이나 사례 외에 직접 사례를 찾아보고 분석함으로써 개념에
대해 폭넓게 이해할 수 있었고 다른 사례에 개념을 적용시킬 수 있는 능력도 향상되
었다. 시간이 오래 걸리는 수업이었지만 스스로 탐구하면서 **사고를 확장**하는 유익한
수업이었다.

사례 17 역사적 인물과 시대적 배경을 설명하면서 관련된 일화나 이야기를
함으로써 수업에 재미를 느낌(역사)

고등학교 동아시아사 수업에서 한나라 고조 유방에 대하여 설명하였다. 교과서
에서는 한고조가 진나라 멸망 이후 통일 왕조를 세운 것, 군국제를 시행한 것, 흉노
와 화친을 맺은 것 등만 기술되었다. 그런데 선생님은 유방의 생애를 이야기하면서

교과서에 없는, 인
물의 일화나 사건
을 스토리텔링함

한나라의 고조가 아닌, **인간 유방에 대한 이야기를 하였다.** 유방의 탄생부터 죽음까
지의 이야기를 들으며 '그저 활자로만 느껴졌던 인물도 한 인간으로 살았구나!'라는

생각을 하였다.

해당 시기의 업적과 사건을 위주로 서술하는 교과서에서는 유방이 옛날에 어떤 일들을 했는지 알 수 있었지만 그의 성격이 어떠하였는지에 대해서는 알 수가 없다. 반면 선생님의 수업에서는 **인물과 관련된 일화를 이야기함으로써 교과서로는 알 수 없는 인물의 내면적인 부분을 짐작해볼 수 있었다. 역사를 하나의 스토리로 수업하는** 선생님의 방식이 좋았다. 학생들은 선생님의 이런 수업 방식을 좋아했는데, 인물을 중심으로 일화나 이야기로 설명하는 방식이 **재미있어서** 수업이 기다려진다고 하였다.

> 일반적인 역사 수업은 통사적 방법을 사용한다. 하지만 이 수업에서는 인물을 중심으로 관련된 일화나 이야기를 스토리텔링 방식으로 진행하였다. 역사적 사건이나 인물에 대한 일화는 교과서에 기술되지 않은 부분을 배울 수 있을 뿐만 아니라 학생들의 흥미를 불러일으켜 수업에 몰입하게 한다.

사례 18 모든 학생이 지역 한 곳을 맡아서 조사·발표하면서 지역에 대한 이해를 높임(한국지리)

고등학교 한국지리 시간에 모든 학생이 각자 지역 한 곳을 맡아서 위치와 특징, 특산물을 조사하여 발표하는 수업을 하였다. 먼저 모든 학생이 무작위로 도시를 하나씩 고른 후, 도시의 위치, 특징, 특산물 등을 조사하였다. 나는 순천을 골랐다. 순천만의 습지와 드라마 촬영지, 매실이나 미나리 등의 특산물을 조사하였다.

1교시: 개인별 지역 조사 과제

다음 수업 시간에 선생님은 칠판에 커다란 한국지도를 붙였다. 그리고 한명씩 나와서 자신이 조사한 도시의 위치를 찾고 도시 이름을 쓰고 그 도시를 설명하였다. 첫 번째로 발표한 학생은 대구를 조사하였다. "여긴 매우 덥습니다." 한마디만 하고 들어가자 모두들 웃음을 터뜨렸다. 선생님은 대구에 대해 **추가적인 설명을 하였다.** 그 뒤로 학생들의 발표가 이어졌다. 보통 특산물, 관광지, 축제를 소개하는 내용이 대부분이었다. 부산 자갈치시장과 해운대, 안동 하회마을과 찜닭 등 다양한 내용들이 나왔다. 나는 지도에 순천의 위치를 찾아서 이름을 적고, 순천만 습지, 제빵왕 김탁구와 늑대소년 촬영장, 순천의 특산물인 매실과 미나리 등을 소개하였다. 이런 방식으로 수업은 마무리되었다. 칠판에는 학생들이 조사한 **30개의 도시와 특성이 정리되었다.**

2교시: 과제 발표

좋아하는 축구선수를 조사하여 영어로 공유하고 발표하는 활동에 모두가 적극적으로 참여함(영어)

스포츠와 주제 단원에서 자신이 좋아하는 축구선수를 조사해서 영어로 발표하는 수업을 하였다. 선생님은 사전에 교과서 내용에 기반하여 각자가 조사한 내용을 모둠별로 자유로운 분위기에서 공유하는 회화수업을 할 것임을 공지하였다.

다음 시간 학생들은 각자가 조사한 축구선수들에 대해서 모둠별로 소개하며 공유하였다. 회화를 자신감 있게 하는 학생, 말하기를 꺼려하는 학생 등 다양하였지만 동료에게 자신이 좋아하는 선수를 소개하며 모두가 즐거워하는 모습이었다. 버벅거리며 회화를 하였지만 우리는 외모가 빼어난 선수, 실력이 뛰어난 선수, 인성이 바른 선수 등 **조사내용을 활발하게 공유하였다.** 아직까지도 내가 '카카'라는 브라질 선수를 소개하며 수업에 참여했던 **기억이 생생하다.** 평소에 수업에 참여하지 않던 학생도 자신의 관심사항을 발표하니 적극적으로 참여하였다.

월드컵 이슈를 활용해 남학생들의 **관심사와 교과내용을 접목한 수업으로 그 어느 때보다 수업 참여도가 높았다.** 수업이 끝난 후에도 학생들끼리 축구 선수 얘기가 끊임없이 이어질 정도로 학급 전체가 적극적이며, 열의가 있었던 수업이다.

모둠별로 조사 및 발표하고 투표로 이상적 국가 선정, 모둠별로 학습내용을 개사하여 노래로 발표하고 잘한 모둠에 보상 실시(윤리와 사항)

고등학교 윤리와 사상 수업은 **학습목적과 내용에 따라 여러 방법과 활용을 하였다.** 한 번은 학자들이 제시한 이상적인 국가를 학습하기 위하여 ① 모둠별로 하나의 국가를 조사하고 ② 이를 발표나 연극 등을 통해 홍보하였다. ③ 이후 학급 전체가 투표를 하여 가장 이상적인 국가를 선정하였다. 선생님이 하나씩 설명하는 것보다 이해가 잘되었고 동료들의 발표를 듣는 것이 재미있고 마치 경연을 하는 것 같았다.

또 다른 활동으로 사상가와 그가 활동한 시기를 연결하여 학습하는 단원은 모둠별로 노래를 만들어 부르는 활동을 하였다. 모둠원들이 같이 상의하여 **사상가와 시기를 넣고 개사하여 부르기 쉬운 노래를 작곡하였다.** 노래를 작곡하기 위하여 여러 번 모여서 부르는 연습을 하였고 다른 모둠이 만든 노래를 따라 부르면서 **자연스럽게 학습내용을 암기하였다.** 이 활동 역시 투표로 선정된 잘한 모둠은 **보상으로** 작은 상품을 받았다. 학생들은 다양한 방법과 활동을 하는 수업시간이 기다려졌고 흥미를 가지고 적극적으로 수업에 참여하였다.

사례 21 학습지를 학생이 직접 번역하고 잘한 모둠에 보상을 실시, 수업 후 번역지를 교과서에 붙여서 학습함(영어)

중학교 영어시간에 (학생이 번역할 부분을 미리 밑줄 친) 번역지를 활용하였다. 선생님이 먼저 설명하고 나서 학생들이 번역지를 번역하였는데, 내용파악이 쉽고 충분히 이해가 되었다. 모둠별로 나누어서 빨리 번역지를 번역하는 모둠은 상점을 받았다. 선생님은 수업 후 번역지를 해당 페이지에 붙이도록 하였다. 학생들은 이런 방식을 좋아하였고 이후의 시험공부에 도움이 많이 되었다. 본문을 복습할 때 훑어만 보아도 내용파악이 되었다. 선생님은 내용을 설명하기 쉬웠고 학생은 학습에 참여하고 이해가 잘되는 좋은 수업이었다.

교사 설명 → 학습지 내용 번역(모둠별) → 보상(상점)

사례 22 교과내용을 그림과 표로 시각화하고 단순하게 구조화하여 설명함으로써 마치 지형이 변화하는 영상을 보는 듯한 느낌을 받음(지리)

중학교 지리 선생님은 판서가 깔끔하고 그림도 잘 그리는 것으로 유명하였는데 한반도의 지질 형성에 대해서 배울 때 그 실력이 더욱 빛을 발하였다. 선생님은 우선 한반도 지질의 **평면도를 단순화해서 그렸다.** 선캄브리아시대는 흰색 분필로 가로선을 쭉 그었고 그 위에 다음 시기(고생대, 중생대, 신생대 등)의 변동을 겹쳐서 그렸는데 중생대에는 땅을 뚫고 솟아오르는 관입하는 암석을 빨간색으로 그렸고, 관입한 암석에 +모양으로 도배를 해서 시기별 구분을 확실히 하였다. 즉 모든 시기의 설명이 끝났을 때는 **시기별 그림이 분필의 색깔과 문양으로 구분되어 겹쳐져 있는 그림이 남았다.**

그림으로 단순하게 시각화

그림 옆에는 표를 그려 시기별 특징을 표시하였는데, 단순하고 보기가 수월했으며, 표와 함께 보면 정말 쉽게 이해할 수 있었다. 선생님이 설명을 하면서 그림을 그릴 때 칠판 위에 겹쳐져 가는 **지형 그림이 변화하는 과정은 마치 영상을 보는 것 같았다.** 판서를 통한 설명이 끝난 후에는 **노트에 필기하고 관련 영상을 보았다.** 영상자료로 수업을 환기하는 것도 좋았다.

그림과 표로 설명

판서를 통한 설명 후 → 노트 필기 및 관련 영상 시청

선생님의 수업은 판서를 통한 **설명식 수업**임에도 전혀 **지루하지 않았으며** 교과서에 제한되지 않고 가르치고 싶은 다양한 내용을 담고있기 때문에 매우 인상적이

었다. 수업이 재미있는데다 어디서 문제가 출제될지 모른다는 약간의 **긴장감**에 학생
들은 **몰입**하였다.

> **적절한 긴장감(스트레스)이 몰입과 학습능률을 높인다.** 위의 22번 사례에서 학생은 '어
> 디서 문제가 출제될지 모른다는 약간의 긴장감에 몰입하였다'라고 말한다. 환경자극으로 인
> 한 각성이론에 의하면 이것은 사실이다.

〈자극과 정서유발, 몰입, 과제수행의 관계〉[3)]

환경자극이 인간행동 및 정서에 미치는 영향은 여러 이론들로 설명이 된다. 각성이론에 의
하면 지나친 자극은 각성을 유발하고 이것은 인간행동과 정서에 영향을 미친다. 각성이론
중 Yerkes-Dodson 이론에 의하면 각성은 과제수행에 큰 영향을 미친다. Yerkes-
Dodson 이론에 의하면 각성이 너무 높거나 낮지 않은 **중간수준의 최적 각성상태에서, 최
고의 과제수행 성과가 산출한다.** 최적 각성상태를 벗어나면 과제수행의 성과는 낮아진다.
즉, 양자의 관계는 종모양(∩)의 함수관계인 것이다. 이유는 낮은 각성수준은 실수를 유발
하기 때문에, 높은 각성수준은 과제 집중을 방해하기 때문이다.

한편, 복잡한 과제는 각성수준이 낮을 때, 단순한 과제는 각성수준이 높을 때 과제수행
이 잘 된다. 단순한 과제일 경우 각성이 높은 상태가 큰 문제가 되지 않아 과제수행이 잘
된다. 그러나 복잡하고 어려운 과제일 경우 높은 각성 상태는 학습을 방해하여 과제수행이
잘 되지 않게 되고 그래서 학습성과가 떨어지는 것이다(Bell et al, 2004).

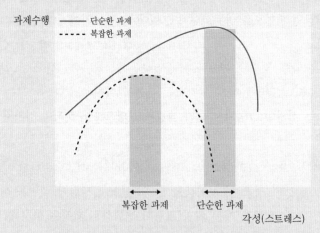

[그림 4-2] 각성과 과제수행 간의 관계

한편 환경자극이 너무 많아도 문제이지만 **과소자극이론에 의하면 너무 적어도 문제가** 된
다. 모든 감각자극을 없어진 상태에서 생활하는 아이는 불안과 심리적 이상징후를 경험하
며 성장발달에 해로운 것으로 보고된다(Sapolsky, 1997). 자극의 결여는 아이를 따분하

게 만들고 공격적 행동을 유발한다(Heft, 1979b). 따라서 아이에게 적정한 흥분과 환경 지각의 몰입감을 주기 위하여 이따금 복잡하고 자극적인 교육환경을 제공하는 것이 필요하다(Wood. et al, 1999).

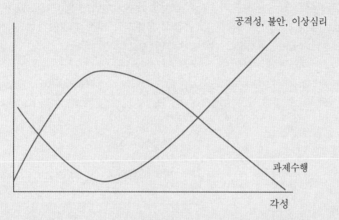

[그림 4-3] 각성과 공격성, 불안 및 이상심리의 관계

1. 각성과 정서의 관계

정서 특히, 쾌감 및 불쾌감은 각성의 함수관계이다(Berlyne, 1971; Eysenck, 1973). 자극에 따른 각성이 증가함에 따라 쾌정서가 유발되나 적정 수준의 각성을 넘은 지나친 각성은 오히려 불쾌정서를 유발한다. 따라서 쾌-불쾌정서와 각성의 관계는 종모양(∩)의 함수관계이다.

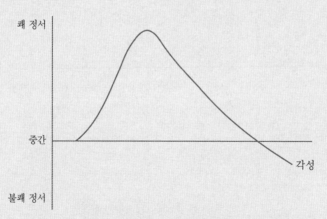

[그림 4-4] 각성과 쾌-불쾌정서의 관계 (1)

그러나 과소자극이론에 따르면 자극이 적은 것이 정서에 긍정적인 것은 아니며 오히려 불쾌감, 불안, 이상심리를 유발한다. 따라서 과소자극이론을 위의 각성과 쾌-불쾌정서의 관

계에 적용하면 위의 그림은 아래와 같이 수정되어야 한다.

개인이 환경자극을 평가하는 과정은 Helson(1964)의 적응수준이론(Adaptation Level Theory)의 이론으로 설명된다. Helson의 적응수준이론에 의하면 환경자극에 대한 개인의 쾌-불쾌 반응(Y)은 현재의 자극수준과 적응수준 사이의 불일치 정도(X)로 결정된다(Wohlwill, 1966). 자극의 불일치는 긍정적 불일치와 부정적 불일치로 구분된다. 적응수준은 개인이 자극에 대하여 그 동안 적응한 수준을 의미한다.

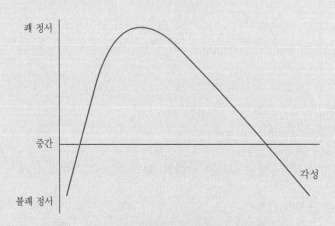

[그림 4-5] 각성과 쾌-불쾌정서의 관계 (2)

자극에 대한 개인의 쾌-불쾌 반응(Y) =
f[자극의 불일치(X) = 현재자극수준 - 적응수준]

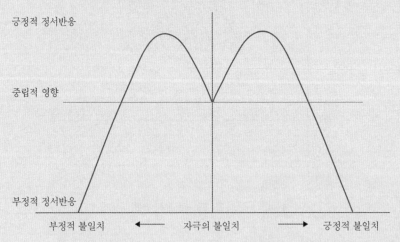

[그림 4-6] 적응수준이론에 의한 자극과 정서적 반응의 관계(Veitch & Arkkelin, 1995)

이 이론에 의하면 적정 적응수준 범위 내에서의 자극불일치는 쾌정서 반응을 일으킨다. 그러나 적응수준 범위를 지나치게 벗어나면 불쾌정서반응을 초래한다. Russel & Pratt (1980)는 Mehrabian & Russel(1974) 이론을 확대하여 각성(X)과 정서적 반응(Y)의 관계를 설명하는 모델을 제시하였다. 이 모델은 각성과 쾌–불쾌 정서반응을 독립적 관계로 구분하고 4개의 조합을 설명한다(이연숙, 1998).

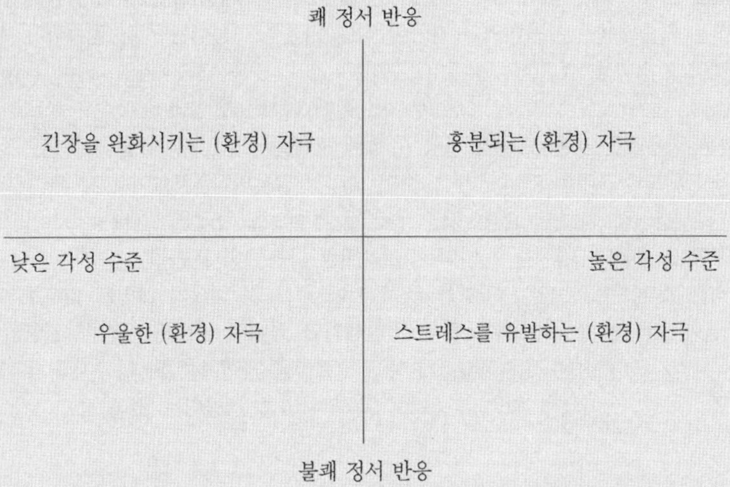

쾌 정서 반응

긴장을 완화시키는 (환경) 자극   흥분되는 (환경) 자극

낮은 각성 수준   높은 각성 수준

우울한 (환경) 자극   스트레스를 유발하는 (환경) 자극

불쾌 정서 반응

[그림 4-7] 자극과 정서적 반응의 관계

위 그림에서 1사분면은 높은 각성과 쾌 정서를 유발하는 환경으로 흥분을 유발하는 환경이다. 만석의 월드컵 경기장에서 경기를 관람하는 경우이다. 2사분면은 낮은 각성과 쾌 정서를 유발하는 환경으로 긴장을 완화시킨다. 토요일 가족과 교외 나들이하는 경우이다. 3사분면은 낮은 각성과 불쾌 정서를 유발하는 환경으로 우울감을 유발한다. 지리한 장마 기간, 우중충한 날씨 등이 여기에 해당된다. 4사분면은 높은 각성과 불쾌 정서를 유발하는 환경으로 스트레스를 유발한다. 수능 시험 상황이 여기에 해당된다.

〈표 4-1〉 자극과 정서적 반응의 관계

	높은 각성 수준	낮은 각성 수준
쾌 정서 반응	1사분면 흥분되는 환경 (월드컵 경기장 관람)	2사분면 긴장을 완화시키는 환경 (토요일 가족과 교외 나들이)
불쾌 정서 반응	4사분면 스트레스를 유발하는 환경 (수능 시험 아침)	3사분면 우울한 환경 (지리한 장마, 우중충한 날씨)

2. 적정 수준의 교육적 자극을 제공하는 것이 필요

교육환경으로 유발되는 각성과 과제수행의 관계가 교육에 시사하는 바는 각성을 유발하는 자극이 너무 많거나 적지도 않은 적정한 수준에서 학습이 잘 일어나므로, **적정 수준의 교육적 자극을 제공하는 것이 요구된다.** 또한 과제나 학습내용의 단순함-복잡함 정도에 따라 자극에 대한 과제수행의 질이 달라지므로 **과제의 성격과 수준에 따라 제공하는 교육적 자극을 다르게 구성해야 한다.** 즉, 어렵고 복잡한 과제나 학습내용, 창의성이나 깊은 사고를 요구하는 학습내용은 조용하거나 자극이 적은 환경을 조성하는 것이 필요하다. 반면, 단순한 과제나 학습내용, 주의집중을 덜 요구하는 과제, 단순 연습, 암기, 반복적 풀이 등의 학습일 경우, 높은 교육적 자극이 과제수행의 질에 미치는 영향이 상대적으로 덜하므로 어쩔 수 없는 경우라면 높은 교육적 자극 하에서 교육을 진행할 수 있을 것이다. 그러나 이것은 과제수행의 성과라는 한 측면만 단순히 고려한 경우이다. 각성이 정서나 인간행동, 건강에 미치는 부정적 영향을 고려한다면 **적정한 수준으로 자극을 낮추는 것이 필요하다.**

자극이 많고 그래서 각성을 유발하는 교육환경은 분명히 학습몰입을 방해한다. 그래서 자극이 적은 것이 언뜻 보면 인간행동 및 정서에 좋을 것 같으나 그렇지 않은 것이다. 과소자극이론에 의하면 **자극이 적은 것이 인간행동과 정서에 반드시 긍정적 영향만 미치는 것이 아니다.** 자극이 적은 것은 무미건조하고 무료함을 넘어 불안과 이상심리 및 행동장애를 유발할 수 있다. 따라서 **적정 수준의 교육적 자극을 제공하는 것이 중요하다.**

나. 매체를 활용한 명료한 구조화와 전개

수업의 내용이 명료하다는 것은 학생들이 수업의 목표와 학습 경험을 분명하게 인식하고 있다는 것을 의미한다. 즉, 학생들은 내가 무엇을 해야 하고, 왜 해야 하는지를 명확히 인식하고 수업에 쓰이는 자료와 매체의 필요성을 알고 있을 때 좋은 수업이 된다. 다음의 사례에서는 판서, 노래, 파워포인트, 영화, 책, 신문 등 다양한 매체 도구를 활용하여 학습 내용을 명료화하고 있다.

사례 23   뮤직비디오를 시청 → 노래 부르기 → 팝송 가사를 해석하는 수업을 하면서 동기가 유발됨(영어)

팝송 가사와 뮤직비디오 시청

고등학교 영어시간에 선생님은 바로 수업을 시작하지 않고 영어 가사가 적힌 악보를 나눠주었다. 그리고 A Thousand Miles라는 노래의 **뮤직비디오**를 틀어주었다. 외국 가수가 나와서 피아노를 치며 노래 부르는 모습이 흥미로웠고 노래가 듣기 좋았다. 뮤직비디오를 보는 동안은 누구나 집중하지 못하는 학생 없이 반 전체가 조용히 모니터를 응시하였고 끝나고 다시 틀어달라는 아이들도 있었다.

가사 해석 후 노래 부르기

선생님은 학생들을 노래에 집중시킨 후에 노래 가사의 각 문장을 해석해주었고 몇 마디의 문장이 끝난 후에 노래를 따라 불러보게 하였다. 아이들은 처음에는 어색해하며 목소리를 내지 못하였지만 선생님이 계속 큰 목소리로 함께 불러주면서 자신감을 북돋아주니 이내 큰 목소리로 노래를 따라 불렀다.

학생들은 억지로 문법과 단어를 외우지 않았음에도 **노래를 해석하며 쉽게 영어를 이해할** 수 있었다. 첫 팝송 수업 후에도 선생님은 매번 새로운 악보를 들고 왔고 다음에는 어떤 노래를 배울지 영어 시간이 기대되었다. 학생들은 그 후로 팝송을 즐겨 들었으며 자연스럽게 영어에 **흥미**를 가졌다. 이 수업은 학생이 좋아하는 노래를 수업의 소재로 삼고 뮤직비디오란 **흥미로운 매체를 활용**하여 **동기를 유발**하여 계속적인 학습욕구를 불러일으킨 좋은 수업이었다.

매 시간 팝송을 활용하여 동기유발

사례 24 교과서에 기반하고 파워포인트를 활용한 효과적인 수업방법(수학)

중학교 때 수학 선생님은 **교과서와 파워포인트를 함께 준비하였다.** 선생님은 교과서에 있는 글씨 하나하나 빠뜨리지 않고 꼼꼼하게 수업을 하였다. 효과적으로 요약과 정리를 해 주셨다. 특히 중요한 부분이지만 학생들이 쉽게 지나칠 수 있는 공식의 원리나 개념들은 반드시 서술형 평가를 통해 반복적인 학습이 될 수 있도록 하였다.

이와 동시에 글과 그림만으로 잘 이해가 되지 않을 수 있는 원리나 개념에 **효과를 넣어서 파워포인트를 활용한 수업을 하였다.** 파워포인트를 활용하여 함수 그래프 위에 학생이 직접 선을 그려볼 수 있도록 하고, 도형에 관해서 배울 때는 쉽게 이해할 수 있도록 3D 효과를 넣어서 도형을 뒤집거나 보이지 않는 부분도 입체로 볼 수 있도록 만들었다. 이렇게 **파워포인트를 활용**하면서 학생들은 수업에 집중하였고 학습내용을 쉽게 이해하였다.

사례 25 도서관 자료 리서치 활동을 힘들게 하면서 배운 것을 오래 기억하였고, 남는 것이 있는 수업을 좋은 수업으로 인식함

중학교 사회시간에 도서관에서 '피시 앤 칩스(Fish And Chips)'라는 음식이 어느 나라의 음식인지 인터넷을 쓰지 않고 오로지 책을 통해서만 찾는 수업을 하였다. 이미 어느 나라인지 알고 있는 친구들도 있었지만 그 음식에 대해 전혀 모르던 나는 무작정 책을 통해서 찾아야 하였다. 나는 요리 레시피 서적, 각 나라의 전통음식에 관

인터넷을 활용하지 않고 오로지 책만 활용하여 조사하기

련된 서적, 심지어 백과사전까지 찾아보면서 그 음식에 대한 정보를 모으려 애를 썼다. 결국 영국의 유명한 음식이라는 것을 알게 되었다.

나는 '그냥 인터넷 찾으면 바로 나올 텐데 선생님은 힘들게 왜 굳이 책을 통해서만 찾으라고 하시는 거야'라면서 속으로 선생님을 원망하였다. 그러나 **선생님의 의도는 손쉽게 얻은 정보는 손쉽게 잊게 된다는 것을 알려주고자 하는 것이었다.** 실제로 네이버 등 인터넷을 통해 알게 되면 그 정보는 쉽게 잊게 되는 경우가 많다. 반면, 수업 이후 '피시 앤 칩스(Fish And Chips)'가 영국 음식이라는 것을 지금까지도 **생생히 기억하고 있다.** 그래서 이 수업은 잊지 못할 좋은 수업이라고 생각한다.

수업내용이 생생히 기억됨

좋은 수업은 수업 후 남는 것이 있어야 한다. 수업에서 배운 지식이나 기술이 (기억에) 오래 남는 수업이 좋은 수업이다. 이런 측면에서 책을 활용한 수업은 좋은 수업이었다.

수업 후 남는 것이 있는 수업이 좋은 수업

사례 26　영화를 보고 대사가 담긴 학습지를 채우는 활동을 하면서 학습내용을 생생하게 기억함(영어)

고등학교 때 **학생 참여를 유도**하는 수업을 하면서 영어에 대한 흥미가 생겼다. 수업은 **활기찼고 항상 빠르고 파워가 넘치게** 진행됐다. 졸거나 딴 짓을 하는 학생이 없는 유일한 수업이었다.

학생 참여를 유도하는 활기차고 파워 넘치는 수업분위기

선생님은 수업의 절반 정도를 교과서를 사용하였고 나머지는 선생님이 인상 깊게 보았던 **영화나 시상식의 한 장면, 팝송**들을 들으면서 운영하였다. 한 번은 아카데미 시상식에서 주인공이 수상소감을 말하는 장면을 시청하였다. 선생님은 수상소감에 크게 감동을 받았다고 하면서 해당 영상을 틀어주었다. 이후 선생님은 주인공의 수상소감을 담은, 곳곳에 빈칸이 있는 학습지를 나눠주었다. 영상에서 빠르게 나오는 말과 중간중간 섞인 숙어에 우리는 당황하였다. 6번 정도를 반복하고 나서야 학습지 빈칸을 모두 채울 수 있었다. 어렵다고 불평하는 우리에게 선생님은 빠르게 말하는 영어에 익숙해져야 나중에 회화를 잘할 수 있다고 말하였다.

영상을 본 후 학습지 채우기 활동

수업이 끝나고 나서도 학생들은 수업내용을 **생생히 기억**하였다. 배우의 목소리와 발음이 좋다는 반응, 돌아가신 어머니와 수상의 기쁨을 같이 나누는 것이 인상 깊다는 반응도 있었다. 영상에서 주인공은 생명이 얼마 남지 않은 에이즈 환자였다. 나는 그가 수상소감에서 에이즈와 싸우는 모든 사람을 응원한다고 말한 것이 기억

수업내용을 생생하게 기억함

에 남았다. 주말에 기숙사에서 친구들끼리 모여서 그 영화를 보았다. 수업을 통해 영어에 대한 **부담감**이 줄고 **흥미와 자신감**이 생겨났다.

사례 27　옛 시가와 현대 가요를 접목하여 내용을 구성함으로써 고전문학에 대한 내용 이해를 높임(국어)

국어에서 속미인곡을 배우는 수업시간이었다. 내용에 한자가 많아서 수업 시작 전에 아이들은 배우기 싫다고 투정을 부리기 시작하였다. 그러자 선생님은 학창시절 좋아했던 가수 버즈에 대해 말하며 자신이 얼마나 열정적으로 팬 활동을 하였고, 버즈의 노래를 들을 때 심정이 어떠하였는지에 대해 설명하였다. 우리는 속미인곡보다 선생님의 이야기가 훨씬 재미있어서 **집중**해서 들었다.

학습내용과 관련된 이야기로 흥미 유발

한참 열정적으로 이야기를 들려주던 선생님은 오랜만에 버즈에 대한 옛날의 심정을 **편지로 적은** PPT를 보여주었는데 속미인곡과 조, 음보가 같은 형식의 글이었다. 임금님을 그리워하는 마음을 젊은 여인에 빗대어 표현한 **속미인곡의 내용을 우리가 다가가기 쉽고, 이해하기 쉽도록 팬이 스타를 향한 마음으로 내용을 바꾸어서 편지형식으로 표현**한 것이었다. 또한 속미인곡은 자신의 그리움을 이야기하는 여인1과 그 여인에게 질문하는 여인2가 서로 문답하는 형식으로 구성되는데, 선생님은 버즈에 대한 이야기를 문답하는 형식으로 표현하였다. 우리는 스타를 그리워하는 마음을 담은 옛 말투와 4음보 형식의 글을 읽으며 웃기도 했고 신기하기도 하였다. **재미있게 작품에 접근하니 어렵고 지루한 속미인곡의 글이 조금 친숙해 보였다.**

학습내용을 이해하기 쉬운 편지형식으로 표현

선생님은 옛 가사에 한자가 많고 틀에 박힌 형식이어서 어렵고 지루하지만 내용은 다른 시와 크게 다를 것이 없다고 하며 속미인곡에 대하여 설명하였다. 그날의 수업은 흥미롭고 고전문학을 가까이 느끼게 해주었다.

사례 28　모둠별 원서읽기, 영화 시청, 다음 내용 예측하기 토론, 상황을 상상하여 그리기 등 다양한 활동을 한 수업(영어)

고등학교 때 영어선생님은 HOLES라는 원서로 수업을 하였는데, 원서 읽기, 영화 감상, 토론하기, 다음 내용 예측하기, 원서의 단어, 등장인물, 상황에 대해 적는 학습지 활동, 관계도 그리기 등의 활동을 하였다. 나는 모둠의 조장으로 3명의 모둠원과 함께 원서를 읽고 해석하였다.

우리 모둠은 주인공 Stanley가 운동화를 훔쳐서 나쁜 짓을 한 남자아이들이 가는 캠프에서 계속 땅을 파는 부분을 읽었다. 책을 다 읽고 **이해를 돕기 위해 HOLES의 영화를 시청하였다.** 주인공 Stanley가 구덩이 속에서 흙이 잔뜩 묻은 립스틱을 꺼내면서 생기는 의문점을 독백으로 낭독하는 부분에서는 의문점들을 해결할 실마리가 나온다는 생각에 설레기도 하였다.

책을 읽으면서 '소장이 왜 립스틱을 찾고 있었는지' 궁금해진 나는 다음 내용을 알고 싶어 선생님에게 물어보았다. 선생님은 그냥 가르쳐주면 재미가 없다고 하면서 모둠별로 함께 예측해 보라고 **토의를 제안하였다.** 선생님은 계획적으로 수업을 진행하지 않고 때에 따라 활동을 없애거나 추가하였다. 나는 원서에 그려진 립스틱 그림이 암호를 나타내는 것 같아서 모둠원들에게 '립스틱이 금고의 열쇠이다'라는 의견을 냈다. 모둠원 역시 나와 비슷한 생각을 했고 이것을 **다른 모둠 앞에서 발표**하였다. 다른 모둠에서는 '어머니의 유품이라서', '립스틱이 왕가의 보물과 같은 귀중한 물건이라서' 등의 다양한 의견을 제시하였다.

학습지 활동으로는 주인공 Stanley가 등장인물과 캠프에서 몰래 도망치는 상황을 **그려서 제출하였다.** 평소 그림 그리는 것을 좋아하던 나는 인물과 구덩이로 가득 차고 숲이 펼쳐진 배경을 형광펜으로 꼼꼼하게 색칠해서 제출하였다. 내 그림을 보고 선생님은 'Perfect! Excellent!'라고 썼고, 나중에 그림을 정말 잘 그렸다고 **칭찬**해 주었다. 또 내 그림을 동료들에게 보여주면서 장면 설명을 하여서 **뿌듯하였다.**

처음에 수업에 소극적이던 학생들의 태도는 수업이 계속되면서 **적극적으로** 바뀌었다. 내가 해석을 할 때 동료들이 적극적으로 도와주었다. 평소 대화를 나누지 않았던 동료와 모둠에서 원서 읽기를 같이 하면서 자주 대화하는 사이로 발전했고, 소외되는 친구 없이 **협동하여 활동하게** 되었다. 영어 학습뿐만 아니라 친구 관계에 고민이 많았던 나에게 친구들과 깊은 **유대감**을 형성하게 되었다는 것이 정말 좋았다.

선생님이 모둠별로 돌면서 모르는 것을 물어보고 답하면서 교사와 학생과의 관계도 가까워지고 친밀해졌다. 수업을 끝내기 전에 선생님은 새로운 방식의 수업이 어렵고 싫었을 수도 있는데 다들 잘 해줘서 고맙고, 즐겁게 참여하는 것 같아서 선생님 역시 기쁘다고 말하였다. 원서읽기 수업방식은 **교사와 학생 모두에게 긍정적이었다.**

사례 29 상반되는 두 인물의 이야기를 스토리텔링으로 전개하면서 학습내용과 연계하여 설명함(사회문화)

고등학교 사회문화 수업에서 선생님은 교과서 대신 PPT를 준비하였다. 선생님은 "오늘은 교과서 진도를 나가지 않고 대신 재밌는 이야기를 들려주겠다."고 하였고, 아이들은 눈을 반짝였고 수업에 참여 안하던 친구들도 선생님을 주목하였다.

본시학습 내용과 관련된 스토리텔링

선생님은 익히 알려진 이름이 비슷한 두 명의 인물에 대한 이야기로 수업을 시작하였다. 두 인물은 출생배경이 비슷하였다. 이름이 같고 나이도 한 살 차이밖에 나지 않았으며 둘 다 가난했고 반항적이면서 사회에 불만이 가득하였다. 하지만 전자는 탈주범이 되었고, 후자는 교수가 되었다. 후자는 자신을 믿어주는 가족과 따뜻한 환경이 있었다. 따라서 방황을 해도 언제든 돌아갈 수 있는 자리가 있었고 새로 시작할 수 있었다. 그러나 전자는 엄격한 아버지와 자신을 무시하는 환경에서 성장하였다. 소년원에 다녀온 이후로는 친구들에게 외면당해 오직 소년원 친구들하고만 어울렸다. 그는 절도와 범죄를 저질렀고 결국 교도소에 들어가기까지 하였다. 이후 탈옥을 했고, 교도소에 다시 들어가기 전까지 많은 절도를 하였다.

상반되는 두 인물 이야기

수업은 이야기로만 끝나지 않고, 선생님은 **교과와 연계하여 설명**하였다. 선생님은 소년원에서 나와 친구들과 어울리지 못한 것을 낙인이론으로 설명했고, 일탈집단과 어울리면서 범죄를 지속적으로 저지르는 것을 차별적 교제이론으로 설명하는 등 사회문화이론을 활용하여 쉽게 설명하였다.

이야기와 교과내용을 연계하여 설명

수업 후에도 학생들은 범죄자(전자)의 삶에 대한 이야기를 이어갔고, 더불어 사회의 문제들에 대해 비판을 하였다. 수업에 관심이 없던 아이들도 토론과 토의에 참여하였다.

사례 30 신문기사 정리, 관련 학습내용 탐구 및 발표, 교사의 설명을 통해 이론뿐만 아니라 실제를 배우게 됨(경제)

고등학교 경제 시간에 신문을 활용한 수업을 하였다. 경제 수업은 블록타임제로 2교시 연속으로 진행되었다. 이 수업의 이유는 다음의 두 가지이다. 첫째, 선생님이 교과서의 **경제이론을 설명하기 전에 학생들이 학습할 내용에 대해 스스로 생각하는 시간을 가졌기 때문이다.**

기사내용 요약 →
관련 이론 정리 →
발표 → 교사의 설명

　　먼저 ① 선생님이 경제신문의 기사를 제시하면 ② 학생들은 각자 이해한 내용을
요약하고 경제기사와 관련된 이론들을 교과서에서 찾아 정리하였다. 이어서 ③ 각자
정리한 내용을 발표한 뒤, ④ 선생님이 기사와 관련된 경제 이론에 대해 설명하는
순으로 수업이 진행되었다.

　　선생님의 이론 설명 전에 경제기사와 관련된 경제문제를 생각하는 활동을 하면
서 예습하는 것 같았고 그래서 선생님이 설명할 때 다시 한 번 정리할 수 있었다.
그래서 교과내용을 **쉽게 이해할 수 있었다.** 또한 기사로 실제 경제문제를 접하면서
이론뿐만 아니라 실제를 배울 수 있었다.

　　둘째, 동료와 **다른 의견을 적극적으로 제시하는 계기가** 되었다. 경제기사를 읽고
요약 및 정리 후 발표를 할 때, 대부분의 학생들은 비슷한 내용과 의견을 발표하였
다. 그러나 나는 다른 의견을 정리하여 발표하였다. 그러면서 혹시 나의 의견이 틀

교사가 학생의 다
른 의견을 지지하
고 칭찬함

리면 어쩌나 걱정하였다. 그러나 **선생님은 다른 의견을 제시한 나를 칭찬하였다.** 그러
면서 다양한 의견은 틀린 것이 아니며 경제현상을 이해할 때 다양한 관점을 갖는
것은 중요하다라고 하였다. 이후 나는 동료와 다른 의견을 적극적으로 제시하였다.

사례 31　학습내용과 관련된 사설을 읽고 보고서 작성 및 발표 활동을 함(경제)

　　고등학교 경제 시간에 **경제와 관련된 신문사설을 읽고 관련 보고서를 쓰는 활동**
을 하였다. 신문을 거의 읽지 않았기에 신문을 읽는 것 자체가 나에게는 색다른 활
동이었다.

선생님은 신문사설을 경제적 관점으로 접근하고 문제점을 어떻게 풀지 고민할 것을 요구하였다. 나는 교복 관련 기사를 읽고 천정부지로 오르는 교복 값에 대해 생각하였다. 가격이 올라도 결국은 사서 입을 수밖에 없는 교복을 생각하며, 가격 변동에 따라 수요가 결정되는 가격탄력성에 대한 보고서를 썼다. 이후 **보고서를 PPT를 만들어서 직접 발표**하였다. 보고서를 쓰고 발표를 하는 활동은 대학에서나 하는 활동으로 여겼는데, 고등학교에서 이런 활동을 하니 **신선하고 참신하였다.**

보고서를 PPT로 만들어 발표

사례 32   교사 설명 – 짝 활동 – 드라마 시청 – 문장쓰기 구조로 수업을 설계함(일본어)

고등학교 일본어 시간에 50분의 수업 중, ① 25분의 기초적인 일본어 설명 후, ② 10분 동안 짝과 오늘 배운 구문을 적용하여 직접 서로 대화하는 활동을 하였다. 그 뒤 15분 정도 ③ 일본 드라마를 보는 시간을 가졌고, ④ 오늘 배운 구문이 나오면 선생님은 칠판에 그 문장들을 썼다. ⑤ 학생들은 드라마를 보며 수업이 끝날 때까지 칠판에 적은 문장들을 종이에 써서 제출하였다. 일본어를 듣고, 말하고, 쓰는 활동을 하면서 처음에는 집중하지 않던 친구들이 집중하였고, 일본어에 흥미를 가지고 재밌게 수업을 하였다.

교사 설명 → 짝 대화 → 드라마 시청 → 구문 설명 → 구문 쓰기

사례 33   영화를 시청한 후, 학습지로 어휘와 문장을 학습하고 내용을 이해하는 활동(영어)

고등학교 영어시간에 미국 영화 한편을 시청하였다. 영어 시간은 대체로 2시간씩 이어지는데, 쉬는 시간까지 포함하여 2교시가 끝나기 전에 영화를 전부 볼 수 있었다. 선생님은 교탁이 아닌 학생의 옆자리에 앉아서 함께 영화를 감상하였다. 선생님은 영화 중간마다 모르는 표현이나 미국식 표현과 영국식 표현의 차이, 미국식 유머 등이 나올 땐 설명을 덧붙이곤 하였다.

1-2교시 블록타임 수업

영화를 볼 때 **수업분위기는 좋았으며 학생들의 집중력 또한 최상의 상태였다.** 고등학교 3년의 기간 중 **자는 학생이 없었던 유일한 수업이었다.** 영화 한 편을 보는 것은 우리들에게 유일한 쉬는 시간이었다. 선생님은 이 수업이 단순히 영화를 보는 것이 아닌, 교육과정의 일환이라고 말하였다.

영화 감상 후, 영화 속 내용을 발췌한 학습지로 핵심 단어를 학습하였다. 본문

영어 감상 후, 본문 내용을 학습

해석은 영화의 장면을 설명하며 표현과 단어에 초점을 맞추어 진행되었고, 어려운 문맥은 영화의 장면을 다시 보면서 학습하였다. 수업 중간마다 선생님은 학생들을 지목하여 지문을 읽고 해석하였다. 학생이 한 단락을 읽고 순서대로 해석하다가 막히는 부분이 있으면 선생님은 힌트를 알려주면서 학생이 다시 해석해나갔다. 영화를 이용해 학생의 흥미와 집중을 유발하였고, 교육내용도 충실히 다룬 수업이었다.

사례 34 애니메이션과 대본을 활용하여 학년 수준에 맞는 단어를 빈 괄호 넣기 학습지로 만들어 영어 수업에 사용함

애니메이션을 수업에 활용

초등학교 영어 전담선생님은 수업 시간에 교과서 외에도 다양한 활동을 하였다. 특히 기억에 남는 것은 '주토피아'라는 유명한 애니메이션을 활용한 수업이다. 선생님은 학기 초에 우리에게 일주일에 20분씩 '주토피아'를 보며 듣기와 쓰기 수업을 할 것이라고 예고하였다. 선생님은 본인이 직접 만든 것이라며 애니메이션의 흐름에 따라 일정 부분의 대본을 복사해 나눠주었다. **영어로 되어 있는 대본에는 중간에 빈 괄호로 표시된 부분들이 있었다.** 선생님은 우선 그 날 **학습할 '주토피아'의 부분을 보여준 후, 학생들에게 다시 들려주며 빈 괄호를 채우도록 하였다.** 빈 괄호에 들어갈 **단어는 많이 어렵지 않은 6학년 수준 정도**였던 것으로 기억한다. 한번 학습할 애니메이션의 분량도 2분 정도로 길지 않았다. 우리는 세 번 듣고 괄호채우기를 했으며, 선생님은 **답을 알려주었고 애니메이션의 해당 부분을 다시 한번 영상과 함께 보았다.** 수업 시간마다 느낀 것은 애니메이션을 학습 첫 부분에 보았을 때보다 대본에 괄호 넣기를 한 다음 보았을 때 내용이 훨씬 더 잘 들린다는 것이었다.

애니메이션 시청
→ 다시 들으며 학습지 빈 칸 채우기

학생 수준에 맞는 내용과 적절한 학습분량

답 확인 및 다시 감상

학습에서의 발달, 흥미와 동기를 유발시키는 의사소통

1 이론

가. 의미

학습에서의 발달, 흥미와 동기를 유발시키는 의사소통은 교사와 학생이 의사소통의 과정 속에서 교수학습과정과 그 결과에 개인(별)적인 의미를 부여하는 것을 의미한다. 수업 과정에서 교사나 학생에게 의미의 생성은 항상 발생한다. 교육적인 측면에서 교사가 의도한 것들이 학생에게 의미를 생성하고 이것이 교수학습 과정에서 긍정적인 방향으로 나타나는 것이 중요한다. 학생들이 좋은 수업으로 제시한 대표적인 의미를 생성하는 의사소통 사례는 **교사와 학생의 대화 및 발문을 통해 발생하는 반성적인 성찰**이 두드러졌다.

교사와 학생 사이에서 의미를 생성하는 의사소통을 위한 구체적인 방법은 **일상적인 대화, 학생의 교수학습 계획 참여, 교사의 피드백 방법, 학습 일기(저널), 학생의 포트폴리오 작업, 수업에 관한 수업** 등을 통해서 촉진된다. 의미를 생성하는 의사소통이 성공적으로 실천되면 학생들은 교수학습에 적극 참여하며 학습에 대한 긍정적인 결속을 보인다. 즉 학생의 **학습동기**가 증가하며, 교과목에 대한 **흥미**가 형성되고, 학습방법에 대한 반성을 하는 **메타인지**가 향상된다.

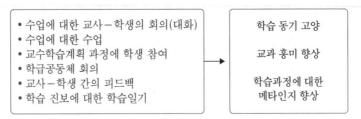

• 수업에 대한 교사-학생의 회의(대화)	학습 동기 고양
• 수업에 대한 수업	교과 흥미 향상
• 교수학습계획 과정에 학생 참여	
• 학급공동체 회의	학습과정에 대한
• 교사-학생 간의 피드백	메타인지 향상
• 학습 진보에 대한 학습일기	

[그림 5-1] 학습에 대한 흥미, 동기유발, 반성을 촉진하는 의사소통 기준

나. 학습에 유용한 의사소통의 지표

✔ 학생은 수업에 주의집중하고 흥미를 보인다.
✔ 학생은 교과목 및 범교과적인 관심을 보인다.
✔ 학생은 교사의 강의와 활동을 신뢰하며 청취한다.
✔ 학생은 학습 발전과 이를 위해 어려운 점을 이야기한다.
✔ 학생은 이전 수업 주제를 회상하고 새로운 수업 주제에 이를 통합시킨다.
✔ 학생은 각자 자신의 입장을 가지며, 비판적인 질문 및 심화 질문을 한다.
✔ 학생은 자신의 학습과정에 대해 반성하며, 적절한 방법으로 자신의 학습 결과를 평가한다.

다. 학습에 유용한 의사소통 관련 연구결과

• **흥미와 학업성취도**: 교과에 대한 흥미 형성과 학업 성취도는 관련성이 있다.
• **보상의 효과**: 적절한 보상은 학생에게 내재적이고 외재적인 동기를 유발한다. 하지만 보상이 학습을 방해할 수도 있다.
• **학급회의**: 학급문제에 대해 학생들이 정기적으로 회의를 하는 것은 긍정적인 효과를 가진다.

라. 학습에 유용한 의사소통을 위한 고려사항

• **교수학습 계획 단계부터 학생 참여**: 학생을 수업의 계획과 수립 및 실행 과정에 참여시켜야 한다는 요구가 1970년대 이후부터 계속되고 있다. 수업계획에 학생들을 참여시켜서 의미를 생성하는 의사소통을 하는 것이 좋다. 이것의 가장 긍정적인 효과는 교수학습(수업)에 있어서 학생들은 자신이 존중을 받고 있다는 느낌을 준다. 또한 학생들은 자신의 학습과정에 대한 책임을 지게 되며, 교수학습에 대한 학습을 인식하는 메타인지를 경험한다.

- **교수학습 목적, 내용, 방법에 대한 의미 있는 회의 개최:** 일종의 수업에 관한 대화로 교사와 학생이 수업의 목적, 내용, 방법에 대해 서로 합의에 도달하는 대화의 과정이다. 이러한 대화의 과정은 학생이 교수학습에 적극 참여하기 위해 자발적으로 수업의 규칙을 정하거나 반성하면서 교사와 대화하는 것이다. 교사와 학생은 좋은 수업을 만들기 위해 '**수업에 대한 수업**'을 하면서 성공적인 수업의 원인을 함께 고민하는 의사소통의 과정이다.
- **학생의 학습저널(일지) 작성:** 학생들이 각자의 수업과 학습의 발전에 대해 일정한 주기로 반성하고 기록하는 것이 학습저널(일지)이다.
- **학생에게 피드백 제시:** 교수학습의 개선과 좋은 수업을 만들기 위해서 지속적으로 학생의 의견을 듣는 일종의 강의평가 과정이다.
    - 수업 성적표: 교사의 교수학습 방법에 대한 평가 설문지 방법 등
    - 교사 성적표: 교사의 수업에 대한 학생의 평가

〈효과적인 피드백〉4)

- 준비성: 수집된 자료에서 결과를 도출할 준비가 되어 있지 않으면 자료에서 손을 뗀다.
- 주관성: 피드백은 주관적인 판단임을 모두가 분명히 알도록 주지시킨다.
- 신속성: 평가 자료에 대한 피드백은 가급적 빨리 이루어져야 한다.
- 반복성: 피드백은 연속적인 과정으로 이루어져야만 의미를 갖는다. 동일한 피드백 방법을 일정한 기간 동안 반복하는 것이 합리적이다.
- 의례, 시간 및 책임성과 결합: 피드백은 고정된 의례, 시간, 확고한 책임성과 결합되어 있어야 한다.
- 다양한 관점: 기대에 어긋나는 피드백 결과에 상처받지 말고 오히려 즐겨라. 이는 관점 전환의 계기를 제공할 수 있다.
- 중단 요인: 학생이 진심으로 답하거나 수용하지 않는다면 피드백은 중단되어야 한다.

2 사례와 해설

사례 35 역사적 사실에 대한 비판적 해석을 통해 역사에 대하여 다양한 해석과 관점을 가짐(세계사)

영화의 한 장면 시청

고등학교 세계사 시간에 미국혁명을 배우던 시간이었다. 선생님은 미국혁명을 설명하면서 『The Patriot』라는 영화의 한 장면을 영상으로 보여주었다. 영상에서는 아주 너른 들판이 있었고, 양 군대가 횡으로 길게 줄을 서 있는 상태로 대치해 있는 상황이었다. 전열을 이뤄 이동하는 사이로 폭탄이 펑펑 터져도 아랑곳하지 않고 군인들은 전진하였다. 지휘관의 지시에 따라 일정한 거리에서 멈추고, 사격을 외치자 반대편 적을 향해 사격을 하였다. 이해가 가지 않는 점은, 반대편에서 사격을 하고 있는데도 불구하고 멈추지 않고 군인들이 계속 앞을 향해 전진해나갔다는 점이었다. 내 옆의 동료가 총을 맞고 쓰러져도, 폭탄이 날아와도 뭔가 이렇다 할 방어태세를 취하지 않았다. 그러다가 한쪽의 전열이 무너지자, 그때서야 기병이 몰려와 칼로 공격하였다. 그러면서 한 쪽의 전세가 급격히 무너졌다. 여기까지가 영상의 끝이었다.

교사의 질문과 학생의 답변

영상이 끝나고, 선생님은 전투장면을 보고 무슨 생각이 들었냐고 질문하였다. 아이들은 전쟁할 때 서로 달려들거나 일정한 방어태세를 갖추고 싸우면 되는데, 왜 총이 날아오고 폭탄이 날아와도 가만히 전진만 하다가 갑자기 기병이 와서 전투를 하는지 모르겠고, 영상 속 전투의 모습이 바보처럼 보인다고 답하였다. 미디어에서 흔히 접해오던 전투의 모습과는 많이 달랐다.

선생님은 그것이 너희가 역사를 볼 때 갖고 있는 편견이라고 하였다. 우리가 보기 교사의 관점(의견) 설명
엔 바보처럼 우스꽝스러웠던 전투방식이 당시에는 가장 합리적이고 전략적으로 용
이했기에 사용되었다는 것이었다. 현대 사회를 살아가는 우리의 눈에서 보면 비합리
적으로 보이는 것이, 당시 과거의 시선으로 바라보면 충분히 합리적인 상황 속에서
일어난 일들이라고 말하였다. 선생님의 설명을 듣고 나도 모르게 현대의 관점에서
과거를 판단하려 했음을 알고 놀랐다. 미처 생각하지 못했던 부분이다. 그러나 **수업
을 통해 역사를 바라볼 때 과거의 시선에서 살펴 볼 필요가 있다는 것을 알게 되었다.**

사례 36   교사가 질문을 통해 학생의 적극적인 답변과 참여를 이끌어 내고 상호작용하는 수업(사회문화)

고등학교 사회문화 선생님은 교재를 거의 보지 않았고 첫 챕터에 있는 중요 단 교사 개념 설명 및 질문 → 학생 답변 → 교사 부연 설명
어를 칠판에 적고 단어의 의미를 예를 들어 간단하게 ① 설명해 주었다. 그리고 의미
를 이해했는지를 ② 질문하였다. 수업 시작부터 끝까지 학생들에게 질문을 계속하
였다. 질문은 주로 두 가지 대립되는 개념을 설명하고 학생들에게 어느 개념이 더
합당하고 옳은 것 같은지를 묻거나, 선생님이 설명한 개념에 대해 어떻게 생각하는
지를 물었다. 학생들은 조금 머뭇거리다가 ③ 의견을 말했고 선생님은 학생들의 의
견을 듣고 거기에 대해 ④ 자신의 의견을 덧붙여서 설명해 주었다. 수업 후 학생들
은 선생님이 칠판에 적은 단어들의 의미를 확실하게 이해하였다. 단순히 시험을 위해
개념이나 특징들을 이해한다는 생각보다 **배운 것이 나의 지식이 되었다고 생각하였다.**

선생님의 시선은 교재나 칠판에 있는 것이 아니라 항상 학생들을 향해 있었고, 학생을 바라보는 교사 시선
질문을 자주 하다 보니 학생들은 자연스럽게 **선생님을 바라보고** 자기에게도 질문을
할 수 있다는 생각에 더 집중해서 수업에 참여하였다.

선생님의 수업을 통해서 '수업은 선생님 혼자 하는 것이 아니다'라는 생각을 가 교수학습결연에 기반한 교사-학생 의 상호작용
지게 되었다. 학생들은 가만히 앉아 있고 선생님 혼자 하는 수업은 교사도 힘들고
학생에게도 지루하다. 하지만 학생이 적극적으로 참여할 때 수업은 지루하지 않고
집중하게 된다. 선생님은 **학생과 적극적으로 상호작용하며 수업을 이끌었고,** 수동적
으로 듣는 수업에 익숙한 **학생들을 적극적으로 수업에 참여시켰다.**

교사의 밝은 표정, 개방적 질문, 짝활동, 전체토의, 긍정적 피드백과
힌트 등을 활용한 역동적이고 활기찬 수업(국어)

교사의 밝은 표정
과 개방적 질문

고등학교 때 국어 선생님은 항상 밝은 표정과 신나는 분위기로 수업에 들어왔
다. 밝은 에너지로 아이들을 대해주니 밝은 수업분위기가 지속되었다. 또한 **개방적
질문**을 많이 하였다. 예를 들어, 시를 배울 때, 선생님은 "이 시를 읽으면서 어떤
감정이 느껴졌나요?", "이 시를 읽으면서 어떤 부분이 제일 기억에 남나요?" 등의
개방적인 질문을 하였고, 질문에 대한 답을 바로 제시하지 않았다.

짝토의, 전체토의,
긍정 피드백, 힌트

선생님은 아이들이 질문하고, 짝과 이야기해보고, 생각한 것을 말하는 등의 **활
동적인 수업**을 하였다. 학생의 대답에는 **큰 반응과 함께 긍정적인 피드백**을 하였다.
답변이 틀리더라도 학생이 충분히 답을 이끌어 갈 수 있도록 힌트를 주었다. 학생들
은 정적인 다른 수업과는 달리 **역동적이고 활기찬 수업**을 기다렸고, 더욱 집중하며
열심히 참여하였다.

> 이 수업 사례는 개방적 질문을 통해 학생들의 고차원적 사고를 계발하고 있다. 한정된
> 답을 요구하는 수렴적 질문을 통해 계발하는 수렴적 사고와 개방적 질문을 통해 계발하는
> 확산적 사고는 학습목표, 학습내용, 학습자의 발달수준을 고려하여 적절히 사용되어야 하고
> 또한 양자는 조화롭게 사용되어야 한다. 낮은 수준의 학습내용을 통해 복잡한 사고를 계발
> 하는 수업에서는 수렴적 대 확산적 질문의 비율을 약 7 : 3으로 하는 것이 대체로 적절하
> 고, 높은 수준에서는 학습내용을 통해 사고의 복잡성을 계발할 때는 수렴적 질문 대 확산
> 적 질문의 비율이 6 : 4로 하는 것이 대체로 적절하다고 보고된다.[5]

교사의 계획에 없는 짧은 개인적 의견 표출이 아이에게 강한 인상
과 마음의 울림을 주었고 개인적 신념 형성까지 이어짐(국어)

고등학교 국어 선생님은 윤동주의 '쉽게 씌어 진 시'를 한 번 읽고, PPT를 켜서
설명을 하려고 하였다. 그때 학생들을 한 번 둘러보고는 리모컨을 내려놓으며 딴 짓

수업 계획에 없는
질문을 함

을 하고 있던 학생에게 질문을 하였다. "네가 이 시를 읽고 드는 느낌은 뭐냐?" 그러
자 그 학생은 "슬퍼요"라고 답했고 선생님은 고개만 끄덕거렸다. 그렇게 선생님은
모든 학생들에게 질문을 하였고 **대부분 짧게 답하거나 모르겠다는 말만 하였다.** 그리
고 나서 선생님이 한 말은 지금까지도 **강한 인상으로 남았다.**

수업계획 없는 교
사의 개인적 의견
표출

"너희들은 문학에 답이 있다고 생각하니? 물론 답은 있지. 하지만 나는 정답은

없다고 생각해. 교과서는 보편적이고 대중적인 해석을 알려주지만 그게 단 하나의 답이라고 하기에는 무리가 있지. 여기 있는 A가 느끼는 것이 다르고 저 뒤에서 자는 B가 느끼는 것도 비슷하지만 다르지. 그런데 교과서의 해석만 그냥 가르치는 것이 **별로 기분이 좋지는 않다.** 지금까지 가르치면서 느낀 것이지만 우리나라 교육방식대로 가르치면 문학 작품들이 아깝고 너희들의 생각이 아까워. 같은 문장을 보고도 느끼는 것이 모두 다를텐데 이것을 하나로 제한하기에는 너무 아깝지 않을까? **내가 너희들한테 무슨 얘기를 하는 거니! 그냥 그렇다는 거니까 다시 수업하자."**

선생님은 그렇게 말하고 수업을 하였다. 처음으로 **선생님의 진심을 마주한 것** 같았다. 평소에 그런 말씀을 한 적도 없고 교과서대로 수업을 하시던 분이라 **놀라웠다.** 물론 선생님 개인의 의견이지만 단순히 교과서에 나온 대로 받아들이던 나에게 큰 울림을 주었다. 이후로 나는 '교과서 안의 문학'에 그치지 않고 다양한 해석과 의견을 공유해야 한다는 것을 신념으로 하고 있다.

교사의 개인적 의견 표출이 수업활동으로 이어지지 않고 단순한 개인적 가치관 표출로 끝남

교사의 가치관 표출이 학생의 신념 형성으로 이어짐

사례 39 계획에 없는 즉흥적 질문으로 작가의 생각이 아닌, 학생 자신의 생각을 질문하다가 마무리 없이 수업을 끝냄(국어)

고등학교 국어 수업에서 모둠별로 작품을 읽고 의견을 공유하고 발표하는 활동을 하였다. '파편'이라는 소설의 일부분을 읽고, 모둠별로 의견을 공유하고 가장 인상 깊은 의견을 정해서 발표하고 다른 조의 의견에 질문하는 활동이었다.

모둠별로 의견을 발표한 후에 선생님 **"내가 너희들의 생각을 물었지 작가의 생각을 이야기하라고 했나요?"** 하며 다시 생각해보라고 하였다. 선생님은 전쟁의 아픔, 상실감을 이야기했던 모둠에 나라를 위해 참전하셨던 분들에 대한 **감사함과 존경심을 정말 느꼈느냐** 되물었다. 선생님은 글이 슬펐다고 말한 학생에게 글을 읽고 **정말 슬펐냐고** 물어보았다. 그 학생이 그렇다고 답하자 그 슬픔이라는 감정이 **정말 너의 감정이냐** 물었다. 그 학생이 미처 대답하기도 전에 수업 종이 쳤고 그대로 수업이 끝났다. 선생님은 수업을 마치며 각자 자신의 생각과 느낀 감정 또한 다시 생각해보라고 하며 수업을 마쳤다.

계획에 없는 즉흥적 질문과 운영

교사의 질문에 학생은 당황하였을 것

마무리 없이 수업이 끝남

수업 후 여러 생각을 하였다. 나는 그동안 한 번도 출제자 혹은 작가가 의도한 바와 다르게 생각을 해본 적이 없다는 것을 깨달았다. 수업 이후에 질문을 던지고 생각하는 시간이 많아졌다.

위의 38번, 39번 사례에서 교사는 계획에 없는 행동을 한다. 수업에서 딴 짓을 하는 학생에게 계획에 없는 질문에서 시작하여 교육에 대한 개인적 의견을 표출한다. 깊게 말하지도 않고 잠깐 지나가는 말을 하였을 뿐인데 아이에게 강한 인상과 큰 울림을 주었으며 신념형성까지 이어진다. 교사의 가치관이나 개인적인 의견이 아이에게 지대한 영향을 미칠 수 있음을 보여주는 사례이다.

39번 사례에서 교사는 계획에 없는 즉흥적 질문으로 학생의 생각을 계속 질문하다가 마무리 없이 수업을 끝내었다. 그럼에도 불구하고 학생은 깊은 깨달음을 얻었고 생각을 많이 하였다고 진술한다. 교사의 행동이 아이에게 큰 영향을 미칠 수 있음을 잘 보여주는 사례이다. 따라서 교사는 자신의 작은 행동과 말이 아이들에게 지대한 영향을 미칠 수 있음을 항상 고려하여 신중하게 그리고 교육적 가치를 고려하여 행동하고 말하는 것이 필요하다.

06 다양한 교수학습 방법

1 이론

가. 의미

다양한 교수학습 방법은 수업에 있어서 다양한 연출 기법이 사용되는 경우, 다양한 범례적 행동 방식이 도입되는 경우, 진행 방법이나 형식이 유연하게 적용되는 경우, 수업의 기본 형식들의 비중이 균형을 이루는 경우를 의미한다.

나. 다양한 교수학습 방법의 3차원 모델

방법적 다양성을 시간적인 차원에서 접근하면, 미시적 방법, 중시적 방법, 거시적 방법으로 구분할 수 있다. 미시적 방법은 작은 시간 안에 이루어지는 교수학습 방법을, 중시적 방법은 일정 시간이 걸리는 확고한 교수학습 방법이며, 거시적 방법은 장기간(1개월 이상) 운영하는 교수학습 방법을 의미한다.

미시적 방법론의 대표적인 기법으로는 교사의 순간적인 연출 기법이 있고, **중시적 방법론**의 대표적인 기법에는 사회적 형식 방법, 범례적 행동 방법, 일상적인 수업 진행 방법이 주로 사용된다. **거시적 방법**에는 제도적으로 정립된 교수학습 방법으로 방법적인 거대 형식이 있다.

〈표 6-1〉 방법적 다양성의 3차원 모델[6]

구분	정의
거시적 방법	• 장기간(1달~수 년)이 소요되는 교수학습 방법 • 제도적으로 정립된 **방법적인 거대 형식(4가지 기본 형식)**
중시적 방법	• 일정 시간(1분~수 시간)이 걸리는 확고한 교수학습 방법 • **사회적 형식, 범례적 행동 형식, 수업 진행 방법**
미시적 방법	• 작은 시간(종종 1~2초 정도) 안에 이루어지는 교수학습 방법 • 일상적으로 사용하지만 중요성이 거의 반성되지 않는 **연출 기법**

(1) 방법적인 거대 형식(거시적 방법)

방법적 거대 형식은 상호 중복되는 부분이 있기는 하지만 4개의 기본 형식을 가진다. ① 교사중심의 수업, ② 협동적인 수업, ③ 개별화 수업, 세 요소를 모두 가지는 ④ 공동적 수업으로 구분할 수 있다.

① 교사중심의 수업은 교사의 주도 비율이 높으며 일반적으로 강의식 수업을 의미한다. 기초, 심화, 보충과정이 있으며 교과 수업을 집중적으로 진행한다.

② 협동적인 수업은 공동의 목표를 설정하여 모둠 및 팀별로 교수학습을 진행하는 비율이 높다. 프로젝트 방법을 많이 사용한다.

③ 개별화 수업은 학생 스스로 조직하는 학습의 비율이 높으며, 일반적으로 개별 학습이나 작업 혹은 파트너와 과업을 수행한다.

④ 앞의 세 가지 유형에 속하지 않는 공동적 수업은 일종의 통합적인 측면이 강한 교수학습이다. 축제와 잔치, 학급회의, 자유 시간, 학습 조직화 작업상의 문제 등과 관련이 있을 때 사용하는 방법이다.

(2) 사회적 형식(중시적 방법)

방법적 다양성에서 사회적 형식으로는 4가지로 구분할 수 있다. 강의식 수업방식, 모둠 수업방식, 파트너 수업방식(짝활동), 개별화 수업방식이 있다.

(3) 범례적 행동 형식(중시적 방법)

범례적 행동 방법은 대부분의 사람들이 알고 있는 다양한 수업방법에 해당한다. 판서, 교과서 공부, 노트 정리, 숙제, 학습 소프트웨어 사용, 인터넷 검색, 주제 중심적 자기서술 방법(마인드맵, 개념지도, 벽보, 포스트 전시, 콜라주), 연극적 방법(서커스, 정지 동작 연출, 연극, 팬터마임, 즉흥극, 등), **명상적 방법**(환상 여행, 침묵 연습, 요가, 뇌 운동, 이완과 집중 등), **현장학습 방법**(전문가 상담, 소풍, 답사, 취재, 인터뷰, 랠리, 수학여행, 실습, 관찰 과제 등), **토론 방법**(찬반토론, 원탁회의, 학생토론, 브레인스토밍 등), **질문 방법**(반복, 발전적 대화, 개별적 대화, 교리문답 형식 등), **프로젝트 작업, 토너 학습, 강의 형태, 출제로서 수업, 시뮬레이션 방법**(훈련, 역할 놀이, 계획 놀이, 사례 재연 등) 등 250여 가지 이상이 있다.

(4) 수업 진행 방법(중시적 방법)

수업 진행 방법은 방법적인 수업의 기본 리듬을 의미한다. 일반적으로 수업은 도입, 전개, 정리(확인)의 과정을 가진다.

(5) 연출 기법(미시적 방법)

연출 기법은 언어적 혹은 비언어적, 표정과 동작, 신체 언어, 음악적이고 회화적인 절차와 동작을 통해 교사와 학생이 교수학습 과정을 진행시키고 작동하는 방법이다. 연출 기법으로는 교수학습의 속도 늦추기, 가속하기, 잘게 나누기, 경청하기, 가리켜 보여주기, 시범보이기, 극화하기, 낯설게 하기, 감추기, 발문하기, 대답하기, 충격주기, 수수께끼 만들기, 모델화하기 등의 의미한다. 주로 학생들의 주의를 집중하며, 다른 과제로 넘어가거나 주의를 환기시킬 경우에 사용하는 경향이 있다.

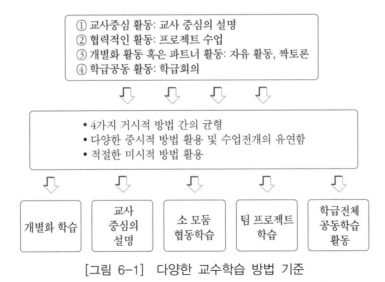

[그림 6-1] 다양한 교수학습 방법 기준

다. 다양한 교수학습 방법 관련 연구결과

- 과거 교육학자들은 최적의 교수학습 방법, 즉 모든 내용을 모든 연령의, 모든 학교 형태의 학생들에게 모두 동일하게 가장 잘 전달할 수 있는 방법을 발견하려고 노력했다. 하지만 이런 교수학습 방법은 존재하지 않는다.
- 교수중심의 교수학습과 학생중심의 교수학습의 적절한 조합이 좋은 수업을 약속한다.
- **풍부한 교수학습 결과**: 방법적 다양성은 너무 자주 바꾸어서는 안 된다. 특히 한 시간의 수업시간에는 가급적 하나의 교육학습 방법을 사용하는 것이 바람직하다. 방법적 다양성이 있는 수업은 내용적으로 풍부한 교수학습 결과가 나타난다.
- **모둠 수업의 우월성**: 모둠 수업을 방해하는 가장 큰 장애물은 가르치려고 하거나 통제하려고 하는 교사의 개입 본능이다. 모둠 수업 방법을 사용할 경우 교사는 학생들에게 자유 시간을 주고, 모둠 학습과정에 개입하지 않을 경우에 학습의 성과는 크다. 모둠 수업을 악용하는 학생들에 대한 연구가 있기는 하지만 실제 경험적인 연구에서는 드물다. 모둠 수업의 계획을 세울 때는 모든 학생이 흥미를 가지고 참여할 수 있도록 하는 것이 관건이다.
- **협동학습의 확실한 효과성과 우월성**: 협동학습은 최소 2명~5명의 학생이 함께 학습을 하며, 구성원들은 동등한 권한과 책임을 가져야 하며, 교사의 직접적인 감독을 받지 않고, 미리 준비한 학습 자료를 가지고 합의된 규칙에 따라 독립적으로 학습을 해야 한다.
- **동료교수**: 협동학습의 한 유형으로 모둠을 구성한 학생들은 교대로 교수자와 학습자 역할을 맡는 방법이다. 교사자 역할을 맡은 학생뿐만 아니라 학습자 역할을 맡은 학생도 훌륭한 학습의 성과를 가진다는 것은 경험적 연구에서 이미 증명되었다.

라. 다양한 교수학습 방법을 위한 고려사항

- **교수학습 방법의 분석과 확장**: 교사 자신의 교수학습 방법을 분석하고 좋은 수업을 위한 방법적 다양성을 학습하고 이를 적용해야 한다.
- **교수, 협동학습, 개별학습의 균형**(=강의식 수업, 모둠 수업, 개별화 수업의 균

형): 교수중심의 학습, 협동학습, 개별화 학습은 균형 있게 적용되어야 한다. 동시에 강의식 수업은 생동적이고 긴장감이 있어야 하며, 점차 자주적인 협동학습을 적용하면서, 개별화 학습의 비중을 높이는 것이 방법적 다양성 향상을 위한 하나의 방법이다.

- **고립된 교수학습 방법 지양**: 일방적이며 주입식 강의방법은 큰 효과가 없다.
- **협동학습(직소방법) 모둠퍼즐 및 모둠랠리**: 모둠의 각 구성원은 하나이지만 서로 관련된 분야의 전문가이다. 전문가 집단에서 배운 내용을 각자의 모둠으로 돌아가 구성원들에게 가르친다. 그 후에 모둠에서 검토한 문제의 답안을 작성하고 가장 잘 작성한 모둠을 선정한다. 모둠의 성취 정도를 평가하기도 한다.

2 | 사례와 해설

가. 교사의 설명과 스토리텔링

사례 40 역사적 사건을 스토리텔링으로 흥미롭게 전개하여 몰입과 현장감을 경험함(역사)

중학교 한국사 수업은 **교사 중심의 강의식 수업**이었지만 평범하지 않고 흥미로웠다. 선생님은 수업전개를 흥미롭게 풀어갔다. 어떤 일이 왜 일어났는지, 다음에 어떤 일이 일어날 것 같은지를 질문하거나 의문을 제기하면서 마치 **이야기를 해주듯이 수업을 하였다.** 선생님의 발성은 커서 뒤에까지 잘 들렸으며 설명할 때는 **강약을 조절하여 극적인 사건에서 감정과 강세를 더하였다.**

스토리텔링으로 전개, 교사의 적절한 수업행동(퍼포먼스)

선생님은 왜 위화도 회군이 일어났는지를 인과 관계를 중심으로 거시적인 맥락에서 설명하였다. 회군은 왜 일어났을까, 당사자들은 심정은 어떠하였을까, 이후 어떤 일이 벌어질 것인가 등을 생각하게 하였다. 선생님의 설명을 들으며 역사적 사건의 인물에 **감정이입을 하였고 역사 속의 한 장면으로 빨려들어 갔다.** 우리들은 단순히 추상적인 개념을 이해하는 것이 아니라 **사건을 생생하게 경험하는 것 같았다.** 강의식 수업의 가치는 여전히 높다. 교사 중심의 설명식 수업은 지식을 가르치기 위한 효율적인 방법이다.

현장감 있는 이야기와 몰입

사례 41 사진 속의 '바다'에서 영감을 얻어 바다와 관련된 시와 소설 작품 설명을 스토리텔링과 적절한 퍼포먼스와 함께 스토리텔링으로 전개함(국어)

국어 선생님이 갑자기 영어 보결 수업 시간에 들어왔다. 선생님은 수업자료와 준비가 안 되어 있는 상태로 수업을 시작하였다. 시작은 '바다'였다. 영어 교과서의 바다 사진을 본 선생님은 "그럼 바다에 대해서 이야기해볼까?" 하고 운을 뗐다. 선생님은 마치 지휘자처럼 손을 휘적휘적 움직이며 「바다와 나비」의 파도와 젖은 날개의 나비를 흉내냈다. '바다'라는 한 단어로 시작한 수업은 「바다와 나비」, 「서해」, 「공무도하가」, 「노인과 바다」 등의 작품으로 계속되었다.

은퇴를 앞둔 선생님의 손짓을 보며 마치 할아버지가 이야기를 들려 주는 것 같았다. 학생들은 오로지 선생님의 이야기에 흥미롭게 귀를 기울였다. 늘 교과서, 활동지, PPT를 번갈아 보며 필기하랴, 설명 들으랴 정신없었는데, 집중하여 듣기만 해도 되는 수업이 색다르게 다가왔다. 50분이 빨리 지나갔다. 재미있는 시각자료, 영상, 활동 하나 없었지만, 50분의 수업 시간 동안 학생들이 집중하였다.

> 이 사례의 수업은 여러 수업 이론에 비추어 볼 때 전혀 잘 설계된 수업도 아니며 미리 계획하지도 않았다. 그러나 교사는 풍부한 경력과 교과 지식을 바탕으로 다양한 문학 작품을 오로지 교사의 목소리와 몸짓으로 스토리텔링하며 학생들이 수업에 몰입하도록 이끌었다. 교사의 경험과 교과 전문성이 좋은 수업에서 얼마나 중요한지를 잘 보여주는 사례이다.

사례 42 역사적 사건을 재구성한 스토리텔링과 긴장감을 유발하는 교사의 수업행동(퍼포먼스)에 학생들은 몰입하고 감정이입함(한국사)

고등학교 한국사 선생님의 **목소리는 교실을 장악하기에 충분했고**, 학생들의 느슨한 마음가짐은 온데간데없이 사라져버렸다. 조금 빠르게 느껴졌던 판서는 **긴장을 늦추지 않기에 적당한 속도로** 적응되었다.

수업 내용은 동학농민운동이었다. 학생들은 교실 안에서 울려 퍼지는 선생님의 목소리를 타고 과거로 돌아가 탐관오리에게 핍박받은 백성들의 비애와 부패한 정부에게 저항하고 세상을 바꾸고자 했던 전봉준의 강인함을 느낄 수 있었다. 선생님은 설명하는 동안 **적당한 완급과 높낮이, 크기를 능숙하게 조절하였고**, 교실을 앞뒤로 돌아다니지는 않았지만 교탁과 칠판 근처에서 **적절히 배회하며 손짓과 함께** 설명을 이어나갔다. 그러면서도 수업 내용을 완벽히 이해하여 교재에 시선이 고정되는 일 없이 **항상 학생들과 눈을 맞추었다.** 역사 속의 일화를 풍부하게 **재구성하여** 학생들에게 전달함으로써 수업이 전혀 **지루하지 않았고,** 중요한 역사적 사실들을 설명의 적재적소에 배치하여 무엇 하나 놓치지 않고 배울 수 있었다. 그렇게 50분의 수업 동안 선생님은 훌륭한 이야기꾼과 실력 있는 교사를 넘나들었다.

"오늘은 여기까지 하겠습니다." 선생님의 말에 학생들은 돌연 놀라 모두가 시계로 시선이 향하였고, 그제서야 수업이 끝나기 몇 분 남지 않은 상황이라는 것을 깨달았다. 마치 한편의 숨 막히는 영화를 본 것처럼 시간 가는 줄도 모르고 수업에 몰입해 있었던 것이다.

선생님이 교실을 나가자 봇물 터지듯 선생님의 수업에 대한 이야기로 떠들썩해졌다. 학생들끼리 모이면 하는 이야기가 "너 그 선생님 한국사 들어봤어?"인 경우가 다반사였고, 듣지 않는 학생들에게는 부러움의 대상이었다. 선생님의 수업은 손꼽아 기다려졌고, 학생들이 미리 교실로 달려가 앞을 다투어 자리를 맡는 진풍경을 자아내었다.

선생님의 수업에서 우리는 단지 역사의 현장에 있는 것을 넘어서서, 현장의 역사를 써나가는 주인공이 되었다. 이후에도 학생들은 선생님과 함께 3·1운동을 외친 유관순 열사가 되기도 하였고, 이토 히로부미를 처단한 안중근 의사가 되기도 하였다. 수업이 끝나면 그 시대의 상황을 직접 겪기라도 한 것 마냥 늘 솟구치는 묘한 **감정을 추스르기 바빴다. 선생님의 수업은 단지 지식을 전달하는 것이 아니라, 공감하** 감정이입, 공감, 몰입
고 감정이입하고 몰입하는 수업이었다.

42번 수업 사례는 역사적 사건을 재구성하여 스토리텔링으로 잘 전개하고 있다.

〈스토리텔링 수업〉[7]

스토리텔링의 사전적 의미는 이야기하기, 이야기를 들려주는 활동, 이야기가 담화로 변하는 과정이다. 이것은 어떤 주제에 대한 정보 전달의 과정에서 교수자가 관련 내용을 일방적으로 전달하는 대신 **내러티브방식을 통해 학습자가 자신의 경험을 바탕으로 상상력을 발휘하여 정보의 가공과 생산에 참여, 자연스럽게 정보를 습득하는 과정**으로, 본래는 광고계에서 활용하다가 이제는 교육 분야에서도 적극적으로 도입해 적용하고 있는 교수·학습 방법이다.[8]

스토리텔링 수업은 처음에는 문학부문에서 시작되었지만, 지금은 수학, 과학, 컴퓨터, 예체능 등 모든 교과의 수업 활동에서 많이 활용된다. 일상의 경험 서사들을 구체적 스토리텔링으로 실현하는 과정을 통해 학습자는 학습내용에 대해 쉽게 집중하면서 개념과 지식들을 종합적으로 이해해 간다는 점에서 교육적 효과가 높다. 스토리텔링은 지식을 구성하는 그물의 역할을 한다.[9] 또 스토리텔링 수업은 **다양한 정보를 학습자가 창의력과 확산적 사고를 바탕으로 자신의 이야기를 만드는 과정을 통해 학습목표에 보다 쉽게 도달할 수 있게** 해준다.

스토리텔링 수업은 학습자가 호기심을 갖고 집중할 수 있는 이야기에서 출발한다. 그런 점에서 교수자는 학습자가 관심을 갖는 이야깃거리를 준비해야 한다. 소재가 일상생활에서 경험할 수 있고 공감할 수 있는 것이면 더 효과적이다. 이렇게 준비한 이야깃거리를 학습주제에 맞추어 다듬고 자연스럽게 소개하면서 학생들의 수업에 대한 관심과 동기를 유발한다면 학생들의 수업에 대한 참여와 집중을 높일 수 있다.

42번 수업 사례에서 교사의 적절한 목소리와 수업행동 퍼포먼스, 약간 빠른 듯한 판서는 긴장감 유발을 통하여 학생들을 몰입시키고 있다(적절한 긴장감과 몰입의 관계는 64쪽 '자극과 정서유발, 몰입, 과제수행의 관계' 참조).

사례 43 학습내용과 관련된 교사의 과거 에피소드를 소개하면서 흥미와 집중 유발(국어)

도입에서 학습내용과 관련된 일상 이야기 소개

고등학교 국어 선생님은 **도입 부분에서 본시학습내용과 관련되는 일상의 이야기**를 하였다. 문법을 배우면 맞춤법을 틀린 사례를 이야기하였고, 문학을 배우면 학습내용과 관련이 있는 이야기를 하였다. 예를 들면, 선생님이 어린 시절 '미닫이'를 [미다디]로 읽었던 이야기를 재밌게 설명해 주었다. 처음에 학생들은 선생님이 수업 전에 하는 이야기들이 그저 수업분위기를 환기하기 위해서 하는 줄 알았으나, 수업을 들으면서 **본시 학습내용과 연관됨을 알았다.**

본시학습내용과 관련되는 일상의 이야기를 들으면서 학생들은 **흥미를 가지고 집중하였다.** 또 수업을 들으면서 내용에 대해 '아, 이게 이래서 이렇게 되는 것이구나!' 하는 것을 알게 되었다. 선생님의 이야기에 학생들은 **공감하였고** 수업에 열심히 **참여하였다.** 평소 수업에 적극적이지 않거나 자는 아이들도 선생님과 소통하며 수업을 참여하였다.

사례 44 자유시간과 보상 제공, 집중하지 않는 학생을 어르고 달래고 격려하고, 먼저 푼 학생에게는 추가 활동 부여를 통해서 모든 학생을 학습에 참여시킴

학교가 음악 전문학교였기 때문에 일반 교과목 수업 운영이 원활하지 않은 경우가 있었다. 국어 선생님은 유인물을 나누어 주고 **무관심한 학생을 외면하지 않고, 어르고 달랬다.** 계획한 영역을 모두 학습하면 약간의 **자유시간 등 학생이 원하는 것을 허락하였고,** 사탕으로 학생들을 수업에 참여시키려고 노력하였다. _보상 제공_

선생님은 흥미를 끄는 내용으로 수업을 했고 교과서나 유인물을 읽을 때면 **구연동화를 하듯 생생하고 다양한 목소리로 읽어다.** 선생님의 우스운 목소리에 '저게 뭐냐'고 웃던 학생들도 집중하고 수업에 참여하였다. 일부 학생이 수업에 집중하지 않으면 선생님은 특유의 방식으로 그 학생들과 함께 **약간의 대화를 통해 주의를 환기하고,** 바로 '문제만 금방 풀고 빨리 더 이야기하자!'며 학생들을 수업에 참여시켰다. _집중 못하는 학생과 짧은 대화를 통해 격려함_

문제가 어렵다며 안 풀면 안 되냐는 학생에게 **문제 하나하나를 같이 읽으며** "왜 그랬을 것 같아? 너는 어땠을 것 같아? 이런 상황이면 이건 무슨 뜻일까?"라며 **대화를 하며 학습을 유도하였다.** 먼저 문제를 모두 푼 학생에 대한 배려도 잊지 않았다. 먼저 푼 학생에게는 **추가 활동을 부여하였다.** 모두가 문제를 다 풀면 풀이 시간을 가지며 발표를 하였다. _먼저 푼 학생에게 추가 활동 부여_

결과적으로 모두가 문제를 풀고 약속한 **보상을 위해 발표에 참여했고,** 문제풀이가 빨리 끝나면 자유시간을 가졌다. **한 명도 포기하지 않던 선생님의 수업방식과 학생지도 방식이 노련해 보였고,** 물 흐르듯 끊이지 않던 수업 흐름 역시 편안하고 좋았다.

사례 45 교과내용을 만화로 제공하고 학생들이 만화 캐릭터의 역할을 하면
서 자연스럽게 흥미와 몰입을 유발함(지구과학)

교과내용을 담은
만화를 학생들이
캐릭터 역할을 하
며 읽음

지구과학 선생님은 자주 **교과내용을 만화로 직접 그려서** 수업을 진행하였다. 선
생님은 **만화를 스크린에 띄우고, 캐릭터 역할을 맡은 아이들이 성우처럼 대사를 읽었
다.** 나머지 아이들은 만화의 내용에 집중하였다. 환경이, 지학이 같은 등장인물이
모험을 떠나면서 만화가 시작되었다. 등장인물이 모험을 하면서 부딪히는 문제를 해
결하기 위해서는 지구과학 지식이 필요했고, **교과내용을 등장인물이 설명하면서 문제
가 해결되었다.** 예를 들어, 등장인물이 산을 내려가고 있는데, 갑자기 산사태가 발생
하였다. 이를 바탕으로 토양 입자의 크기가 작을수록, 물의 함량이 많을수록 산사태
가 일어날 가능성이 줄어든다는 것을 배웠고, 이 지식을 활용해 방안을 마련하여 문

교사가 다시 설명

제를 해결하였다. 만화가 끝난 뒤에 선생님은 다시 한 번 설명하였다.

동료들이 캐릭터의 대사를 직접 읽었기 때문에 만화와 교과내용에 더 **집중**하였
으며, 지구과학의 내용을 **친근한 매체인 만화를 활용하여** 아이들의 **흥미**를 높였다.
다른 시간에는 지루해 하던 학생들이 만화의 이야기가 궁금해서 수업에 몰입하였
다. 선생님은 또한 교과내용에 대한 아이들의 흥미를 높이기 위해서 **보드게임이나,
컴퓨터 게임**을 직접 만들어 수업에 이용하였다. 다양한 매체를 활용한 수업방식 때
문에 학생들은 지구과학에 흥미를 가졌고 성적도 향상되었다.

사례 46 교사의 실감나는 수업행동(퍼포먼스)과 시 낭송, 그림과 함께하는
감상으로 시에 몰입함(국어)

고등학교 때 문학 선생님은 '수업'에 대한 고민을 많이 하였고, 자신의 수업에
대하여 자신감이 있었다. 그 때 배운 '샤갈의 마을에 내리는 눈', '슬픔이 기쁨에게',
그리고 '서편제'는 지금까지도 기억에 남는다.

선생님은 생동감 **넘치는 목소리로 시의 분위기에 맞추어서** 성우가 아닌가 싶을
정도로 재미있고 몰입할 수 있게 시를 읽어주었다. '샤갈의 마을에 내리는 눈'에서 '샤
갈의 마을에는 삼월에 눈이 온다.' 구절을 환상적인 샤갈의 마을에 소복소복 눈이
쌓이는 듯이 읽었고 '봄을 바라보고 섰는 사나이의 관자놀이에 새로 돋은 정맥(靜
脈)이 바르르 떤다.' 구절을 읽을 때는 관자놀이와 정맥(靜脈), 그리고 바르르에 포
인트를 주어 **눈에 그려지듯이 실감나게 읽었다.**

우리는 순백의 흰 눈이 내린 마을, 환상적 분위기를 **단번에 느낄 수 있었고** 그래
서 수업에 몰입하였다. 이후 샤갈의 '나와 마을' 그림을 함께 보며 시인은 이 작품을
보고 영감을 얻었다는 이야기를 하였고, 샤갈의 작품을 보고 시를 읽으니 어떤 느낌
이 드는지 생각과 의견을 나누는 시간을 가졌다.

평소 시는 나에게 어렵고 힘들고 지루한 시간이었다. 시를 떠올리면 모호하고
이해하기 어려우며 작가의 느낌이나 생각에 어떻게든 빙의해야만 간신히 작가가
표현하고자 하는 것을 느낄 수 있었다. 그러나 선생님 수업에서는 **시를 몰입하여
받아들이고 마음으로 느끼며** 읽었고, 이론적인 설명이나, 그림과 관련된 이야기를
듣고 그림과 시의 분위기를 비교하는 활동을 하면서 **즐거운 마음으로 수업에 몰입
하였다.**

교사의 실감나는 수업행동 퍼포먼스: 생동감 있는 목소리, 실감나는 낭독

그림과 함께 시 감상 → 개인별 느낌 공유

> 이 사례에서 교사는 시에서 시상을 떠올리기 위해 유명한 그림을 인용하며 실감나게 시
> 상을 묘사하였다. 학생들은 교사의 생동감 있는 목소리, 실감나는 낭독으로 시상을 떠올렸
> 고 시를 느낀다는 것을 경험하였다. 교사의 수업행동(퍼포먼스)이 수업의 큰 역할을 한 사
> 례이다.

나. 실험, 실습, 체험 중심의 수업

사례 47 운동장에서 직접 손으로 좌표를 그리고 몸으로 활동하면서 학습내용을 구체적으로 배움(지구과학)

고등학교 지구과학의 '천체' 수업 시간이었다. 선생님은 단순하고 기초적인 질문인 해 뜨는 곳을 질문하였다. 학생들은 쉽게 대답할 수 있었지만 질문에 심오한 내용이 숨겨져 있을 것만 같다는 생각에 주저하였다. 학생들이 '진짜로 해 뜨는 쪽이 동쪽인가?', '관측자의 위치가 바뀌면 동쪽이 서쪽이 될 수 있지 않을까?' 등의 생각을 하는 동안, 선생님은 동서남북을 표시한 천체좌표계와 그 좌표가 있는 천구에 대해 심화된 내용을 다루기 시작하였다. 학생들은 동서남북이 왜 그렇게 정해지는지도 모르는데 그와 연관된 내용을 배워야 하자 수업시간에 집중하기가 힘들고 싫어졌다.

선생님은 그런 학생들을 꾸짖기보다 어려운 내용이라고 말하면서, 보충시간에 운동장으로 모이라고 하였다. 학생들은 운동장으로 나갔다. 선생님은 해가 지는 쪽을 바라보라고 하였고, 그쪽이 서쪽이라고 말하였다. 학생들은 본인이 바라보는 곳이 바뀌면 오른쪽이었던 서쪽이 왼쪽에 위치하게 되니까 왼쪽인 동쪽이 되지 않느냐고 물었고, 선생님은 실제로 학생들에게 돌아보라고 하였다. 학생들은 실제로 선생님이 하라는 대로 한 바퀴를 돌았고, 옆에서 선생님은 여전히 해가 지는 쪽을 바라보고 서쪽이라고 알려주었다. 그러자 오른손, 왼손과는 상관없이 해가 지는 곳(방위)은 같다는 사실을 경험으로 알 수 있었고, 그제야 학생들은 선생님의 설명을 의심하려던 마음이 풀리게 되었다. '아!'라는 깨달음의 외침이 주변에서 들리기 시작하자 선생님은 아이들이 수업내용을 이해하는 모습을 보고 웃으며, 자습시간 내내 수업내용을 다시 설명해주었다.

정규 수업시간에 칠판에 좌표계를 그렸지만, 이번에는 **직접 학생들이 허공에 x축, y축, z축을 상상하여 좌표계를 그렸다.** 각자의 위치에서 좌표계를 그렸고, 이동하면서 각자의 위치에서는 좌표계가 어떻게 달라지는지 직접 그렸다. 또 하늘에 **손을 뻗어 반원을 그리고** 천구의 적도를 확인하였다.

이 수업이 좋은 이유는 **활동을 하면서 직접 경험**하였기 때문이다. 또한, 선생님이 이해하지 못해서 불안한 내 마음을 알고 공감하며 다른 방법을 사용하여 가르쳐 주었기 때문이다.

운동장에서 직접 손으로 좌표를 그리고 몸으로 활동하면서 학습내용을 이해함

사례 48 소비와 판매에 관한 내용을 실제 시장을 방문하여 체험하면서 배움(사회)

초등학교 사회 시간에 시장에 **체험학습**을 하였다. 재래시장은 학교에서 걸어서 15분 정도 걸렸다. 선생님은 당시 30여 명 넘는 아이들을 챙기느라 고생을 하였다. 나는 평소에 엄마와 자주 오던 재래시장이라 익숙했던 탓에 괜히 으스대며 친구들에게 길 안내를 자청했고, 아이들은 놀이터에 온 것 마냥 눈을 반짝이며 주위를 둘러보았다.

선생님은 소비와 판매에 대한 개념을 설명하면서 아이들의 이목을 집중시켰다. 또한 재래시장을 직접 와 본 후 좋은 점과 나쁜 점을 찾는 미션을 하였는데 아이들은 **힘들이지 않고 놀이처럼 재래시장을 구경하며 미션을 수행하였다.** 학교로 돌아온 후 선생님은 시장에 대한 부가설명을 더 하지 않았지만, 아이들은 이미 **시장에 대한 개념을 완벽하게 이해하였다.**

> 이 사례는 교육내용의 실제 현장에서 개념설명과 미션과제를 수행하였다. 어린 학생들을 대상으로 하는 전형적인 프로젝트 수업의 사례로 '가게놀이'가 있다. 학생들은 경제 개념을 배우기 위해 시장에서 물건을 사고팔고, 은행에 예금하고 돈을 빌리는 등 다양한 경제 활동 역할을 맡아 가게놀이를 수행한다. 이 사례의 학생들은 실제 시장에서 미션을 수행하는 등 현장체험을 통해 경제 개념을 맥락화하여 내면화할 것으로 기대된다. 그러나 학교에 돌아온 후 별도의 정리 단계가 없는 것이 의문으로 남는다. 학교로 돌아와서 내용을 이해하였는지 확인하는 활동이나 평가 등이 필요해 보인다.

사례 49 야간에 직접 천문 관측을 진행하여 교과 내용과 연관하여 설명하여 이해도를 높인 수업(과학)

초등학교 과학의 천문학 단원에서 별, 달, 태양 등은 재미없고 어려웠다. 다른 단원에서 직접 **실험하고 체험하는 활동**은 재미있지만 단원이 이쪽으로 넘어갔을 땐 수업 대부분이 글과 동영상 시청뿐이었고 수업시간에 배우는 것들이 실제로 와 닿지 않아서 지루하였다.

선생님은 밤에 직접 별을 관측하자고 제안하였다. 별 관측을 하기로 한 날, 학생들은 집에 돌아오자마자 각자 가져오기로 한 물건을 챙기고, 정해진 시간에 부모님과 함께 학교 운동장으로 갔다. 학생들은 선생님과 운동장에 모였다. 선생님은 미리 준비한 천체망원경과 과학시간에 봤던 여러 자료를 보여주었다. 학생들은 한 명씩

직접 별을 관측한 후, 수업내용과 연관하여 설명

순서대로 선생님과 **천체망원경으로** 별을 **관측하였다.** 이후 선생님은 수업시간에 배운 내용들과 오늘 본 달과 별을 함께 **설명하였다.** 학생들은 수업시간에 배우는 내용들을 실제로 체험해보니 신기했고 친구들과 함께여서 즐거웠다.

사례 50　교과 내용인 하안단구가 있는 지형을 실제로 현장 체험한 수업(지리)

　　고등학교 지리 선생님은 '하천 양안에 연해서 좁고 긴 계단 모양으로 형성되어 있는 평평한 지형'인 '하안단구'를 설명하였다. 그런데 대부분의 반 학생들이 '하안단구'를 이해하지 못하고 끝이 났다. 선생님은 지형을 이해하지 못하는 학생들을 위해 다음 주에 **현장체험학습을** 가야겠다고 말하였다. 그리고 다음 주 창의적 체험활동 시간에 정말로 하안단구를 보러 갔다.

　　선생님과 학생들은 대청댐으로 출발하였다. 학생들은 전망대에서 단체 사진을 찍고 난 후 금강 물줄기를 따라 걸어 내려오면서 선생님은 다시 한 번 강과 하안단구에 관해서 **설명하였다.** 내려오던 중 어느 도로가에 멈춰 선 선생님은 손으로 무언가를 가리켰다. 선생님의 손끝이 닿은 곳에는 하천을 가운데 두고 양쪽에 만들어진 계단 모양의 평평한 땅이 있었다. 그렇게 눈으로 직접 보고 나서야 '아, **저것이 하안단구구나. 저렇게 계단 모양이 이루어지는구나.'**라고 **깨달았다.** 하안단구를 이해하지 못하고 지리가 어렵다고 말하던 학생들은 모두 같은 표정으로 하안단구를 바라보고 있었다.

교과서 속 사진이나 설명만으로 접한 학습내용을 실제로 체험하는 것은 학생들의 이해 수준을 높이는 활동이다. 이 사례에서 학생은 하안단구를 직접 보고 하안단구에 대해 명확하게 이해하였다. 현장에서 돌아와서 학생들이 내용을 이해하였는지를 확인하는 평가활동이 추가적으로 필요할 것이다.

사례 51 비서업무를 배우기 위해 교내 행정실에서 실제로 실습을 함(상업정보)

고등학교 비서 과목 중에서 '경영진 지원업무' 단원이었다. '**경영진 지원업무**'를 배우기 전에 우리는 지원업무가 현대화되어서 비서들이 하는 일이 많지 않고 간단한 일이라 생각하였다. 평상시에 쓰지 않던 말투와 자세, 경영진 출퇴근 지원업무, 사무환경 관리 방법, 경영진 신상정보 관리, 명함관리, 경조사 관리 등 세세한 업무들을 **이론으로 배우고 외우는 과정을 반복**하였다.

교실 이론수업

그러던 어느 날 조별로 교무실, 학생회실, 진로실, 행정실 등 학교 행정실에서 **실습(실무체험)**을 하는 수업을 하였다. 선생님은 이론을 외우는 과정을 반복하는 것이 아닌 **직접 체험을 하고 자신의 부족한 점을 스스로 파악하여 깨우치는** 수업을 준비한 것이다.

실습(실무체험)

적극적인 자세로 선생님 곁에서 업무들을 돕고 잘 모르는 부분은 선생님을 찾아가 배우고 소통하면서 배운 것을 잊어버리지 않았다. 나아가 이전에 학습한 '응대업무'를 적용하여 토대로 고등학교 원서접수 전화와 면접 도우미를 **실습**하면서 상황에 따라서 어떻게 응대하는지를 알게 되었다. 책의 예시만이 아닌 직접 전화 응대를 하면서 다양한 상황을 접하였다. 수업은 **학생들이 경험한 이야기들을 공유**하고, 선생님에게 조언을 구하는 활동으로 채워졌다.

사례 52 모의 주식투자 실습을 통해 주식에 대한 수업내용을 잘 이해함(경제)

고등학교 경제 '모의주식투자' 수업에서 **주식투자 내용을 학습**하면서 가상으로 **주식투자 활동을 하였다**. 주식투자 관련 용어 등 주식투자를 학습하였다.

수업 후에 본격적으로 **모의투자 활동을 하였다**. 조를 나누어 현재 주식 동향을 조사하고 어떤 주식이 많이 오를 것인가를 토론한 후 종목을 선택하여 가상으로 투자하였다. 한 달 후에 이익이나 손해를 비교 확인하였다. 나는 한 중소기업에 투자를 하였다. 매 주마다 중간점검을 하면서 주가변동 원인을 탐구하였고, 만약 주가가 많이 내려가면 다른 주식으로 바꿔서 투자하는 등 실제 주식투자를 하는 것처럼 활동하였다. **진짜 투자한다면 돈을 벌 수 있다고 생각하니 흥미로웠고**, 주식투자가 많은 공부가 필요하다는 것을 알았다.

사례 53 수학여행 때의 사진과 경험을 통해 작품 이해를 높이고 작가의 문학적 표현을 창작에 활용하고 발표한 수업(국어)

작품을 읽고 의미 해석

고등학교『관동별곡』단원에서 선생님은 먼저 본문을 한 문단씩 읽고, 고어의 의미를 풀이하였다. 하지만 현대어로 해석해도 이해되지 않았다. 특히 자연경관들의 아름다움을 비유하는 부분이 어려웠다.

선생님은 "애들아, 우리 지난봄에 어디로 수학여행 갔지?", "강원도요", "강원도가 여기의 배경이야", "네?", "너희가 직접 올라가 본 산이 정철이 관동별곡을 쓴 바로 그 산이야".

수학여행 때 사진을 함께 제시하며 설명

선생님은 수학여행 때 찍은 **사진을 보여주며** 사진 속 배경이었던 산이 관동별곡에 나온 산이라고 하였다. 선생님은 산의 다양한 장소에서 찍은 학급 **사진을 보여주면서** 계속 말하였다. "정철이 묘사한 이곳이 너희가 사진 찍은 거기고, 너희가 본 그 폭포가 정철이 극찬한 그 폭포야. 그 무지개니 은하수니 얘기한 그 폭포."

힘들게 걸었던 산 안에서 본 작고 예쁜 폭포가 그 폭포라는 말을 들으니, **이해되지 않았던 정철의 과장과 비유가 이해되었다. 선생님의 설명만 들었을 때는 이해되지 않았는데 직접 본 풍경을 떠올리니 정철이 왜 그랬는지 이해가 되었다.** 선생님은 학생들이 어려워하는 자연 묘사 구절을 읽고 우리가 찍은 사진을 보여주면서 설명을 이어갔다.

수학여행 때 가본 장소 사진을 스크린에 띄우고 발표

다음 활동으로 수학여행 때 **방문했던 장소 중에서 자연과 관련된 장소를 골라, 정철처럼 문학적으로 표현하여 발표**를 하였다. 발표할 때 학생이 장소를 말하면 선생님이 해당 장소 사진을 스크린에 띄웠고 학생은 사진을 뒤로 하고 쓴 글을 읽었다.

모두 발표를 마치고 선생님은 이렇게 말하였다. "너희가 보고 온 장소를 묘사해 보니까 어때? 같은 장소라도 다들 말이 다르지? 묘사할 때 과장하게 되고, 실제랑 다르게 적은 사람도 있었지? 너희가 싫어하는 이 작품도 그래. 정철도 실제 풍경을 보고 감탄하면서, 글로 쓸 때 과장도 많이 하고 실제랑 다르게 미화했을 거야. 그러니까 너희가 이해하기엔 어려울 수밖에 없지 않을까? 다른 작품들도 마찬가지일 거고. 그럼 너희가 작품들을 이해하려면 그 배경이랑 작가를 제대로 이해하고 읽어야 겠지?" 내가 방문하고 알고 있던 장소 사진을 보면서 글을 읽으니 작품에 대해서 더 잘 이해할 수 있었다.

사례 54 장애체험을 통해 장애인에 대한 이해와 평범한 삶의 소중함을 깨달음(도덕)

중학교 도덕 시간에 '**장애체험**'과 **협동학습** 주제로 야외수업을 하였다. 첫 시간에는 눈, 다리, 팔 등 장애 부위를 정하고 도우미와 같이 장애인의 삶을 잠시나마 체험하였다. 도우미 역할을 맡아 친구를 도울 때는 신나기만 하였다. 눈을 가렸을 땐 사방이 어둠이라는 사실과 그럼에도 이동해야 하는 것이 무섭고 두려웠다. 다리를 못 쓰며 계단을 오를 때 몹시 불편하였고 너무나도 힘든 과정이었다.
1교시: 장애체험

체험을 마친 후, 두번째 시간에 팀을 나누어 봉숭아 물들이기와 종소리 연주체험을 하였다. 장애 체험이 끝나고 왜 이런 활동을 하는지 의문이 들었지만 선생님의 지시에 따라 동료들과 협력하여 활동을 하였다. 하지만 그 의문은 머지않아 풀리게 되었다.
2교시: 팀별 봉숭아 물들이기와 종소리 연주체험

모든 아이들이 활동을 끝내자 선생님은 학생들에게 "방금 활동들은 재밌었니? 너희들에게는 평범한 활동이지만 누군가에게는 이런 일도 특별한 일이 될 수 있어. 우리 모두 매사에 감사해하고 **건강한 몸을 주신 부모님께 감사하자**"라고 하였다. 직접 경험하지 못하였다면 소중함을 느끼지 못했을 것에 감사할 수 있게 된 시간이었다.

이 사례의 두 번째 활동인 봉숭아 물들이기와 종소리 연주체험의 목적이 분명하지 않다. 사전에 이 활동을 하는 이유에 대한 설명이 없어서 학생들이 의아해하였으며 활동 이후 충분한 설명이 없었다. 또한 수업 끝에 부모에게 감사하는 것과 장애체험 수업의 목표는 관련이 없어 보인다. 끝에서 학생이 소중함을 느끼어 감사하다고 하는데 무엇에 대한 소중함인지 의문이 드는 수업 사례이다.

사례 55 태양열 조리기의 원리와 이차함수를 관련지어 설명한 후 실제 태양열 조리기를 이용해 조리 실습을 함(수학)

고등학교 수학 수업 시간이었고, **수학과 실생활을 접목시킨 실험**을 하였다. 이차함수에는 초점이 존재하는데 이때 초점과 주어진 정직선까지의 거리가 같은 점들을 모아놓은 것이 포물선이다. 여기서 빛이 포물선에 닿으면 초점으로 모이게 되는데 이 성질을 이용하면 흩어져 있는 빛이나 전파를 모으는 데 사용할 수 있다. 선생님은 **EBS 영상과 함께 이러한 원리를 설명한 후, 조별로 태양열 조리기를 사용해 진짜로 음식을 조리할 수 있는지 실습할 수 있는 시간을 가졌다.** 수학이라는 과목 자체가 이론에 대한 깊이 있는 설명보다는 문제풀이 위주의 수업을 주로 하기 때문에 이차함수의 사례를 실생활에서 찾아볼 수 있는 기회를 학생들에게 제공했다는 점이 신선하고 기억에 남았다.

영상과 함께 교사의 설명 → 실습

학생들은 정적이라고 생각했던 수학이라는 과목의 새로운 모습을 발견할 수 있었다. 또한, 기구를 사용할 때 모든 조가 성공한 것은 아니었다. 이 과정에서 선생님은 그냥 넘어가는 것이 아니라 피드백을 통해 어떻게 실습을 보완해야 하는지에 대해 토론할 기회를 제공했다. 단순히 일회성 실습으로 그치는 것이 아니라 앞으로 배울 내용을 더 정확히 인식할 수 있는 경험으로 삼았다는 점에서 이 수업은 경험을 통한 교육의 실천이라고 생각한다. 특히 학생들의 흥미를 유발할 수 있는 신선한 소재를 사용했다는 점에서 좋은 수업으로 기억이 된다.

사례 56 인터뷰 형식으로 역사적 일화를 해석하고 발표한 수업(국어)

중학교 국어시간에 단심가, 하여가를 학습하면서 짧은 연극을 하였다. 선생님은 학생이 수업에 직접 참여하는 기회를 만들기 위해 연극수업을 준비하였다.

조별로 단심가와 하여가를 읽고 정몽주와 이방원은 시를 쓰는 상황에서 어떤 감정과 생각이었을까 생각하면서 각자 감상을 적었다. 이어서 감상을 토대로 **정몽주와 이방원이 인터뷰에 답하는 대본을 짰다.** 연극 대본은 모든 조원들이 함께 작성했지만 발표는 조에서 2명이 나가서 하였다. 한 학생이 정몽주를 맡고 다른 학생이 이방원을 맡았다. 선생님은 기자 역할을 맡아서 정몽주를 맡은 학생에게 어떤 심경이냐고 물었고, 정몽주 역할의 학생이 "이방원은 그럴 줄 알았다. 분명히 뒤통수를 칠 줄 알았다. 그런 사람이다."라고 말했을 때 모두 폭소를 터뜨렸다.

사례 57   부메랑의 원리와 관련된 영상을 본 후, 도면 설계부터 제작·적용까지 실습함(기술·가정)

고등학교 기술·가정 시간에 **부메랑에 숨겨진 과학 원리를 학습하고 자신만의 부메랑을 만드는 수업**을 하였다. 먼저 드라마에서 주인공이 부메랑을 던지며 '사랑은 돌아오는 거야'라고 말하는 영상을 시청하였다. 이후, 부메랑 날개 단면 사진을 보면서 베르누이의 원리와 양력이 발생하는 과정을 배웠다. 이론 위주의 수업이 이어지면서 일부 아이들은 졸거나 떠들기 시작하였다. 그러자 선생님은 학습지 빈칸에 들어갈 내용이 무엇일지 물어보며 집중을 유도하였고 아이들은 학습지 빈칸에 들어갈 단어를 채우며 수업내용을 정리하였다.

영상 시청

교사 이론 설명

학습지 활동

이론 수업이 끝나고, 학습내용을 바탕으로 각자 도면설계를 하였다. 수업에 집중하지 않은 아이들은 동료에게 물어보며 미처 채우지 못한 학습지를 작성하고, 도면설계를 시작하였다. 이후 도면에 설계한 대로 직접 부메랑을 **제작**하였다. 이렇게 만든 **부메랑을 날리고 보완**해보는 과정을 거치면서 날개를 휘게 만들수록 양력이 커져서 잘 돌아온다는 것을 경험적으로 배웠다.

도면설계 → 제작 → 적용 및 보완

날리기 수업을 할 때는 모두가 수업에 집중하여 재밌게 참여하였다. 이론 수업을 집중해서 들었던 아이들은 **이론을 실제에 적용하고 학습내용을 경험하면서 정확히 이해**하였으며, 이론수업에 무관심한 학생도 만들기 실습을 하면서 수업내용에 관심을 가졌다.

사례 58   희곡 작품을 실제 연극하면서 어려운 작품을 이해하게 되고, 조용한 친구가 적극적으로 변화함(국어)

고등학교 희곡 '만적' 시간에 **연극 수업을 하였다.** 책상을 ㄷ자 모양으로 배열하고 둘러앉아 교실 한가운데에 넓은 무대를 만들었다. 그리고 만적, 부인, 아이, 만적의 친구 아저씨 대략 4명의 주연을 뽑았다. 만적은 생소한 이야기였고, 선뜻 이해되지 않는 배역이어서 만적 배역에 어울릴 학생을 정하기가 어려웠다.

평소 조용하게 지내던 학생이 성격과 이름이 주인공과 비슷하다는 이유로 추천을 받았다. 연극 대본 읽기 시간이었다. 만적 역할의 그 학생은 의외로 굵고 거친 톤과 분위기를 내면서 주인공과 비슷한 연기를 펼쳤다. 다음 날 무대 안에서 실제 연기를 하였다. 만적이 술에 취해 바닥에 널브러져 누워있는 장면에서 그 친구는 망설임 없이 교실 바닥에 누웠고, 친구들은 환호하였다.

희곡을 실제로 연기하니 난해한 작품을 조금은 이해할 수 있었다. 만적 역할의 그 학생은 이후로 반에서 주인공이 되었고 적극적으로 참여하고 활기찬 아이로 달라졌다.

사례 59 법정 상황극 제작과 발표를 준비하며 학생들은 법적 해결 방안과 발표 방법을 고민함(법과 정치)

상황극 발표

고등학교 법과 정치 수업에서 **교과서 내용을 토대로 다양한 법적 상황을 제시하고 상황극을 만들어 발표하였다.** 자율적인 조 편성으로 마음이 맞는 친구와 짝을 이루어 적극적으로 상황극을 준비하였다. 학생들은 쉬는 시간, 야간자율학습 시간 등을 활용하여 진지하게 준비하였다.

우리 조는 유산상속에 대한 법적 논쟁을 선택했으며, 법정에서 검사와 변호사 역을 맡으면서 준비하였다. 교과서 내용 외에도 상황극과 발표를 준비하면서 알게 된 것을 조원들과 공유하면서 법적 상황과 민법을 통한 해결 과정을 제시하였다. **준비하면서 조원들과 법적 해결 방안뿐만 아니라 효과적인 발표 방법에 대해서도 많은 고민을 하였다.** 발표가 끝나고 선생님은 이해되지 않을 것 같은 부분에 대해서 질문을 하면서 학생들의 이해를 다시 확인하고 설명을 덧붙였다. **학습내용을 적용한 상황을 학생들이 이해하고 설명할 수 있는지를 평가의 기준으로 삼은 것이 유익하였다.**

발표 후 교사의 질문과 부연 설명

상황극을 활용한 수행평가

다. 프로젝트 수업

사례 60 교사가 답을 제시하지 않고 질문을 통해 학생들이 스스로 사고를 유도한 프로젝트 수업(지리)

고등학교 지리 시간에 조별로 세계 여러 나라의 음식에 대해 탐구하는 프로젝트 수업을 하였다. 우리 조는 이슬람 문화권에 있는 나라들이 돼지고기를 잘 먹지 않는다는 것을 알게 되었다. 그 이유도 탐구하기 위해 토론을 했지만 쉽사리 답을 도출하지 못하였다. 선생님에게 이유를 물어봤지만 **선생님은 답을 알려주지 않았다.** 스스로 생각해보라며 역으로 우리에게 "이슬람문화권이 어떤 지역에 있나요?", "그 지역의 기후는 어떠한가요?", "돼지는 어떠한 동물인가요?" 등을 물어보았다.

조별 토론(탐구)

답을 제시하지 않고 질문을 함

선생님의 질문에 대해 조원 모두가 곰곰이 생각해보며 이유를 탐구하였다. 돼지고기를 먹지 않는 이슬람 문화권은 서남아시아인데, 이 지역은 건조기후 이고, 돼지는 땀구멍이 별로 없기 때문에 물을 많이 필요로 하므로 진흙같이 축축하고 습한 지역에서 사육되어야 한다. 하지만 서남아시아는 메마른 땅이 많고 습한 지역이 별로 없기 때문에 이슬람 문화권 나라들은 돼지고기를 먹지 않는다는 것이었다.

이렇게 선생님은 **질문을 통해 학생들의 사고를 유발하는 수업을 하였다.** 현상의 원인을 스스로 생각하게끔 하였다. 계속 질문을 던지고 교과내용을 실제 현상과 연관 짓는 수업방식은 **학생들로 하여금 개념에 대하여 스스로 생각하도록 하였다.** 학생들은 선생님의 수업방식을 긍정적으로 받아들였고 한 명도 졸지 않고 집중하고 즐겁게 수업에 임하였다.

질문을 통해 스스로 사고하도록 함

사례 61 영어 원서 학습 후 모둠별 연극 연습을 하고 발표한 수업(영어)

고등학교 영어 시간에 카프카의 '변신(Metamorphosis)'을 원문으로 배웠다. 먼저 "'변신'을 학습하고 **조별로 문단을 나누어서 분량을 맡아서 다음 시간에 연극 연습을 하였다.** 나는 수업 시간에 연극을 하는 것이 처음이라 설레면서도 긴장하였다.

1~2차시: 원문 학습

'변신'의 원문 학습은 일반적인 수업 시간과 크게 다르지 않았다. 선생님은 뽑기 프로그램으로 학생들의 번호를 지목해서 몇 문장씩 읽고 해석하도록 하였고, 도중에 학생이 단어나 문법도 같이 설명하였다. 원문이 길고 초반에 작가의 생애도 같이 학습하였기 때문에 두 시간 정도에 걸쳐 본문 수업이 끝났다.

3교시: 모둠별로 연극 연습

세 번째 시간에는 무작위로 조를 배정하고 연극할 분량을 배정하였다. 우리 조는 두 번째 장면을 맡았다. 주인공이 바퀴벌레가 되어 침대에서 일어나지 못하자 그의 매니저가 집으로 찾아오는 장면이었다. 짧은 장면이지만 원문을 시나리오로 각색하고 대사를 덧붙이고 연습하였다. 단순히 암기하는 것보다 영어 대사를 암기한 후 연극하는 것은 어려웠다. 당시 연극 장면이 아직도 **기억에 생생하다.**

4교시: 모둠별 연극 발표

마지막 시간에는 교실이 아닌, 영어교실(English Learning Room)에서 연극을 진행하였다. 중앙에서 조별로 연극을 할 때 선생님은 캠코더를 들고 촬영을 하였다. 모두 실감나게 연극을 하였다. 두 달 후에 선생님은 찍은 영상을 멋있게 편집하여 교실 컴퓨터에 저장하였다. **시간이 걸리긴 했어도, 색다른 경험이었다.**

사례 62 조별로 지역을 조사하여 수학여행 안내서를 만들어 배포하여 큰 호응을 얻음(지리)

고등학교 한국 지리 수업에서 **수학여행을 대비해 학생들이 수학여행 때 사용할 안내책자를 만드는 활동을 하였다.** 학생들은 수학여행지를 미리 조사해서 안내책자를 만들어 보급한다면 모두에게 유익하고 기억에 남을 것이라고 생각하였다.

조별로 인원을 구성하여 해당 지역을 조사하고 조사한 지역에 대한 의견을 나누며 발표를 준비하였다. 학생들은 친구와 선생님께 질문하며 계속해서 소통하였다. 수업 초반에 활동이 많아서 당황스러웠지만 수업이 진행될수록 좋았다. 선생님은 조사할 지역만 지정하여 학생들이 주도적으로 해당 지역의 특징을 조사하도록 하였다. 그래서 학생들은 **책임감을** 가지고 더 열심히 임하였다. 또한 선생님은 학생들이 주제를 벗어난 방향으로 조사하면 **약간의 기준을 제시하며 피드백하였다.**

적절한 피드백

시간이 많이 소요됐지만, 다양한 지형적 요소와 특징을 알게 되어 시험에 도움이 되었다. 또 잘 모르고 지나갔을 지역의 이름과 특징이 눈에 잘 들어왔다. 조별로 안내 책자를 완성하였고, 모두에게 큰 호평을 받았다. 학생들은 **성취감**을 느꼈다.

사례 63　학생이 주도적으로 시 낭송 UCC를 만들어 발표하고 교사는 보조역 할만 수행(국어)

고등학교 국어 수업에서 모둠별로 자율적으로 현대시를 학습하고 시 낭송 UCC를 제작하여 발표하는 활동을 하였다. 선생님은 **수업의 가이드라인을 제시하고**, **아이들의 질문에 대답하는 보조역할**만 수행하였다.

교사는 보조역할

선생님은 시 몇 개를 제시했고, 우리 모둠은 조지훈의 '낙화'를 선택하였다. 이후 모둠별로 시를 소리 내어 읽고 시의 분위기, 메시지 등을 **분석**하였다. 우선 '주렴', '귀촉도', '저어하다'와 같은 생소한 단어의 뜻을 사전에서 찾아 **공유**하였다. 그리고 시 낭송 과정에서 느낀 밤의 쓸쓸한 분위기에 대해서 토의하였다. 모두가 시에서 느낀 점과 시 해석에 필요한 정보에 대해 이야기하였다.

모둠별 시 분석 및 토의

시 분석 후, 시를 표현하는 방식을 고민하였다. 쓸쓸한 분위기를 표현하기 위해 차분하고 느리게 시를 낭송하기로 하였다. 또한 영상의 이미지로 흰색 배경에 붉은색

_시 표현(낭송) 방법 고민_

이 번지는 이미지, 촛불이 꺼지는 이미지, 한적한 느낌의 전통가옥 이미지를 선정했
으며, 이밖에도 영상편집 효과, 배경음악 등에 대해 의견을 나누었다. 토의한 내용을
바탕으로 시 낭송 UCC를 제작했고, 영상을 발표하는 것으로 수업이 마무리되었다.

UCC 제작 및
발표

보통의 모둠활동은 단순히 교과 내용을 읽고, 관련 정보를 수합해 발표하는 형
식이었다. 모둠활동은 보통 몇 명이 주도하여 이루어지다 보니 주도하는 학생은 **과
제 부담에 불만**을 가졌고, 나머지 학생은 **소외감, 무력감** 등의 **불만**을 토로하였다.

그러나 이 수업에서는 **모두가 적극 참여하였다.** 과제 수행을 위해 영상편집 능
력, 미적 감각 등 모둠원의 다양한 능력이 필요하였고, 선생님은 모두가 각기 다른
능력과 개성을 살려 활동에 참여하도록 분위기를 조성하였다. 학생들은 **살아 숨쉬고
있다는 느낌과 성취감**을 느꼈다. 또한 선생님은 학생의 의견을 존중하여 **학생이 학습
내용과 학습방식, 발표방식을 직접 선택하였다.** 학생은 **자율적으로 의견을 나누고, 토
픽 선택 및 과제 수행**을 하였다. 평소 수업에서 소극적인 학생도 이 수업에서 자기
목소리를 내고, 자기 역할을 수행하며 능동적으로 수업에 참여하였다.

사례 64 설계이론 수업 후, 도안 작성·모형 제작·전시회를 가진 프로젝트 수업(기술가정)

이론 학습 → 도안
그리기 → 모형 제
작 → 전시회

기술·가정 시간에 **살고 싶은 집 만들기 프로젝트** 수업을 하였다. 한 달간 진행
된 수업에서 먼저 ① 집 설계 이론을 배우고, 미래에 살고 싶은 집 ② 도안을 그리
고, 우드락으로 ③ 모형을 만든 후 ④ 전시회를 가졌다.

실습 중에 선생님은 학생의 도안을 보며 수정할 부분, 부족한 부분 등을 잡아주
며 조언을 하였다. 학생들은 선생님의 **지도하에 자유롭게 활동하였고** 서로 살고 싶은
집을 즐겁게 이야기하면서 도안을 그렸다.

이론만 배웠다면 어려웠을 도안 작성을 **직접 해봄으로써 내용을 확실히 알 수
있었다.** 또한 자신이 그린 도안을 모형으로 구현하면서 도안을 그릴 때 어떤 점을
주의해야 하는지 알았고, 완성된 집을 보고 성취감도 느꼈으며, 그림이 실물로 구현
되어 신기하였다. 서로 생각을 공유하는 것도 **즐거웠다.**

마지막에 전시회를 열어서 다른 학생의 작품을 감상하고 잘 만들었다고 생각되
는 작품에 스티커를 붙였고, 이는 **수행평가에 반영되었다.** 전시회를 통해 다른 친구
들의 작품을 구경하면서 친구들의 성향이나 미래의 생각을 알 수 있었고 서로 이야

기도 나눌 수 있는 유익한 경험이었다.

사례 65 어려운 물리 원리를 생활에 적용한 UCC 만들기 프로젝트 수업(물리)

고등학교 물리의 힘과 에너지 단원에서 탄성력, 부력, 중력, 전자기력, 장력, 마찰력 등에 대해 배우는 시간이었다. **'여러 가지 힘을 생활 속에서 적용하기' 주제와 관련하여 UCC 만들기 활동을 하였다.** 선생님은 〈여러 가지 힘〉의 부분은 조별로 같이 공부를 해도 충분히 이해할 수 있는 부분이고 오히려 선생님이 설명하는 것보다 잘 이해할 수 있다고 하였다. 3차시 동안 진행되었다.

주제를 들은 후 조원들끼리 내용을 나눠서 각자 맡은 부분에 대해 공부를 해오기로 하였다. 다음 시간에 각자 공부해온 힘에 대해 설명하였다. 조원의 설명을 듣고 쉽게 이해하였다. 설명하는 학생도 자신이 조사해 온 내용을 구체적으로 설명하면서 깊이 이해하였다.

1차시: 조별 주제 학습 → 2차시: 조별 시나리오 작성

시나리오를 작성한 후 촬영 시간과 장소를 정하였다. 평소에 잘 참여하지 않는 조원이 있어 UCC 촬영을 하러 올까 의문이 들었지만, 모두가 제시간에 와서 적극적으로 촬영에 참여하였다. 나는 조장 역할을 맡아 감독, 편집 등 여러 역할을 하였다. 처음에는 부담감과 불만이 있었지만 수행평가 활동을 하면서 **재미와 보람을 느꼈다.**

시나리오 작성 후 촬영 및 편집 → 3차시: UCC 발표 및 공유

평소 지루했던 수업시간이 아닌 친구들과 함께 촬영을 하는 활동은 조원들이 모두 **만족해**하는 활동이었다. 물리 원리를 아는 것으로 그치지 않고 생활에 적용을 하면서 더 이해하게 되었고 UCC를 만들면서 편집기술도 배웠다.

사례 66 '희소성' 개념을 적용한 사막에서 살아남기 프로젝트 수업(경제)

고등학교 경제 수업에서 '희소성' 개념을 학습하였다. **'사막에서 살아남기' 프로젝트에서 주어진 물품 중 어떤 것을 선택할지를 모둠원들과 함께 상의하였다.** 사막에서 살아남기 위하여 정해진 개수만큼의 물품을 물품카드에서 골랐다. 물품카드에는 물, 라이터, 소주, 사막 동물도감, 나이프, 소금, 지도, 명품가방, 모피 코트, 금괴 9개 등 다양한 선택지가 있었다. 또한 사막에서 '30일 이내'에 구조될 경우와 '1일 이내'에 구조될 경우로 두 가지 상황을 제시하여 두 번의 활동을 하였다. 모둠별로 최선의 선택을 위해 토론을 하였다. 고를 수 있는 물품의 개수는 제한적이었기 때문에, 제각기 의견을 피력하며 필요하다고 생각하는 물품을 구성원에게 설득시켰다.

모둠별 상의 후 선택

토의 후 모둠별로 물품을 선택한 이유를 발표하였다. 재미있었던 것은 '30일' 살아남기와, '1일' 살아남기 상황에서 골랐던 물건은 달랐다. '30일' 살아남기 경우 고른 물건은 물, 나이프, 라이터 등 비슷하였다. 반면 '1일' 살아남기 경우 명품가방, 모피, 금괴 등 선택한 물건이 달랐다. 모둠별로 물품 선택 이유를 발표할 때, 학생들은 자기들이 선택하지 못한 것을 아쉬워하는 등 발표에 **공감**하고 활발하고 적극적으로 참여하였다.

발표 후 선생님은 시간과 장소에 따라 희소성이 다르다는 희소성의 가변성과 상대성의 개념을 **이론적으로 정리**하며 수업을 마무리하였다.

사례 67   지식을 사고파는 '지식시장' 프로젝트 수업(생명과학)

고등학교 생명과학 시간에 교과 내용을 바탕으로 '지식시장' 프로젝트를 진행하였다. '지식시장'은 지식을 **교환하는 프로젝트이다.**

먼저 학습내용을 조별로 나누고 각 조는 내용을 글과 그림으로 표현하였다. 그 뒤 조별로 지식을 파는 사람 2명과 사는 사람 2명을 정하고, 사는 사람은 시계방향으로 돌아다니며 다른 조의 지식을 구매하였다. 한 장소에 머무는 시간은 5분이었다. **파는 학생이 팔 학습내용을 설명하고 사는 학생은 좋은 지식인지를 판단하기 위해 이해하였다. 파는 학생도 지식을 설명하기 위해 이해가 필요하였다.** 다음 시간에는 사는 사람과 파는 사람의 역할을 바꾸어 진행하였다.

활동중심수업이라 지루하지 않았다. 선생님은 학년 말 항상 학생 만족도 설문을 받았는데 '지식시장' 프로젝트 수업은 학생들에게 호평을 받았다.

사례 68   주제 선정 및 준비, 광고 발표, 질의응답 및 교사의 설명으로 이어진 광고제작 프로젝트 수업(국어)

중학교 국어 시간에 광고제작 **프로젝트** 수업을 하였다. 우리 조는 '귀농 권유 공익 광고'를 준비하였다. 그래서 멀리 시골에 사는 친구의 집을 방문하였다. 직접 소에게 여물을 먹이고 친구와 밭농사 체험을 하는 장면을 동영상으로 편집하고, 광고처럼 멘트를 넣었다. 30초 분량의 광고를 제작하였다.

조별로 광고 발표 후 선생님은 우리 조에게 노력을 많이 하였다고 칭찬과 격려를 하였다. 그리고 우리가 광고에 쓰인 기법에 대해서 피드백을 하였다. 긍정적인 부분과 부정적인 부분도 피드백하였고 질문에 대한 답을 하면서 효과적인 광고를 설명하였다. 과제수행을 하면서 광고에 대하여 배웠고 동료와 즐거운 추억을 만들었다. 선생님과도 상호작용이 많이 일어난 수업이었다.

사례 69 신라시대의 문화재를 중심으로 사회, 국어, 음악, 미술, 체육 수업이 통합된 형태로 프로젝트 수업이 이루어짐

초등학교 때 담임선생님은 신라의 문화재에 대해 하루에 두 시간씩 일주일간 공부할 것이라고 하였다. 아이들은 선생님의 수업 예고에 "일주일 동안이나 신라에 대해 배운다고?"라며 의아해하였다. 그런데 우리들은 수업을 하며 선생님의 생각을 이해할 수 있었다. 선생님은 **사회** 시간에는 신라의 수도 경주를 중심으로 신라의 다양한 문화재에 대해 수업을 진행하였다. **국어** 시간에는 신라의 문화재를 만든 사람들에 대해 공부하였고, 역사적 인물에게 편지를 쓰는 활동을 하였다. **음악** 시간에는 신라에서 유래한 가야금과 같은 악기에 대해 배웠고, **미술** 시간에는 신라의 문화재를 미술 작품으로 만드는 활동을 하였다. 금요일 **체육** 시간에는 신라에 대한 마지막 수업으로 고백신 피구(고구려, 백제, 신라라는 팀명으로 세 팀으로 나눠 활동하는 피구의 한 형태)를 하였다. 일주일 간 신라의 문화재를 중심으로 수업을 한 다음, 아이들은 한동안 신라를 비롯한 한국의 역사에 대해 관심을 갖고 이야기하는 모습을 보였다.

(여백 주석) 신라 문화재 프로젝트 수업 예고

(여백 주석) 신라 문화재를 주제로 사회, 국어, 음악, 미술, 체육 수업 실행

라. 협동학습

사례 70 직소수업에 모두가 책임감을 가지고 적극 참여함(법과 정치)

고등학교 법과 정치 시간에 "특수불법행위"에 대해 **직소**(jigsaw)**수업**을 하였다. ① 성적을 기준으로 5명이 한 모둠으로 골고루 편성되었다. 1모둠부터 6모둠까지 모둠별로 자리를 앉았다. ② 모둠별로 5명은 1~5번까지 번호를 정하고 칠판에서 자신의 번호에 해당하는 소주제를 받았다. ③ 그 후 같은 번호 학생끼리 모여 10분 동안 공통의 소주제를 학습하였다. ④ 다시 원래의 모둠으로 돌아와 15분 동안 각자 공부한 소주제를 구성원에게 설명하였다. 마치 자신이 교사인 것처럼 설명해주는 학생, 학습지에 적어온 내용을 그대로 읽는 학생, 정리 시간이 부족했는지 설명하다가 버벅이는 경우 등 다양하였다. 학생이 소주제를 설명할 때 나머지 학생들은 내용을 학습지에 정리하였다. ⑤ 그 후 선생님은 "특수불법행위"에 대해 전체적으로 정리

(여백 주석) 성적을 기준으로 한 이질적 모둠편성

(여백 주석) 전문가 집단학습

하였고 교과서에 없는 부족한 내용을 보충 설명하였다.

처음 수업방식이었지만 비교적 쉬운 개념으로 구성되었고, 모든 아이들이 역할을 맡으며 **책임감**을 가지고 수업에 적극적으로 참여하였다. 모둠활동에 소극적인 아이는 선생님이 옆에서 도와주며 격려하였다. 졸거나 참여하지 않는 학생 없이 **모두가 적극적으로 참여하였다.**

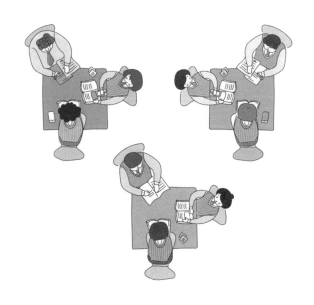

사례 71　대통령의 다섯 가지 자질을 주제로 직소수업 실시(사회문화)

고등학교 사회문화 '사회 불평등 현상의 이해' 단원에서 '**차기 대통령은 어떤 자질이 가장 필요할까?**'의 주제로 직소수업을 하였다. 선생님은 **직소(jigsaw)수업의 절차를 안내하였다.** 이어서 선생님은 대통령에게 필요한 자질 5가지로 변혁적 리더십, 정직함, 투명성, 소통, 국정 전반에 관한 지식·표현 능력, 공감할 만한 비전이나 신념을 설명하였다.

조를 편성하고 조원들에게 학습자료를 배부하였다. 조별로 5가지 자질 중 하나를 골랐다. 이후 같은 자질을 선택한 학생들이 모인 **전문가 모둠**에서 각자 왜 해당 자질이 필요한가에 대하여 토의하였다. 어떤 학생은 링컨을 예로 들며 리더는 구성원들이 각자 맡은 역할을 수행하도록 든든한 지원자 역할을 해야 한다고 말하였다.

이때 선생님도 개입하며 토론이 원활하도록 도왔다. 전문가 모둠 토론 후 학생들은 본래의 모둠으로 복귀하여 조원들에게 설명하였다. 새로운 방식의 협동학습이 신선하였다.

사례 72 조별 학습 및 발표 개인별 평가를 가지고 조별 평균점수 부여(사회)

고등학교 사회 수업에서 **사회 계층, 계급 관련 조별과제**를 하였다. 조 편성은 **수업시간에 한 간단한 시험을 본 후, 이 점수를 토대로 상위 1명, 하위 1명, 중간 2명으로 편성하였다.** 조원들은 2주간 같이 공부하고, 재시험의 평균 점수에 따라 조원들의 수행평가 점수가 결정되었다. 2주 동안 6번의 사회문화 수업 중 1차시에는 조를 구성하고 조원 간 계획을 상의하였다. 2차시에는 선생님이 내용을 설명하였다. 4차시에는 조별 발표를 하였다.

우리 조원들은 계급과 계층의 개념 이해를 어려워하였다. 조별 발표를 하는 4차시 전까지 개념을 이해해야 했기 때문이다. 우리 조는 수업시간으로는 충분하지 않다고 생각하여 쉬는 시간, 점심시간, 청소시간 등을 활용하여 같이 학습하였다. 모둠장이 개념을 설명하면 조원들이 문제를 풀어오는 방식으로 공부를 하였다. **모둠장의 부담감이 컸다. 조원들도 자신이 공부하지 않으면 조원들에게 피해를 주기에 열심히 하였다.**

4차시에 우리 조는 사회 계급을 발표하였다. 무작위로 선택된 3문제를 풀어 설명하는 발표를 하였다. 발표 후, 학생들과 선생님의 피드백을 받아 부족했던 부분을 다시 학습하였다. 다른 조의 발표를 들으면서 몰랐던 내용을 배우고 오류를 지적하기도 하였다. 그렇게 2주가 지나고 마지막 수업 날은 재시험을 보았다. 우리 조는 **모두 첫 시험보다 높은 점수를 받았다.**

이질집단 모둠 구성

보상구조
1차시: 조 편성, 2차시: 교사의 이론 설명

3차시: 조별 학습

4차시: 조별 발표

마지막 차시: 평가

협동학습의 집단편성에서 동질집단 편성은 같은 성별, 비슷한 수준의 학업성취도, 성격의 유사성 등을 고려하여 비슷한 성격의 학생들을 모아 집단을 편성하는 방법이다. 학생들 간의 유대감은 높아질 수 있으나, 집단이 폐쇄적으로 변하여 집단 간 활발한 상호작용은 기대하기 어려울 수 있다. 이질집단 편성은 다른 성별, 다양한 학업성취도 및 성격 등 다양한 특성을 가진 구성원으로 집단을 편성하는 방법이다. 이질집단 편성은 학생들 간의 유대감 형성이 오래 걸린다는 단점이 있으나, 비고츠키의 근접발달이론에 의거하여 서로 간의 이질성이 발달 촉진을 유발할 가능성이 크다.

사례 73 평가 결과를 기준으로 고른 분포의 모둠을 구성하고 직소II와 모둠
성취배분(STAD) 학습 모형을 적용한 수업(영어)

고등학교 영어 시간에 **직소II**와 **모둠성취배분(STAD) 방식**을 **활용한 협동학습**을
진행하였다. 조편성은 시험점수를 토대로 적절히 균형을 맞추어 5~6명 정도로 선생
님이 임의로 구성하였다. 모둠에서는 조원이 각자 맡은 지문을 같은 조원들에게 잘
설명하기 위하여 학습하였다.

발표 당일, 같은 지문을 맡은 학생들이 모여 전문가 집단을 만들고 여기서 내용
을 수정·보완한 후, 최종적으로 본래 모둠에서 조원들에게 발표하였다. 또한 시험
을 보고 조별로 향상점수를 종합하여 향상점수가 가장 높은 조에게는 **보상을 제공**하
였다. 당시에는 수업방식이 부담스럽고 힘들었지만, 결과적으로 수업에 집중하고 성
취도가 향상되었다.

〈직소(Jigsaw, 과제분담학습) 수업모형〉

직소 수업모형의 특징은 소집단 구성이 이질적이며 구성원들 간의 협력 및 조력이 있어
야 전체 과제가 완성되는 구조라는 것이다. 직소 수업모형은 직소 I 과 직소 II 로 구분한다.

직소 I

직소 I 수업모형의 수업 절차는 다음과 같다.

① 모집단(혹은 소집단) 활동: 첫 단계로 모집단 활동은 교사의 수업에 관한 설명과 소
집단 내 구성원별로 하위주제를 선정하거나 역할을 선정하는 활동으로 이루어진다. 첫 단
계에서 모집단 구성은 [(A1+A2+A3+A4), (B1+B2+B3+B4) …]와 같은 형식으로 이
루어진다.

② 전문가 집단 활동: 두 번째 단계에서는 각 소집단에서 동일한 하위주제를 맡은 구성
원끼리 따로 모여 해당 하위주제를 심층 연구한다. 전문가 집단의 구성은 [전문가 1팀
(A1+B1+C1+D1), 전문가 2팀(A2+B2 +C2+D2) …]와 같은 형식으로 이루어진다.

③ 모집단(혹은 소집단)으로 돌아가 설명(혹은 학습): 세 번째 단계에서 전문가들은 모집
단으로 다시 돌아가 각자 하위 주제별로 학습한 것을 다른 구성원에게 설명한다. 모집단 구
성은 [(A1+A2+A3+A4), (B1+B2+B3+B4) …]와 같은 형식이다.

④ 평가: 마지막 단계에서 학생들은 전체과제를 개인별로 평가받는다.

직소 I 은 개인별 점수를 보고하나 집단점수를 산출하지 않는다. 그래서 전체과제를 해결
하기 위해서 소집단 내 구성원이 협동해야 하기 때문에 상호의존성은 높으나 보상의존성은
낮다. 직소 I 의 문제점은 개인별 평가만 하기 때문에 동료를 도와주려 하지 않을 수 있다.

즉 학습결과에 대한 집단보상이 없기에 적극적으로 동료를 도와주려고 하지 않는다. 그래서 직소 Ⅱ가 고안되었다.

직소 Ⅱ

직소 Ⅱ 수업모형의 절차는 다음과 같다.
① 모집단 활동: 직소Ⅰ과 동일
② 전문가 집단활동: 직소Ⅰ과 동일
③ 모집단으로 돌아가 설명: 직소Ⅰ과 동일
④ 평가: 전체과제를 개인별로 평가받는다(직소Ⅰ과 동일).
⑤ 소집단(혹은 모집단) 점수 산출 및 소집단별 보상:
  - 소집단 점수=개인별 향상점수의 평균(개인별 향상 점수의 합/구성원 수) (STAD와 동일하다)

직소 Ⅱ는 Slavin이 직소Ⅰ을 보완한 모형으로, 기존 직소1의 집단보상구조와 성공기회의 균등을 보완하였다는 것이 가장 큰 특징이다. 이후, 직소Ⅲ는 직소 Ⅱ가 소집단으로 돌아가 학습을 마친 후 바로 평가를 하기 때문에 충분한 연습(학습)이 안된다는 단점을 보완하였다. 그래서 직소Ⅲ는 소집단 학습이 끝난 후에도 일정 시간 평가를 대비한 소집단 학습 기회를 추가하였다.

〈직소Ⅰ과 직소Ⅱ의 비교〉

		1) 모집단 활동
		2) 전문가 집단 활동
직소 Ⅱ	직소 Ⅰ	3) 모집단으로 돌아가 학습
		4) 개인별 평가
		5) 소집단별 보상

〈STAD(student teams achievement division, 성취과제분담학습) 수업모형〉

STAD는 Slavin이 고안한 수업 모형이다. STAD를 구성하는 5가지 구성요소는 교사 설명(안내)(class presentation), 소집단 학습, 퀴즈(평가), 개인 향상점수, 소집단 보상이다. STAD는 특히 수학교과에 매우 효과적인 것으로 나타났다. STAD의 절차와 특징은 다음과 같다.
① 교사 설명
② 소집단 학습: 이질적으로 팀을 구성한다. 소집단 내에서 서로 도와주며 학습한다. 과제

분담을 한다.

③ 평가: 소집단 학습 후 집단에 무관하게, 모두 개별적으로 평가한다. 평가에서 서로 도와 줄 수 없다. 평가에 활용되는 점수 산출 방식은 다음과 같다.

- 개인별 기본점수: 이전에 치른 퀴즈 점수의 평균(혹은 과거 점수)
- 개인별 향상점수: 기본점수에 비해 향상된 점수(이번 수업의 퀴즈 점수가 기본점수에 비해 얼마만큼 향상이 되었는가?)
- 소집단 점수: 개인별 향상점수의 평균(개인별 향상점수의 합/구성원 수)[혹은 소집단 구성원의 평균점수]

④ 보상: 소집단 점수를 기준으로 집단별 보상이 이루어진다.

사례 74 시를 해석에 기반하여 나만의 소설 쓰기 후, 투표를 통하여 잘 된 작품을 선정하고 보상을 실시(국어)

모둠별로 토의 및 학습지 활동

고등학교 문학 시간에 모둠별로 '님의 침묵'을 읽고 서로 토의하여 작품과 관련된 문제의 답을 학습지에 작성하였다. **선생님은 엉뚱한 답이라도 존중하고 새로운 시각으로 수용하였다.** 그래서인지 다른 과목에 비해 문학시간만 되면 소극적 학생도 적극 참여하였다.

시를 해석에 기반하여 나만의 소설 쓰기(학습지)

모둠별 학습지 활동이 끝나자 선생님은 또 다른 학습지를 주었는데 내용은 〈나만의 소설 만들기〉라는 제목이 적혀 있었다. 학생들은 당황하는 모습이었지만 글쓰기를 좋아하는 나에게는 흥미로웠다. ① 내용은 각자 해석한 시를 바탕으로 자신만의 소설을 쓰고, ② 모둠에서 무기명으로 서로의 것을 읽고, ③ 가장 잘 된 소설을

보상

투표하여 ④ 우수학생에게 보상을 하는 것이다. 아이들은 어려워하였지만 **보상 때문에 집중하며 열심히 하였다.**

학생들은 대부분 전지적 작가 시점으로 소설을 쓰고 있었다. 나는 색다른 소설을 써보고 싶어서 시를 바탕으로 남자의 시점과 여자의 시점을 나누어 남녀의 연애 스토리를 써보았다. 남자와 여자의 생각 차이를 보여주는 소설이었다. 글쓰기를 마치고 무기명으로 서로의 것을 읽고 투표를 하는데 놀랍게도 내가 가장 많은 표를 받아서 선생님에게 보상을 받았다. 선생님은 내가 이과생답지 않게 감수성이나 표현력이 뛰어나다며 '문학소녀'라고 불렀는데 그 날도 "역시 10반의 문학소녀답네!"라고 말하였다.

마무리: 교사와 함께 작품 해설

마지막으로 선생님과 함께 작품을 해석하고 수업을 마무리하였다. 학생이 작품

을 스스로 재해석하는 활동을 하면서 작품을 쉽게 이해하였다.

사례 75   모둠별로 협력하여 관동별곡을 해석하고 그림으로 표현하여 발표함(국어)

고등학교 고전 문학 시간에 **관동별곡을 해석하고 그림으로 표현하는 활동을 하였다.** 조별로 관동별곡의 특정 부분을 맡아 해석하고 그것을 도화지에 그림으로 표현하였다.

우리 조는 정철이 봉우리 위에서 경치를 내려다보며 느낀 심경을 토로하는 부분을 해석하였다. 보통 고전 문학은 화자가 외로움을 느끼든, 임을 그리워하든 그저 암기의 대상에 불과하였다. **학생들은 열심히 수업활동에 참가하였다.** 글을 해석하고 조원들과 해석한 것을 공유하고 토의하였다. 서로의 의견을 듣고 조율하는 과정에서도 말이 어렵거나 이해가 어려운 부분은 선생님에게 질문하였다. **선생님은 단지 조력자 역할만 하였다.** 조별로 해석을 정리하고 해석을 토대로 도화지에 그림을 그렸다. 조별 활동 후 **조별로 한 명이 나와 그림을 설명하였다.** 설명 중 오류가 있으면 선생님이 바로바로 **피드백**을 하였다.

동료들과 생각을 공유하고 그림으로 표현하고 발표하는 활동을 하면서 그 동안 지루하였던 고전문학 수업이 재미있게 다가왔다.

조별로 작품을 해석하고 그림으로 표현

조별로 그림 내용 발표

사례 76   친숙한 대중가요에 관동별곡 내용을 개사하여 모둠별로 발표하는 활동에 적극 참여하였고 학습내용이 오래 기억됨(국어)

고등학교에서 **관동별곡을 대중가요에 맞춰 개사하여 부르는 수업을 하였다.** 먼저 선생님이 작품내용을 설명하였고 마지막 시간에 조별로 개사한 노래를 발표하였다. 선곡을 위해서 수업 전에 반납했던 휴대폰 한 개만 조별로 돌려받아 노래를 찾았다. 우리 조는 당시 유행하는 노래를 선정해서 개사를 하였다. 관동별곡을 모두 함축하여 개사하면 깊이가 적어지기 때문에 선생님은 주제별로 나눠서 개사를 하도록 지도하였다. 우리 조는 정철이 임금에 대한 고마움과 충성심, 사랑을 표현하는 부분을 개사하였다.

학생들은 개사 과정에서 단어 하나하나에도 신중을 기하며 의견을 나누는 등 **적극적으로 참여하였다.** 조별로 노래를 완성하기 위해 불러보는 소리로 **떠들썩했고 활발하였다.** 즐거운 수업분위기 속에서 시간이 빠르게 지나갔다. 선생님은 몇 분 남았

교사의 내용 설명 → 조별 노래 선곡과 연습

는지 말하였고 시간이 다 되어갈 때까지도 **교실 열기는 뜨거웠다.**

발표시간이 되고 첫 조가 앞으로 나와서 일렬로 줄을 서서 개사한 노래를 불렀다. 한 조 한 조 발표할 때마다 서로 민망해 하면서도 재미있어 하였고 나름 진지하게 서로를 평가하였다. 노래 발표를 마치고 선생님이 **학생들의 호응 및 평가와 작품의 대한 이해 정도를 고려하여 평가를 한다고** 하면서 수업이 끝이 났다.

이 수업이 좋은 이유는 첫째, 학습내용, 각 조가 발표한 내용이 아직까지 **생생히 기억나기 때문이다.** 둘째, 모두 **적극적으로** 참여하였다. 셋째, 개사활동을 하면서 이전에 학습한 내용을 **복습**하였다. 학생중심수업이 무엇인지 정확히 모르지만, 이 수업에서 모든 조가 자발적으로 **즐겁게 참여하였다.**

사례 77 모둠별로 문제 풀기, 앞에 나가서 문제풀이 설명, 수업 끝에 발표를 잘 한 학생에게 칭찬 포스트잇 주기(국어)

국어 선생님은 항상 어떻게 하면 수업을 즐겁게 할 수 있을지 고민하는 게 눈에 보일 정도로 매 수업마다 열정적으로 수업을 하였다. 밖에 나가서 시를 쓰거나, 모둠별로 화이트보드에 답을 적어 발표하는 등 다양한 활동을 하며 수업을 하였다. 특히 문법수업이 가장 기억에 남는데 이유는 학생들이 수업 마지막에 **어떤 학생이 무엇을 어떻게 잘하였는지를 포스트잇에 적고 이 칭찬포스트잇을 해당 학생에게 주었기 때문이다.**

발표와 설명을 잘 한 학생에게 칭찬 포스트잇 주기

1교시: 모둠별로 문제를 풀기
2교시: 앞에 나가서 동료들에게 내가 맡은 문제풀이를 설명

문법수업에서 여태까지 배운 문법을 복습하는 차원에서 모둠별로 문제 일부분을 맡아서 푼 후, 앞에 나가서 스크린에 문제를 띄우고 설명하였다. 두 시간 수업 중 한 시간은 조별로 문제를 풀면서 어떻게 설명할지 생각하고 다음 시간에 발표하였다.

먼저 선생님은 모둠별로 문제를 할당해주었다. 우리 모둠은 앉은 순서대로 문제를 맡았다. 문제에 관련된 개념을 학습하고 어떻게 설명하는 것이 좋을지 시뮬레이션도 하였다. 우리는 선생님에게 질문하거나 같은 조원에게 물어가며 준비를 하였다. 다음 시간, 우리 조는 앞으로 나가서 발표를 하였다. 발표자가 스크린 앞에서 설명하는 동안 다른 조원은 스크린 옆에서 대기하였다. 내 문제 순서가 와서 나는 스크린으로 다가가 떨리는 마음으로 겨우 발표를 마쳤다. 발표가 끝나고 안도의 한숨을 쉬며 다른 친구의 발표를 마저 들었다. 나는 동료의 발표를 들으며 포스트잇을 줄 잘한 친구를 정하고 있었다.

118 Part 02 좋은 수업의 실제

모든 발표가 끝나고 수업을 마친 후 교실에 돌아오니 내 책상에 포스트잇이 6개나 붙어있었다. 포스트잇에 이름과 칭찬이 적혔는데 '인터넷 강의 같았다.', '목소리가 크고 설명을 잘하더라.' 등이 적혀있었다. **아직까지 기억이 날 정도로 고맙고 자신감을 심어준 말이었다.**

수업 끝에 발표를 잘 한 학생에게 잘 한 활동을 적은 칭찬 포스트잇 주기

〈협동학습 수업모형〉

Johnson & Johnson(1994)은 수업에서 소집단에서 목표 달성을 위해 구성원 간에 전개되는 상호작용인 학습목표구조를 협동학습구조, 경쟁학습구조, 개별학습구조로 구분하였다. 이를 차례대로 알아보면 다음과 같다.

첫째, **협동학습구조**에서는 소집단에 공통의 학습목표가 주어지고 이 목표를 달성하기 위해 구성원이 협동학습을 하게 된다. 이 과정에서 동료가 성공해야 나도 성공함을 인식하는 긍정적 상호의존성이 생긴다. 그래서 모두에게 이익이 되는 결과(목표달성)를 위해 같이 협동학습을 하게 된다.

둘째, **경쟁학습구조**에서는 소수의 학생만이 목표를 달성할 수 있는 구조로, 목표 달성을 위해 서로 경쟁적으로 학습하게 된다. 경쟁학습구조에서는 동료가 실패해야 내가 성공함을 인식하는 부정적 상호의존성이 생긴다.

셋째, **개별학습구조**에서는 동료의 목표달성이 나의 목표달성에 영향을 미치지 않는다. 동료와 무관하게 나는 목표달성을 위해 혼자서 공부를 하게 된다. 따라서 나의 목표달성에만 관심을 갖게 된다. 나는 동료의 성공과 실패에 관심이 없고 오직 나의 목표달성을 위해 노력하게 된다.

연구에 따르면 위의 3가지 목표구조 중 협동학습구조의 학업성취 효과가 가장 큰 것으로 나타났다. 협동학습은 다음과 같은 특징을 가진다. 첫째, **집단목표**가 있다. 둘째, 목표가 구체적이어서 **목표인식도**가 높다. 집단의 구성원은 구체적 목표달성을 위해 구체적 활동을 한다. 셋째, 협동학습에서는 동료 간에 **긍정적 상호의존**이 발생한다. 넷째, 협동학습에서는 **대면적 상호작용**이 발생한다. 특히, 3인치 거리에서 대면적 상호작용을 할 때 물리적, 심리적 상호작용이 발생하는 것으로 보고되고 있다.[1] 다섯째, 집단의 구성원은 동료에 대해 개별적 **책무성**(개인적 의무와 책임)을 진다. 여섯째, 팀 구성이 이질적일수록 활발한 상호작용이 나오며 이럴 때 인지발달이 촉진된다. 일곱째, 협동학습을 위해서는 **충분한 학습시간**을 제공해야 한다. 여덟째, 구성원이면 누구나 능력에 무관하게 집단의 목표달성에 기여할 기회를 가져야 한다. 아홉째, 협동학습에서는 **집단보상**이 있다. 마지막으로 협동학습은 과제수행 종료 후, 반성의 시간을 가지면서 **사회성**이 발달하고 응집력이 높아지는 집단과정(group process)이다.

---

[1] 3인치(약 8센치) 거리에서 말하고 들을 수 있을 정도의 낮은 소리로 서로 얼굴을 맞대고 의사소통을 할 때 심리적 상호작용이 발생한다(임선비, 1997).

협동학습의 결과로 얻을 수 있는 것들은 다음과 같다.[10]

(1) 태도와 가치: 협동학습은 협동적 태도와 가치를 기르는 데 중요한 역할을 한다.
(2) 친사회적 행동: 협동학습은 친사회적 행동의 모델을 제공하는 환경을 만든다.
(3) 다른 견해와 관점: 협동학습은 다른 견해와 관점들이 조화를 이루는 환경을 제공하는데, 이를 통해 합리적 태도와 가치를 형성하게 된다.
(4) 통합된 정체성: 반복적이고 사회적인 상호작용을 통해 일관되고 안정된 견해를 가지게 되고, 이를 통해 통합된 정체성을 가지게 된다.
(5) 고등 사고 과정: 협동학습과정에 적극적으로 참여함으로써 비판적 사고력, 추리력, 문제해결력 등의 고등사고능력이 향상된다.

협동학습의 구성요소(활동요소)로는 **교사와 학생의 상호작용, 학생과 학생의 상호작용, 과제 분담과 자료, 역할기대와 책임**이 있다.

협동학습 효과가 발생하는 원천에 관한 이론은 다음과 같이 동기론, 사회적 응집이론, 인지이론(인지발달, 인지 정교화 이론), 연습이론 등이 있다.[11]

첫째, **동기론**은 단순히 상호작용한다고 학업성취의 효과가 나타나지 않으며, 상호작용을 증대시키는 개별적 책무성과 모둠보상이라는 동기를 제공해야 학업성취의 효과가 나타난다고 주장한다. 따라서 동기론에서는 협동적 보상구조를 강조하며 상호작용을 최대화하기 위하여 개별적 책무성과 모둠보상을 강조한다. 동기론을 주장하는 대표적 학자는 슬라빈, 존슨이며 대표적 모형에는 STAD, TGT 등이 있다.

둘째, **사회적 응집이론**은 협동학습의 효과가 발행하는 원인은 동기론과 유사하지만, 학습자가 타인을 도와주는 본질적 이유는 그가 타인을 고려하고 타인의 성공을 진정으로 원하기 때문이라고 한다. 따라서 자기보상 측면보다 집단적 응집력 차원을 강조하며 집단형성 활동이나 집단 자체 평가활동을 강조한다. 학자로는 Cohen, Aronson 등이 있으며 대표적 모형으로 직소모형, 집단조사(GI), 함께 학습하기(LT) 등이 있다.

셋째, **인지발달이론**은 과제를 수행하며 겪는 상호작용이 인지적 갈등을 일으키고, 근접 발달영역에서 높은 수준의 사고를 보고 배우는 과정을 통해 학습이 일어나기 때문에 학업성취효과가 나타난다고 주장한다. 따라서 인지발달이론에서는 토론, 논쟁, 타인 의견 경청의 기회를 제공하는 것을 강조한다. 대표적 학자로 피아제, 비고츠키 등이 있다.

넷째, **연습이론**은 자료를 연습하고 숙달하는 과정에서 학습이 일어난다고 주장한다. 그래서 협동학습도 숙달, 연습의 기회를 제공할 것을 주장한다. 로젠샤인의 직접교수이론(DI)이 대표적이다.

마. 동료교수법(발표, 멘토-멘티, 짝활동)

사례 78 학생이 발표 계획서 제출, 자료 준비, 진행 및 발표를 주도한 수업(국어)

고등학교 때에 학생이 PPT 제작부터 내용설명, 진행을 모두 하는 수업을 하였다.

우리 모둠은 수업 하루 전까지 어떤 내용으로 어떻게 진행할지 계획서 및 자료들을 제출하였고 당일에 학습지를 나눠주며 수업을 시작하였다. 모둠 조장은 교과서와 학습지를 번갈아 가며 봉산탈춤에서 짚어야 할 표현상의 특징, 극 갈래의 특징, 봉산탈춤의 사회적 가치와 소통으로서의 작품 의미를 설명하였다. 나는 수업 진행을 돕고 자료 및 PPT를 미리 제작하여 수업 발표하는 동안 내용에 맞게 PPT를 넘기는 역할을 맡았다.

계획서 제출 → 자료 준비 → 진행 및 발표

선생님은 뒤에서 중간중간에 우리가 설명하는 내용 중에 **부족한 내용을 보충하거나 잘 따라오지 못하는 학생을 지도**하였다. 학생들은 각 모둠이 설명하는 것을 들으면서 중요한 내용을 필기하고 학습지의 빈칸을 채우고 궁금한 것을 해당 모둠에 질문하였다. **질문을 받으면 모둠 안에서도 해당 부분을 맡은 학생이 답을 하고 그 뒤에 선생님이 보충설명**을 하였다. 수업 후반 정리부분에서 선생님은 부족한 점과 잘한 점을 말해주고 오늘 배운 내용을 복습하며 마무리하였다.

교사는 보조 역할

교사가 내용 정리 (마무리)

발표 전까지는 힘들고 준비하는 것이 부담되었다. 하지만 설명을 하려면 내용을 잘 이해해야 하므로 조원들이 서로 **도와가며** 자신이 공부한 것을 서로 가르쳐주는것이 좋았다.

오로지 학생들이 발표하고 설명하는 내용으로 수업을 하여서 보통의 교사 주도 설명식 수업과 달랐다. 발표하는 내용의 수준이 선생님 못지않게 완성도가 높았다. 모두가 참여하였고 **자유롭게 질문하고 답변하는** 등 수업분위기도 좋았다.

학생이 학습내용을 직접 준비하고 설명하고 교사는 보충설명하는 수업(지구과학)

발표자 선정 → 예습 → 자료 준비 및 제작 → 발표(설명) →교사 부연 설명

고등학교 **수업에서 학생이 교과서를 직접 설명**하는 수업을 하였다. 번호순으로 한명씩 돌아가면서 배울 내용을 직접 준비하고 설명하였다. ① 번호순으로 한명씩 발표할 부분을 정하였다. 나는 설명을 위해 교과서와 문제집을 통해 미리 예습을 하고 PPT를 제작하였으며 수업 대본도 만들었다. 또한 '어떻게 하면 이해하기 쉽게 설명할까?' 많은 고민을 하였다.

교사의 부연 설명

내 수업차례에서 ② 학생들에게 PPT를 보여주면서 준비한 것을 설명하였다. 발표하면서 학생들이 지루해 하지는 않는지, 어렵게 설명하는 것은 아닌지 확인하면서 진행을 하였다. 내가 미처 설명하지 못한 부분은 ③ **선생님이 뒤에 부연 설명을 하면서 수업이 끝이 났다.**

수업 준비하면서 여러 차례 해당 부분을 학습하였다. 동료들에게 잘 설명하기 위해서는 개념을 완벽히 이해하고 숙지해야 했다. 발표를 위해 해당 부분을 여러 번 학습하면서 선생님의 의도가 학생이 직접 교사가 되어서 수업을 준비하고 설명하기 위해서는 **이해와 예습이 필요하고 이러한 과정을 통해 교과내용을 잘 이해하도록** 하는 것임을 알았다. 이후 기말시험에서 나는 내가 설명한 부분을 모두 맞추었다.

학생이 일일교사가 되어 교과 내용을 준비·설명하고 교사가 보완한 수업(물리)

교사는 부연 설명 및 정리

고등학교 때 **학생이 일일교사가 되어서 진행**하는 수업을 하였다. 선생님은 학생이 발표하면서 수업을 진행할 때 뒤에서 계시다가 발표가 끝난 후에 발표자가 **놓친 부분이나 잘못 설명한 점, 잘 답변하지 못한 질문에 부연설명을 하고 요점정리를** 하였다.

일일교사로서 학생은 동료들의 입장을 잘 알기 때문에 표현하지 않아도 어떤 부분이 어렵고 이해되지 않는지를 알아서 더욱 자세하게 설명하였다. 또한 친숙한 비유를 들어서 설명하여서 개념을 쉽게 이해할 수 있었다. 발표자에게 **편한 마음으로 자유롭게 질문하는 분위기가 조성**되어서 조금이라도 이해가 되지 않거나 의문이 드는 점을 바로 질문을 통해 해결할 수 있었다.

발표자의 부족한 답변
교사는 힌트를 주며 학생 스스로 문제해결하도록 함

발표자의 답변이 부족하여 **모든 질문이 바로 해결되지 않고 깊이 있는 충분한 답변이 되지 않아** 아쉬웠지만 선생님이 도움을 주었다. 선생님은 질문에 대한 답을

바로 알려 주지 않고 **힌트**를 주며 학생이 스스로 문제를 해결하도록 하였다. 답을 바로 알려주시지 않는 선생님에게 불만도 있었지만 학생이 스스로 문제를 해결하면서 개념을 정확하게 이해할 수 있었다.

　　나는 수업을 준비하면서 정말 많은 공부를 하였다. 아무것도 모르는 상태에서 혼자 각종 자료를 찾아 예습하면서 **어려움이 많이 있었지만** '어떤 방식으로 설명해야 효율적으로 지식을 전달할 수 있을까?', '어떤 방식으로 개념에 접근해야 학생들이 이해할 수 있을까?' 고민하였다. 이러한 과정에서 개념을 이해하고 학습이 되었다. 발표할 때는 심장이 떨어질 것 같이 긴장했고, '잘못 설명하면 어떡하지?'라고 걱정하였다. 다행히 큰 문제없이 수업을 잘 마쳤고, 이후에 놀랍게도 한 친구가 와서 "너의 설명 덕분에 확실히 이해할 수 있었어."라는 말을 듣고 과목에 대한 **자신감**을 갖게 되었다.

사례 81　모둠별로 교과 내용을 학습하여 전체학생들에게 설명하고 교사 및 동료 평가를 가짐

　　고등학교 때 **조별로 교과 내용을 맡고 조원들이 돌아가며 발표**하는 수업을 하였다. 조별로 발표할 단락을 정하였었다. 우리 조는 온돌의 구조 중 굴뚝개자리, 고래개자리, 온돌의 장점에 관한 단락을 맡았다. 조원들은 자료를 수집하고 어떤 방식으로 수업을 할까 고민하며 학습지를 만들고 칠판에 그릴 그림을 준비하였다. 발표 순서를 정하여 조원 4명이 굴뚝개자리, 고래개자리, 온돌의 장점에 대해 설명하였다.

　　발표 후 선생님은 발표의 좋은 점과 개선할 점을 말씀하였다. 동료들도 피드백을 통해 발표에서 개선할 점, 좋은 점을 평가하였다. 준비하는 시간이 오래 걸렸지만 직접 준비하고 발표하면서 해당 단원을 잘 이해하게 되었다. 가끔 학생이 직접 발표수업을 하면서 수업분위기가 활발해지고 학습능률도 향상되었다.

교사평가, 동료 평가

사례 82　교과내용을 동료들에게 직접 가르치는 활동을 하며 동료들과 상호 작용하고 자신감이 생김(영어)

　　중학교 영어시간에는 **한 명씩 맡아 전체 학생들에게 설명**하는 수업을 하였다. 나는 어려운 'to 부정사'를 맡았다. 영어를 꽤나 잘해서 'to부정사? 껌이지'라고 생각하였다. 그러나 준비하면서 '애들이 헷갈릴 만하네!'라고 생각하였다. 선생님께 질문하였더니 선생님은 친절히 설명해주었고, 그 외에도 어디 잘못된 부분이 없는지 살펴주었다.

발표 당일 두근두근 떨며 앞에 나가서 준비한 PPT를 띄우고 교탁에 붙어서 준비한 대본만 보면서 그냥 책 읽듯이 시작하였다. 나름 칠판에 판서도 해가며 열심히 하고 있는데, 한 친구가 "to부정사는 언제 어떻게 쓰는 거죠?"라고 질문하였다. 돌아보니 초등학교 때부터 친하게 지내던 친구였다. 또 반을 살펴보니 학생들이 딴청 안하고 나에게 집중을 하고 있었다. 그때부터 긴장이 풀어지기 시작했고, 질문한 친구에게 "어머 너 이름이 뭐니? 영어 성적이 쓰레기일 것 같은 질문이구나?"라고 농담하며, to부정사를 설명하였다.

그러자 아이들은 '오~'라고 반응하였고, '네가 그런 것도 알아?'라는 놀란 표정을 하기도 하였다. 학생들의 반응을 보며 왠지 모를 **쾌감**을 느꼈고, 그때부터 경직되어 있던 손과 뇌가 완전히 풀렸다.

질문한 친한 친구에게 "알았니?", "내가 방금 뭐라고 했죠. ○○군?", "그럼 지금까지 내가 했던 내용을 잘 이해했는지 어디 ○○군이 다시 한 번 설명해봐요." 등의 가벼운 농담까지 했고 친구가 대답을 못할 때에 "집중을 안하는 친구군요", "안 봤지만 성적이 짐작되는 수준의 대답이네요"라고 했고, 학생들이 깔깔대며 웃었다. 나는 '내 한마디에 아이들이 어떤 반응을 보이며, 조금만 돌려서 설명하면 쉽게 이해하는구나'라고 생각하였다. 발표를 마치고 선생님이 5명의 학생들을 불러서 **格勵**해주었다. 이후로 나는 진짜 남들 앞에서 발표하는 것에 **자신감**이 생겼다.

사례 83 학생이 학습내용을 직접 준비하고 설명하는 수업. 깊이 있는 학습이 되지 않음

고등학교 한국사 수업은 학생이 직접 설명하는 방식으로 진행되었다. **조별로 돌아가면서 정해진 내용을 학급 전체 학생들에게 설명**하였다. 수업 중에 선생님은 뒤에 계시고 학생들의 주도하에 수업이 진행되었다.

학생주도, 교사는 보조역할

① 수업 전 발표 조는 맡은 내용을 판서하거나, 정리한 자료를 게시판에 게시하고 학습지를 나누어 주었다. ② 발표 조는 해당 내용을 설명하고 ③ 학생들은 설명을 듣고 조별로 함께 학습지를 채우며 공부하였다. 이 때, ④ 발표 조는 돌아다니면서 학생들의 질문을 받았다. 질문은 나머지 학생들이 조별로 예습하면서 만들어 온 것이다. 이런 방식으로 30~40분 정도 수업이 진행되고, ⑤ 마지막에 선생님이 중요한 부분을 짚어 주고 답변을 잘 못한 질문에 대한 설명을 하면서 수업이 마무리되었다.

판서, 학습지 배부 → 발표 → 학습지 활동 → 질의 응답 → 교사의 보충설명

수업을 준비하면서 어떻게 가르치면 학생들이 잘 이해할 수 있을까를 고민하였으나 해답을 찾기가 어려웠다. 또한 **전문가가 아닌 학생이 수업을 진행하기 때문에 깊이 있는 수업이 되지 않는다**고 생각하였다. 왜냐하면 예습하지 않는 학생도 많았고, 열심히 준비해서 가르친다고 해도 단기간에 공부하는 것이기 때문에 **한계가 있어 PPT를 읽는 경우가 대부분**이었다. 따라서 처음부터 끝까지 학생이 준비하고 운영하는 방식이 아니라 **학생들이 예습하면서 왜 배우는지, 무엇을 배우는지 고민하게 하고 중요한 것을 질문하면 그것에 대해 교사가 설명을 하는 것이 오히려 깊이 있는 학습이 될 것**으로 생각한다.

깊이 있는 학습이 되지 않음

학생이 맡은 단락(혹은 주제)만 공부하고 발표하면 **전체를 연결하여 이해하는 것이 부족**할 것이다. 다른 학생의 발표를 들으며 자신이 공부하지 않은 부분을 이해할 수 있겠지만, 학생이 발표하는 내용의 수준은 단편적 지식, 부분적 지식을 전달하는 수준에 지나지 않는 경우가 많다. 이 경우 학생이 발표하는 수준이 낮고 내용이 부족하면 나머지 듣는 학생들은 학습내용을 부분적으로 이해할 뿐이고 전체적으로 연결하여 이해하는 것은 어려울 것이다. 이 경우는 교사는 학생의 부족한 설명을 보충설명해야 하고 또한 단락별 혹은 주제별로 **파편화된 지식(내용)을 연결시켜 전체를 이해하도록 지도**해야 할 것이다.

모둠원들이 각각 다른 분야를 맡아 학습한 후 해당 내용을 다른 모둠원들에게 설명(국어)

이질 집단 편성

고등학교 국어 시간에 모둠이 **비문학 지문을 분석 및 요약한 뒤 모둠원들에게 설명**하는 수업을 하였다. 조 편성은 학생의 성취도를 기준으로 조별로 수준 차이가 나지 않도록 편성하였다. 선생님은 설명이나 진행 방식은 자유지만 학생들이 잘 이해하도록 발표를 준비할 것을 주문하였다. 또한 각 문단의 중심내용을 정리하고 교과서 예제를 풀고 문항을 설명할 것을 주문하였다.

모둠원들이 각각 다른 분야를 맡아 학습하고 → 모둠원들에게 설명

인문, 사회, 과학, 기술, 예술 5가지 분야 중 조원들은 상의한 뒤, 각각의 분야를 맡았다. 나는 취약한 과학 분야를 맡았다. 나는 열심히 준비했고 문제 풀고 답 맞추는 것에만 의미를 두지 않고 이게 왜 틀렸는지를 설명할 수 있도록 지문을 분석하였다.

내가 이해한 것을 조원들에게 설명하기 위해 학생들은 열심히 하였다. 다른 학생도 각자가 맡은 부분을 열심히 준비하였다. 시켜서 하는 것이 아니라 자발적으로 나서서 열심히 하면서 수업분위기도 좋아졌다. 문제를 분석하다 보면, 내가 요약한 지문의 내용이 새록새록 떠올랐으며 자칫 놓칠 수 있는 중요한 개념을 정리할 수 있었다.

학생이 직접 가르치는 방식은 나의 학습에 도움이 되었다. **내가 이해한 것을 다른 사람에게 가르쳐 주는 것이 내 공부에 도움**이 되었다. 또한 이러한 방식으로 수업을 하니 자는 학생들이 거의 없었다.

발표수업이 힘들었지만 책임감을 느끼고 유익하고 소중한 경험을 함(국어)

부담스럽지만 유익한 수업

고등학교 때 **각자가 시인을 맡아서 학습한 뒤 발표**하는 수업을 하였다. 한 학기 내내 진행된 이 수업에서 학생은 각자가 맡은 시인을 학습한 뒤 시인과 작품을 소개(발표)하였다. 배우는 것이 많은 **유익한 수업**이었다. 고등학교 3년의 수업 중 제일 **지루하지 않았지만 부담스러운** 수업이기도 하였다.

나는 발표가 가까워질수록 **부담**이 되었다. 하지만 잘하고 싶었고 내가 맡은 시인이 수능에 나오면 모두가 해당 문제를 맞혔으면 좋겠다고 생각하였다. 동료들도 비슷한 생각이었을 것이다.

발표 당일 다른 수업 발표가 겹쳐서 고등학교 3년 중에 유일하게 잠을 한숨도 못 잔 날이었다. 동료들이 도와줘서 PPT를 완성했고 발표 도중 긴장하자 동료들이 물을 건네고 박수를 쳐주었다. 그 때 이후 발표에 **자신감**이 생겼다. 당시에는 **힘들었지만** 지금 생각해보면 인생에서 **값진 것을 얻은 것 같다**. **힘들고 고생을 하였지만 책임감**이 무엇인지에 대해 **경험적으로 알게 된 그 시간이 값지고 소중하게 느껴진다**.

힘들지만 유익한 수업

좋은 수업이란 학생의 참여도가 높은 수업이라고 생각한다. 또한 장기적으로 나에게 **도움이 되고 유익하며**, 인생에서 올바른 지표가 되는 경험을 하는 수업이 좋은 수업이라고 생각한다. 그것이 동료에 대한 배려이든, 책임감이든, 트라우마 극복이든 무엇이든 말이다.

사례 86 일일 교사가 되어 발표하는 수업에서 동료들의 도움으로 발표를 잘 마무리하면서 동료들에게 감사했고 전체 학급분위기가 좋아짐(국어)

고등학교 국어 시간에 **학생이 일일교사가 되어서 발표를 하였다**. 한 명이 한 차시 분량의 교과내용을 예습하고 선생님을 대신하여 자유롭게 발표하였다. 발표시간은 30~40분 정도로, 수업시간의 60~80%를 차지하였으며 그 외 시간에는 질의응답과 선생님이 보충설명을 하였다.

학생 발표 → 교사의 보충설명

발표자가 발표내용을 정확히 이해하였는지 확인하기 위해서 질의응답 시간을 가졌는데 학생뿐만 아니라 선생님도 질문하였다. **보통 학생들은 질문하지 않았는데** 이유는 학생들이 이미 예습하였거나 모의고사 준비로 학습하였기 때문에 질문거리가 별로 없었다.

한번은 학업성취도가 낮은 학생이 발표를 하였다. 그 학생은 항상 수업을 잘 따라오지 못하였고 수업 후 선생님이 다시 설명해야 이해를 하곤 하였다. 그래서인지 수업시간에 유독 눈에 잘 띄었다. 그 학생에게 발표수행과제는 어렵고 힘든 과제이었지만 열심히 노력하여 맡은 '음운의 변동'을 무사히 잘 발표하였다. 이어진 질의응답에서 역시나 학급 **동료들의 질문은 없었고**, 선생님은 유음화와 비음화를 비교하여 다시 설명해보라고 하였고, 음절의 끝소리 규칙에 왜 시옷(ㅅ)이 포함되지 않는지, 결국 음운의 변동이 왜 발생하는지를 물어보았다. 선생님의 질문에 답할 정도로 음운의 변동을 정확히 이해하지 못한 발표자는 선생님의 질문에 당황하며 머뭇거렸다.

그 때, 동료들이 발표자료에서 유음화와 비음화의 관련 내용을 찾아 **발표자를 대신하여 선생님께 답변하였다.** 다른 학생들은 그사이에 '시옷은 디귿 발음', '발음하기 편하려고' 같이 발표자에게 **힌트를 주었다.** 발표자는 친구들에게 **고마워했고,** 첫 질문을 제외하고는 혼자 힘으로 선생님의 질문에 답하였다. 그 장면을 보며 나는 발표자를 도와주는 학급 동료들과 혼자 힘으로 질문에 답을 한 발표자, 그 장면을 대견하게 바라보던 선생님 모두가 **자랑스러웠다.** 이 수업 이후 학급분위기가 훨씬 친화적이 되었고 쉬는 시간에도 또래학습이 활발히 이루어졌다. 발표자에게도 '음운의 변동'이 오래도록 기억에 **남았을** 것이다.

사례 87 학생이 일일교사 역할을 하면서 수업의 주인공이 된 것 같은 기분이 듦(한국지리)

고등학교 한국지리 시간에 **학생이 교사가 되어** 특정 주제에 대해 먼저 가르치고 **선생님이 보충 설명을 하는** 수업을 하였다. 나는 '화산 지형'을 맡아서 열심히 준비를 하였다. 발표가 시작되자 나는 칠판 앞에서 준비한 참고서 등의 자료로 화산 지형에 대해 설명하였다. 칠판과, 전자칠판을 넘나들면서 **지도를 그려가며** 1차 화산, 2차 화산의 특징에 대해 설명하였다. 그 다음 제주도의 오름, 용암 동굴을 **실제 사진을 활용하여** 설명하였고 마지막으로 모의고사, **수능기출문제를 풀었다.**

뒤에 앉은 **선생님은 내 설명이 부족하여도 전혀 관여하지 않았다.** 발표가 끝나자 선생님은 앞에 나와서 내 설명 중 틀린 부분, 빠트린 부분에 대해 **보충 설명을 하였다.** 또한 학생들에게 박수를 유도하였다. 박수를 받았을 때의 기분은 너무 좋았다. 학생들은 내 발표를 흥미를 갖고 집중하면서 들었을 뿐만 아니라, 수업 후에도 질문을 하였다. 수업의 **주인공이 된 것 같은 기분이 들었다.**

사례 88 '성과 사랑의 의미', '성차별과 성 소수자 문제', '성의 자기 결정권'과 상품화 문제에 대해 학생이 주도적으로 발표수업을 하면서 사회 문제에 대한 담론을 형성하고, 다양한 시각으로 세상을 바라보게 됨(윤리)

생활과 윤리 과목에서 **모둠별로 발표수업**을 하였는데 한 모둠이 50분을 최대한 활용하여 발표하였다. 3주동안 매 시간마다 한 모둠이 50분 동안 발표수업을 진행하였다.

　　교과서의 **대단원 1개를 맡아서 조원들과 교과서를 학습하고 발표**할 내용을 추출하고 재구성하여 발표하였다. 교과서의 모든 단원의 진도가 끝나면 다시 첫 단원으로 돌아가서 같은 단원을 다른 조가 발표수업을 하였다. 복습과 같은 맥락이다. 대개 PPT를 준비해서 발표하였는데 발표자의 인원은 자유로웠다. 대단원을 소단원 단위로 쪼개어 조원들이 돌아가며 발표해도 되고 대표자 한 명이 발표해도 되었다. 발표하는 동안 선생님은 뒤편에서 학생들과 함께 수업을 들으며 **평가**하였다.

대단원 전체를 하나의 모둠이 발표

　　우리 조는 '성과 사랑의 윤리' 대단원을 ① '성과 사랑의 의미', ② '성차별과 성소수자 문제', ③ '성의 자기 결정권과 상품화 문제'의 세 가지 소단원으로 **구분하여 발표**하였다. 목차를 소개하고 내용을 소개하며 질문으로 수업을 시작하였다.

3가지 주제

　　첫 질문은 '사랑을 하면 신체적인 접촉을 원하는 이유가 무엇일까?'이었다. 처음부터 개념을 설명하기보다 흥미를 끄는 질문을 던짐으로써 주의를 집중시켰다. 눈치를 보는 학생, 손을 들고 자신의 생각을 말하는 학생 등 다양하였다. '스킨십을 통해 서로의 마음을 확인하기 위해서'라는 답변이 가장 많았다. '플라토닉한 사랑을 할 수도 있지 않은가', '스킨십으로 사랑을 확인하겠다는 것은 원하지 않는 신체적 접촉의 강요가 될 수 있다' 등의 이견도 있었다. **수업분위기는 가볍게 대화하듯 서로의 생각에 동의하거나 반대하고 또 추가 내용을 덧붙이기도 하는 자유로운 분위기였다.**

1) 성과 사랑의 의미

　　우리 조는 '같은 질문에 이렇게 다양한 답변이 나오는 만큼 성과 사랑에 대해 학자들 또한 다양한 정의를 내리고 있다.'라고 말하고 관련 개념을 설명하였다. 생식적 가치, 쾌락적 가치, 인격적 가치의 개념에 대해 설명하며 "여러분은 성의 어떤 가치를 중요시 여기나요?"라고 질문하였다. 대부분 '인격적 가치'를 지지하였지만 '생식적 가치'의 중요성을 지지하는 학생들도 있었고, '쾌락적 가치'를 우선으로 한다는 학생도 한 명 있었다. 이러한 의견들을 정리하며 성과 사랑을 바라보는 세 가지 관점인 '보수주의, 중도주의, 자유주의'로 설명을 이어감으로써 해당 개념을 설명하였다. 또 교과서에 나오는 '스턴버그의 사랑의 삼각형'을 도형을 활용해 설명해주고, 이성 친구와 교제한다면 상대에게 삼각형 중 어떤 점을 요구할 것인지를 질문하면서 자연스럽게 성과 사랑에 대한 논의를 이어갔다. 또한 당시 사회 이슈인 '미투 운동' 관련 기사를 자료로 활용하여 인간 존엄성을 훼손하는 성범죄에 대해 경각심을 갖자는 메시지를 전달하였다.

이론 설명: 생식적 가치, 쾌락적 가치, 인격적 가치

관점: 보수주의, 중도주의, 자유주의

다음 소단원 '성차별과 성적 소수자'에서 '여성스럽게'와 '남자답게'처럼 성 역할 고정 표현을 들었던 경험을 공유하였다. 학생들은 일상에서 무심코 넘겼었던 성차별적 표현에 대해 토로하고, 왜 수동적, 정적, 수용적, 유약함, 섬세함 등의 이미지에는 여성성을 부여하고, 능동적, 진취적, 의지적, 강함 등의 이미지에는 남성성을 부여하는지 의문을 가지고 언어 속에 존재하는 성차별에 대해 논의하였다.

성적 소수자 주제에 대해서는 **퀴어 퍼레이드**를 바라보는 긍정과 부정의 인터뷰 영상을 시청하고 이를 논점으로 **찬반양론토론**을 진행하였다. 찬성 입장은 '평소 성 소수자로서 자아를 억압당하던 퀴어들이 스스로의 존재를 사회에 알릴 수 있는 방법이다.'라고 주장했고, 반대 입장은 '공공장소에서 음란행위를 함으로써 미풍양속을 해치고 아동에게 정서적으로 해롭다.'라고 주장하였다. 몇 분간의 토론 끝에 우리는 '성소수자들의 건전한 자아 확립을 위해, 그리고 사회의 다양성을 이해하고 존중하기 위해 **퀴어 퍼레이드를 찬성하지만**, 음란하거나 퇴폐적인 행위는 제지되어 **보편적 도덕윤리는 지켜져야 한다**.'는 결론을 내렸다. 이 같은 활동들을 통해 평소 깊게 다뤄본 적 없던 성차별과 성소수자 문제에 대해 진중하게 생각해볼 수 있었고, 친구들과 서로 다른 의견을 공유하며 다양한 관점과 시각으로 해당 문제들을 바라보고 협의하는 방법을 배웠다.

마지막으로 '성의 자기 결정권과 상품화 문제'에서 사진자료를 많이 활용하여 직관적으로 주제를 전달하려고 하였다. 청소년용 콘돔 자판기 사진과 첫 성관계 연령에 관한 그래프를 제시하며 두 자료가 시사하는 바에 대해 질문했고, '책임질 수 있는 주체적 결정'이란 개념을 논의하였다. '**청소년도 성의 자기 결정권을 가질 수 있고 책임질 수 있으며** 타인의 성의 자기 결정권을 침해하지 않는 범위에서 **이를 행사할 수 있다**'와 '성인이 청소년의 성의 자기 결정권을 남용하여 범죄를 정당화할 가능성이 있으므로 청소년을 대상으로 한 성범죄에서는 **청소년의 성의 자기결정권 부여를 논외로 하자**' 등 다양하고 깊이 있는 의견을 나누었다.

또한 성상품화가 쓰인 광고 사진들을 보여주고 과연 무슨 상품의 광고일지 예측하는 활동을 통해, 상품의 기능이나 장점에 대해 홍보하는 것이 아닌, 오로지 자극적인 시청각물을 이용해 소비자를 유인하는 광고방식을 비판하였다. **이 대목에서 학생들의 참여도가 가장 높았고**, 처음에는 단순한 호기심으로 사진자료에 집중하던 학생들이 나중에는 의중을 알 수 없는 광고 내용에 **분노하였다**. 이 같은 방법으로 '성상품화를 지양하는 선택적 정보 수용을 실천하자'라는 메시지를 명료하게 전달하였다. 발표 끝 부분에서 학습내용을 정리하고 **배운 것이 학습으로만 끝나지 않고 생활에서 실천으로 이어져 도덕적 사회를 만들기 위해 노력하자**는 언급으로 마무리하였다.

이 수업이 좋다고 판단한 이유는 첫째, '윤리' 교과의 진정한 **학습목표를 깨달을 수 있었기 때문**이다. 성차별이나 성상품화를 비롯하여 환경파괴, 실험윤리 등의 사회문제는 늘 존재하고 심각하지만 학업에 열중하는 학령기 고등학생은 깊이 생각해 볼 여유가 없었다. 하지만 이 수업을 통해 **사회의 각종 문제에 대한 담론을 형성할 수 있었고**, 다른 가치관을 지닌 동료들의 다양한 의견을 들어봄으로써 **다양한 시각으로 세상을 바라볼 수 있게 되었다**. 또한, 무심코 행했던 크고 작은 비도덕적 행동이 사회에 악영향을 미친다는 것을 알았고 반성하게 되었다. 수능에 출제될 수 있는 개념에 대해 잘 학습하지 못하여서 학업성취도가 저조했던 단점은 있으나, 개인적으로는 이 수업을 통해 윤리에 대해 **학습동기와 즐거움**을 얻었고 그래서 **자기주도학습**을 하여서 좋았다.

둘째, **발표능력과 수업을 이끌어가는 리더십을 배웠다**. PPT 활용방법을 배웠다. 발표자료를 수집하고 구성하는 과정에서 내용을 효과적으로 전달하고 자료를 활용하는 방법을 배웠다. 교과서 개념들과 핵심내용을 보기 쉽게 정리하여 뼈대를 만든 후, 개념을 부연 설명하고 뒷받침하는 시사자료를 수집해 활용하는 것을 배웠다.

사례 89 모둠별로 한 문단씩 맡아 역할을 나눈 후 발표(영어)

고등학교 영어시간에 모둠 구성원들이 역할을 나누어 서로 가르쳐 주고 발표하는 수업을 한 학기 내내 진행하였다. 수준별 수업으로 인해 다른 반 학생들과 섞이다 보니 분위기가 어색하였고 집중하기 적당한 긴장감이 흘렀는데 선생님은 이 점을 활용하여 모둠별 협동학습을 하였다. 한 번도 빠짐없이 모둠학습을 하였으며 단 한 번도 강의식 수업을 하지 않았다. 모둠은 한 달마다 새로 구성하여 모든 학생들과 함께 할 수 있었다. 조별로 본문을 한 문단씩 맡고 문법, 단어, 읽기, 문제내기로 각자의 **역할을 나누어 학습한 후 서로 가르쳐주는 모둠학습을 하였으며, 모둠별 학습이 끝나면 조별로 앞에서 발표**를 하였다.

단어를 맡은 학생은 단어의 의미와 부합하는 그림 또는 영상 자료를 찾았다. 문법을 맡은 학생은 본문에 나오는 문법을 찾아서 판서를 통해 설명하였다. 문법이 어려워서 이해가 되지 않으면 선생님이 부연 설명을 하였다. 읽기를 맡은 학생은 맡은 본문 부분을 읽었다. 듣기를 하면서 무음이 어디에 있는지 발음이 어려운 단어를 어떻게 발음해야 하는지 설명하였다. 문제내기를 맡은 학생이 단어, 문법, 내용 등을 짝짓기 문제, 빈칸 채우기 등의 문제를 내면 모둠원들이 맞추면서 본문을 학습하였다.

한 달마다 한 단락을 학습하였고 매달 돌아가면서 모둠원의 역할을 바꾸어서 취약한 부분을 보완하기에 좋았다. 모둠원끼리만 공부만 하는 것이 아니라 전체 발표를 하기 때문에 **모르는 부분을 그냥 넘어가지 않고 완전하게 학습하였다.**

한 번은 선생님이 본문의 단어를 영어로 설명하여 맞추는 **스피드 퀴즈게임**을 하였다. 학생이 모니터의 단어를 보고 영어로 설명(질문)하면 맞은편에 앉은 학생이 단어를 맞추는 것이다. 맞춘 학생은 맞은편으로 가서 줄을 서고 문제를 낸 학생은 맞은편 의자에 앉아서 단어를 맞추었다. 조별 대항전을 하여서 더욱 흥미로웠다.

사례 90 모둠별 학습 후 발표를 하고 모둠별로 평가를 하는 수업에 모두가 참여하고 협동심이 생김(생활과 윤리)

고등학교 생활과 윤리 시간에 **모둠별 학습 후 발표를** 하고 **평가를** 하는 수업을 하였다. 모둠의 리더가 모둠원들을 이끌면서 학습을 가이드하였다. 모둠별로 철학자, 학자 등을 한 명씩 맡아 학습하고 발표하였다. 발표가 부담되는 학생도 있었지만, 리더와 조원들의 독려로 열심히 참여하였다.

평가는 모둠의 협력을 유도하기 위하여 개인 단위가 아닌 **조별로 평가**하였다. 수업에 소극적인 학생도 자신의 발표가 모둠 점수에 들어가니 발표를 하지 않을 수 없었다. 평소 수업시간에 자는 학생들이 많았는데 이 수업만큼은 모두가 손을 들고 열심히 참여하였다. 모두가 빠짐없이 참여하면서 수업분위기도 활기찼다. 모둠활동을 하면서 **협동심과 책임감을 배웠다.**

사례 91 짝활동으로 동료 서로 가르치기를 하면서 책임감을 느끼고 서로에게 유익한 수업(독서와 문법)

고등학교 '독서와 문법' 시간에 짝끼리 학습범위를 나눠서 서로에게 설명하는 짝활동 수업을 하였다. 나도 한 단락을 맡아 학습하고 설명을 하고 있었는데 어느새신이 나서 짝에게 열심히 가르치고 있는 자신을 발견하였다. 한번은 짝이 끝소리 규칙의 대표음이 어렵다고 하였고 나는 끝소리 규칙의 대표음을 쉽게 연상할 수 있도록 도와주었다. 짝이 나의 설명을 듣고 어렵거나 이해가 안 가는 것을 질문을 던질 때 뿌듯하였다.

선생님은 돌아다니며 짝 학습이 잘 이루어지는지 관찰하고 학습에 어려움을 겪는 학생에게 설명을 하였다. 나중에는 복습뿐만 아니라 예습도 짝활동으로 진행되었다. 학생들은 맡은 부분에 대한 책임감을 느끼고 열심히 공부하였다. 서로에게 유익하였고 모두가 참여하는 수업이었다.

사례 92 문제풀이를 서로 도와주는 활동을 하면서 멘티는 동료의 도움으로 이해를 하고 멘토는 설명을 하면서 다시 개념과 풀이과정을 정리함(수학)

고등학교 수학시간에 **동료끼리 문제풀이를 도와주는 활동**을 하였다. 선생님은 ① 우선 이전 차시 복습과 본시 학습에서 개념을 설명하였다. 선생님은 이전에 학습한 내용과 묶어서 다시 하나하나 짚어가면서 설명을 하였다. 또한 설명 중간에 학생들이 개념에 대하여 이해하였는지를 질문으로 확인하였다. ② 개념 설명 후 문제를 풀었고, ③ 유사한 문제를 제시하여 학생들이 스스로 푸는 시간을 가졌다. 문제를 푸는 동안 이해가 안 되는 학생들은 손을 들어 선생님에게 도움을 청하였고 **문제를 모두 푼 학생은 주변에 아직 문제를 풀지 못한 동료를 도와주었다.** ④ **문제풀이를 마친 후 몇 명이 자원해서 칠판에 풀이과정을 설명하였다.** 학생들은 수업방식에 만족하였

교사의 이론 설명과 질문, 문제풀이 → 학생의 문제풀이 연습 → 먼저 풀이한 학생이 동료를 도와줌 → 칠판에 풀이과정 설명

으며 졸지 않고 수업에 참여하였다. 개념을 이해하지 못한 학생은 문제풀이 과정에서 동료의 도움으로 문제를 풀고 이해할 수 있었으며, 문제를 푼 학생도 동료에게 설명을 하면서 다시 개념과 풀이과정을 정리할 수 있어서 유익하였다.

〈또래 멘토링〉12)

최근 많은 학교에서 쉬는 시간이나 점심시간 등 자투리 시간을 활용해 학생들 서로 간에 가르쳐주고 돕는 또래 멘토링 활동을 장려하고 있다. 특히 인문계 고등학교의 경우 교대, 사대에 진학을 희망하는 학생들이 교사의 자질을 갖추기 위한 교수·학습 경험을 얻기 위해 참여하는 경우가 많고, 다른 학생들도 특정한 기술의 습득이나 봉사를 통한 인성교육의 일환으로 또래 멘토링에 많이 참여한다.

또래 멘토링에 참여했던 사례들을 보면 멘토링은 멘토와 멘티 모두에게 여러 긍정적인 효과를 가져오는 것으로 나타난다. 멘토 입장에서는 **자신이 알고 있는 내용을 동료에게 가르치는 과정에서 얻게 되는 지식의 재구조화를 통한 학력 향상과 함께 사회적 기술의 습득, 관계 증진** 등의 효과가 있고, 멘티는 마음이 맞는 또래 멘토의 경우 교사보다 한층 편한 입장에서 자유롭게 질의하고 집중해서 들을 수 있어 학습에 많은 도움이 된다. 그러나 몇몇 사례에서 보듯 또래 멘토링이 항상 성공만 하는 것은 아니다. 멘토와 멘티가 서로에 대한 믿음과 긍정적 자세로 서로를 대하지 않으면 성공을 거두기 어렵다. 결국 또래 멘토링의 효과는 멘토와 멘티의 특성(성격)과 함께 활동 내용, 멘토링 기법, 기간 등 여러 요인과 관련이 있다는 것을 알아야 한다.

〈또래 멘토링의 효과에 영향을 미치는 요인〉13)

- 멘토와 멘티의 요구에 기초한 결연과 재결연 시스템
- 멘토의 관계 형성 기술과 성실성
- 멘토링에 대한 멘토의 기대
- 멘티 교육
- 교사의 적절한 개입

또래 멘토링이 성공하기 위해선 무엇보다 멘토링 초기에 멘토와 멘티 간의 상호 우호적 관계를 맺는 게 중요하다. 서로 도움을 주고 받으며 함께 발전해 나가자는 기대와 신뢰가 있어야 한다. 이를 위해 지도교사는 멘토, 멘티의 요구사항과 특성을 사전에 파악하고 서로 같은 목표와 성향을 가진 학생들을 대상으로 멘토링을 맺어줘야 한다. 그러나 현실적으로 멘토와 멘티의 상황(성격, 여가 시간, 교재 선정 등)이 서로 조율되기 어려운 경우도 많은데, 이럴 경우엔 멘티의 입장을 먼저 헤아릴 필요가 있다. 멘토의 경우 멘티보다 적극적인 역할을 담당하고 있고, 성공적인 멘토링을 위해선 멘티의 자발적 참여가 가장 기본이 되기 때문이다.

멘토링이 이뤄지는 경우를 보면 처음엔 멘토와 멘티 모두 열심히 하고자 하는 적극적인 의지를 보이는 경우가 많다. 그러나 시간이 지나면서 멘토링 방법이나 내용, 태도 등에 대해 서로 간에 갈등이 생길 수 있다. 그래서 멘토링 초기 2~3개월 정도는 교사의 세심한 관찰이 필요하다. 만약 둘의 관계에 어떤 문제가 있다면 즉각 교사가 개입해 해결해 주거나 차라리 서로에게 새로운 멘토, 멘티를 연결시켜 주어야 한다.

멘토를 대상으로 한 멘토링 기술을 가르치는 것도 매우 중요한 일이다. 상대의 자존심을 건드리지 않는 언어사용법이나 감정표현 방법, 교수법 등 필요한 기술을 알려주어야 한다.

그뿐만 아니라 멘토가 책임감을 갖고 멘토링 활동에 참여할 수 있도록 수시로 격려하면서 지도해야 한다. 멘토링 활동의 실패사례를 보면 적지 않은 경우가 멘토의 불성실한 태도에 원인이 있다. 멘토가 개인적인 일로 멘토링을 미루거나 빠지는 경우, 또는 멘티에 대한 권위적인 태도나 무시하는 자세 등은 멘토링을 실패하게 하는 지름길임을 확실히 알려주어야 한다. 멘토링 초기 3달 이내의 잦은 집단활동이 멘토링 결과에 긍정적으로 영향을 미치기[14] 때문에 교사는 멘토가 성실한 자세로 멘티와 정기적으로 만나 활동을 유지할 수 있도록 지도 감독할 필요가 있다.

멘티를 대상으로 한 교육도 필요하다. 멘티의 무관심과 수동적인 태도는 멘토의 의욕을 꺾어 멘토링이 실패하는 주요한 원인이 됨을 수시로 인지시켜 멘토링에 적극적으로 참여할 수 있도록 해야 한다.

이러한 것들은 결국 모두 지도교사의 역할이 중요함을 의미한다. 사전에 멘토와 멘티에게 각자의 역할과 주의사항에 대해 충분히 교육하고, 멘토링 과정에서도 초기 몇 달간은 정기적으로 관심을 갖고 활동 상태를 점검할 필요가 있다. 특히 멘토와 멘티의 활동 빈도가 계획보다 적어질 때는 반드시 그 사유를 확인해 필요한 조치를 취해 주어야 한다. 그러면서 수시로 학생들을 격려하고 상황별로 필요한 도움을 준다면 성공적인 멘토링을 이끌 수 있을 것이다.

〈효과적인 또래 멘토링 운영 방안〉

단계	주요 활동
멘토링 안내 및 조직	• 멘토링 취지 안내 및 참여자 모집 • 멘토, 멘티 구성(이성 간 조직은 지양) • 멘토, 멘티 활용요령 및 참여방법 교육
멘토링 운영 간	• 멘토링 활동사항 확인 및 지도 • 수시 멘토, 멘티 개별/집단 상담, 격려
활동 종료 후	• 멘토링 활동경험 수합(멘토, 멘티) • 피드백(우수자 칭찬, 생활기록부 기록 등)

사례 93 교사가 모둠 조장을 가르치고, 각 조장은 모둠에서 조원들을 가르치면서 몰입도가 높아진 수업

고등학교에서 **교사가 모둠의 조장을 모아 가르치고 조장은 모둠에서 조원들을 가르치는** 수업활동을 하였다. 먼저 한 모둠을 구성하고 조장을 선발하였다. 조장의 역할은 본시학습내용을 예습하고 가르치는 것이다. ① 수업이 시작되면 학생들이 본시학습내용을 자습하는 동안 각 ② 조장은 교실 앞 한 구석에 모이고 선생님은 조장들에게 본시학습 내용을 핵심 위주로 설명하고 질문을 받고 대답을 하였다. 한 20분을 이렇게 진행한 후 ③ 조장들은 해당 모둠으로 돌아가 조원들에게 배운 내용을 나름의 방식대로 가르친다. ④ 이후 조원들이 서로 협동하여 학습지 문제를 모두 풀면 수업이 끝나게 된다. 학습지를 일찍 끝내 조는 그만큼 자유 시간을 많이 얻었다.

선생님은 조를 돌아다니며 조장이 조원들에게 설명을 하다가 막히면 추가 설명을 하고 문제풀이를 검토하는 등의 가이드를 하였다. 검토 후에도 학생들이 제대로 이해하였는지를 확인하기 위하여 추가 질문을 하였고 만약 맞추지 못하면 아쉽게도 자유시간은 사라졌다. 수업 **몰입도가 높은** 수업이었다. 학생들은 선생님보다 조장이 편해서 조장에게 질문을 많이 하였다.

바. 평가를 활용한 수업

사례 94 형성평가를 활용하여 학생들의 집중도를 높이고 그 결과를 생활기록부에 반영하여 학생들의 참여를 유도함(국어)

형성평가

고등학교 국어 선생님은 늘 지난 시간에 배운 내용을 간단히 복습하고, 진도를 나간 뒤 마지막에 **형성평가**로 수업을 끝냈다. 또한 본시학습 중에도 문제를 냈다.

평가결과 생활기록부에 반영

평가는 학습지의 문제를 조원끼리 생각을 공유하며 문제를 풀 수 있도록 5분의 시간을 줬다. 평가 결과가 생기부에 반영되기에 학생들은 평가점수를 잘 받기 위하여 5분 동안 서로 생각을 적극적으로 공유하고 책을 찾아보며 하나라도 더 맞추기 위해 최선을 다하였다. 가장 많이 맞힌 조는 3점, 두 번째로 많이 맞힌 조는 2점, 세 번째로 많이 맞힌 조는 1점을 얻었고, 그 외의 조들은 점수를 얻지 못하였다. 선생님은 평가 결과를 따로 수첩에 기록하였다가 **한 학기가 끝나고 1등을 가장 많이 한 조원들의 생활기록부 특기사항에 별도 기록을** 하였다.

사례 95 개인별 향상점수를 합한 조별향상점수로 모든 조원이 똑같은 점수를 받는 평가방식(체육)

고등학교 체육에서 조별 향상점수 평가방식을 사용하였다. ① 먼저 개인의 실력을 고려해서 조를 구성하고, ② 조원의 개별 '향상 정도'에 따라 개인별 향상점수를 매기고, ③ 조원의 개인별 향상점수를 합친 ④ 조별향상점수를 가지고 평가를 하였다. 같은 조는 똑같은 점수를 받았다. 평가방식 변경으로 못하는 학생도 노력하여 실력이 향상되면 조별로 똑같은 점수를 받았다.

같은 조는 모두가
똑같은 점수

배드민턴 수업에서 공이 오가는 횟수의 향상을 기준으로 평가를 받았다. 예를 들어 공이 오가는 횟수가 5번에서 10번을 향상되면 5점을 받는 것이다. 나는 배드민턴을 못하였는데 평가방식 변경으로 평소에 꿈도 꾸지 못하던 A를 받았다.

선생님은 못하는 학생의 실력 향상의 가능성이 더 높기 때문에 점수를 잘 받을 수 있다고 하였다. 잘하는 학생에게는 조에서 못하는 학생들의 실력을 챙기는 미션이 주어졌는데, 못하는 학생의 점수가 향상되면 조별점수가 향상되고 그러면 조별로 다함께 똑같은 점수를 받기 때문이다. 잘하는 학생에게 불리한 평가방식 같지만, 그들도 같은 조의 못하는 학생의 실력이 향상되면 조별점수를 잘 받기에 협동학습 측면에서도 긍정적인 방식이었다.

실력을 고려한 이
질적 모둠 편성

이 평가방식은 **결과만을 중시하는 입시위주의 교육**에서 벗어나 과정을 중시하는 **평가방식으로 "교육"과 "배움"의 참된 목적을 실현하였다.**

사. 거꾸로 수업

사례 96 수업 전 동영상 미리 시청, 교사가 영상 내용을 짧게 요약, 모둠별 질문에 대한 답 작성, 모둠별로 나와서 발표, 교사의 확인과 피드백(국어)

중학교 국어 시간에 반어와 역설에 대한 영상을 인터넷에 올리고, 학생들은 영상을 미리 보고 수업에 참여하는 '거꾸로 수업'을 하였다. 수업이 시작되고 선생님은 영상을 보지 못한 학생들을 위해 영상 내용을 요약해서 짧게 이야기하였고, 모둠별로 시를 하나씩 골라 질문에 대한 답을 구해 도화지에 적는 활동을 하였다. 질문은 '반어인가 역설인가?', '어느 구절인가?', '역설한 이유는?'이었다. 모둠별로 시를 읽고 토의해서 답을 도화지에 적은 뒤, 칠판에 붙이고 모둠별로 한 명씩 나와서 발표를 하였다. 한 모둠의 발표가 끝날 때마다 선생님과 학생들 답이 맞는지 확인하고 잘못

동영상 미리 시청
→ 교사가 영상 내
용을 짧게 요약 →
모둠별 질문에 대
한 답 작성 → 모
둠별로 나와서 발
표 → 교사의 확인
과 피드백

된 부분은 수정하였다.

선생님은 모둠별 토의, 발표에 개입하지 않고, 마지막에 확인하여 더 좋은 답을 찾는 과정에만 도움을 주었다. 그 과정에서도 선생님은 학생들이 직접 답을 찾을 수 있도록 힌트 주는 역할만 하였다.

수업에 학생들의 **반응은 다양**했는데, 많은 학생들이 수업이 지루하지 않다며 좋은 반응을 보였지만, 일부 학생은 집에서 영상을 보고 오는 것이 귀찮다고 하였다. 그러나 대부분의 학생들은 만족도가 높았다. 이 수업의 경우, 영상의 길이가 길지 않아서 부담이 적었고, 모든 학생들이 수업에 참여하니 수업분위기가 좋았으며 배운 내용을 문제에 적용하여 효과적이었다. 또한 시험공부를 할 때 영상을 보면서 개념을 정리할 수 있었다.

사례 97 거꾸로 수업에서 학생들이 영상을 보지 않고 동료의 과제를 베껴서 검사를 맡는 경우가 많았고 시간 낭비라고 좋아하지 않았으나, 한편으로 적극적으로 참여하고 학습에 도움이 되었음(생명과학)

고등학교 생명과학 시간에 '거꾸로 수업'을 하였다. 미리 학습하고 수업 시간에 직접 실험하고 토의하는 것이 학습에 도움이 되었다. 학생들은 실험하면서 실험과정과 문제가 포함된 학습지를 모둠별로 토의하여 풀었다. 실험을 하는 동안 교사는 모둠을 돌아다니며 실험을 도와주고 학생들의 질문을 받기도 하였다.

선생님은 실험 후에는 학습지의 문제를 함께 풀고, 개념을 설명하였다. 실험 결과가 이론과 다르게 나왔을 때는 왜 실험 오차가 생겼는지, 어떤 과정을 잘못 진행했는지 등을 분석하였다.

그러나 **대부분의 학생들이 영상을 보지 않고 동료의 노트를 베껴서 검사를 맡는 경우가 많았고 시간 낭비라고 이 수업방식을 좋아하지 않았다.** 학생들이 예습하지 않으면 수업진행이 힘들었기 때문에 노트정리를 수행평가로 하였고, 학생들은 이에 많은 불만을 가졌다. 또한 교사의 설명을 듣고 싶다는 의견도 많았다. 그럼에도 불구하고 거꾸로 수업은 **학생들이 적극적으로 참여하고 배우는 것이 많은 수업**이었다.

아. 토의 · 토론

사례 98 토론수업의 준비와 실행 과정에서 토론 이해, 유의사항, 자료조사
등 많은 것을 배움(사회문화)

고등학교 사회문화 시간의 **토론 수업은 6조가 3개의 주제를 2팀당 하나씩 맡고 한 시간에 한 주제를 토론하였다.** 주제는 '다문화가정 자녀의 대입 특별전형을 확대해야 하는가?'였다.

토론에 앞서 토론방법에 대한 설명을 듣고, 조별로 토론 개요서를 작성하고, 토론에 참여하지 않는 학생들이 청중이 되어 투표로 최우수토론자를 선정하는 등 같은 조 내에서도 점수 차이를 날 수 있도록 하였다.

토론을 준비과정에서 다양한 일들이 있었다. 우리 조는 각자의 역할에 충실하며 서로 도움이 되었다. **우리 조는 자료조사의 과정에서 여러 대학 사이트에서 자료를 찾았다.** 조원끼리 모의토론을 하며 자료를 점검하고 반박자료도 준비하였다. 반면, 상대 조는 조원 간의 **의견 차이와 특정 조원의 불성실함으로 갈등**이 깊었다. 특정 조원의 불성실함은 개인 토론개요서 미제출에서부터 시작하여 조원들이 토론을 포기하고 싶어 할 정도로 만들었다.

토론 준비에서 의견대립과 갈등

토론 당일이 되고, 해당 주제가 아닌 조에서 두 명이 나와 한 명은 사회자, 한 명은 시간을 재고 알려주는 역할을 맡았다. 선생님은 뒤에서 지켜보며 학생들이 스스로 진행을 할 수 있도록 하였다. 토론자들은 사회자의 진행에 맞추어 토론을 시작하였다. 평소에 떠들던 학생도 이 시간만큼은 토론에 집중하였다.

① 첫 순서는 **찬성 측의 입론**이었다. 반대 측은 찬성 측의 입론을 들으며 반박할 부분과 허점을 메모하였다. ② 찬성 측의 입론이 끝난 후, **반대 측의 입론**을 하였다. 토론자들은 입론을 바탕으로 반론을 준비하였다. ③ 반대 측의 반론을 시작으로 토론이 재개되었고, **반론과 재반론**을 거친 후 잠시 동안의 회의 후, ④ **교차질의**를 시작하였다. 반대 측은 찬성 측의 증거자료 신빙성에 대해 질문을 했고, 과거의 자료라는 점에서 신빙성이 높지 않음을 확인하였다. 찬성 측 또한 반대 측의 통계자료 신빙성에 대해 질문을 하였고, 표본 집단의 수가 많지 않았음을 확인하였다. 교차질의의 반복 속에서 교실에는 냉랭한 기운마저 돌았다. ⑤ 교차질의가 끝난 후 다시 회의를 통해 **각 팀의 주장 정리**까지 끝난 후에야 토론이 끝났다.

팀원과의 불화에도 최선을 다해 토론을 준비했던 찬성 측의 학생은 끝내 눈물을 보였고, 그 학생을 다독이는 사이 선생님은 청중의 의견 및 선생님의 소견을 종합하여 결과를 알려주었다. 결과는 반대 측이 승리하였고 최우수 토론자로는 내가 선정되었다.

토론을 통해 **토론에 대한 기본적인 이해, 조별과제의 유의사항, 자료조사 방법** 등 많은 것을 배웠다. 고등학교 시절 가장 유익하고 기억에 남는 수업이다.

사례 99 찬반토론에서 교사가 개입하여 한 쪽을 편들기 함(국어)

고등학교 국어 시간에 낙태에 관하여 **찬반양론토론**을 하였는데, 나는 낙태에 찬성한다는 입장을 맡았다. 2 : 2 토론이었기에 같은 팀 친구와 자료조사를 철저히 하였다. 낙태의 필요성과 현재 낙태가 합법으로 지정된 나라, 낙태 시술에서의 안전성 등을 조사하여 토론에 임하게 되었다.

토론 당일, 토론을 시작하고 서로 입론과 반론이 오고 간 후, 상대측이 낙태는 위험하다는 것을 증거자료로 제출하였다. 우리는 그것에 대한 반론으로 낙태가 위험한 것은 불법시술인 상황에서 안전이 확보되지 않기 때문이라는 반론과 함께, 낙태가 합법인 나라의 안전성을 보여주는 구체적인 수치를 말해주었다. 구체적인 수치를 말해주자 상대측은 전혀 생각하지 못했던 답변이 나왔는지 순간 아무 말도 하지 못하였다.

그때 선생님은 토론이 이대로 가면 너무 일방적으로 끝난다고 판단하였는지, **상대방의 편을 들어주는 발언을 하였다.** "낙태가 안전하다고 말씀을 하셨는데, 낙태가 다른 나라에서 안전하다고 하여 우리나라에서도 안전할 것이라는 보장은 있나요? 그리고 생명을 죽이는 것 아닌가요?"라는 말로 거들어주었고, 우리는 "다른 나라보다 우리나라의 의료 시스템이 좋기 때문에 낙태는 더 안전할 것이라고 생각합니다. 생명을 죽이는 일이 될 수도 있지만, 산모의 생명도 똑같이 중요하기 때문에 한 사람을 살려야 한다면 산모의 생명을 살리는 것이 맞다고 생각했습니다."라는 답변을 하였다. 그 후로 토론은 다시 원래의 형태로 돌아가 마무리되었다. 토론이 끝난 후에 선생님은 매우 잘하였다고 칭찬해 주었다.

사례 100 독도 영유권 분장 주제의 반 대항 찬반양론 토론대회(국어)

고등학교 국어 수업에서 **반 대항 토론대회**를 하였다. 주제는 '독도 영유권 분쟁, 적극적으로 대응해야 하는가?'였다. 우리 반은 반대 측의 입장, 4반은 찬성 측의 입장에서 토론을 진행하였다. 토론의 승패를 떠나 모두들 독도 영유권 분쟁에 대해서만큼은 일본의 주장에 **적극적으로 대응해야 한다**고 생각했기 때문에 쉽지 않은 주제였다.

선생님은 토론에 앞서 하루의 준비 시간을 주었다. 우리 반 **학생들은 자료조사하고, 쟁점분석을 하였다.** 독도 영유권 분쟁에 적극적으로 대응하는 것을 반대할 근거 자체가 부족하였다. 생각을 할수록 오히려 꼬이고, 논리가 맴돌았다. 한참을 답답해하던 우리는 전략을 바꾸어 상대 팀의 예상 주장을 분석하고, 그 반론을 준비하였다. <small>토론 준비: 자료조사, 쟁점분석</small>

다음날 선생님은 사회자 역할을 하였고 토론이 시작됐다. 우리 반의 입론은 독도는 명실상부한 우리나라의 영토이고, 그 사실을 뒷받침하는 수많은 증거들이 있기 때문에 굳이 일본의 의도적인 흠집내기에 적극적으로 대응할 필요가 없다는 것이 주장의 골자였다. 입론에 대한 반론이 들어왔다. 소극적 대응으로 일관하기에는 일본의 역사 왜곡이 한국의 주장을 전면 부정하는 방향으로 이뤄지고 있다는 반론이었다. 미리 예상했던 반론이었다. 우리는 태정관문서 등 일본의 주요 사료에도 독도가 대한민국의 영토라는 명백한 증거가 남아 있으므로 왜곡된 역사를 바탕으로 한 일본 측의 영유권 주장이 의미 없다고 재반론하였다. 열띤 토론이 이어졌다. <small>반 대항 토론</small>

선생님은 토론을 마무리하고, 청중들에게 종이를 나눠주었다. 선생님은 자신이 속한 반을 떠나 논리적으로 더 설득력 있었던 팀에게 표를 줄 것을 당부하였다. 투표 결과 우리 반이 승리였다. 우리 반은 강당이 떠나가라 소리를 지르며 기뻐하였다. <small>청중의 종합 판단</small>

교실에서 벗어나, 넓은 소강당에서 직접 토론을 하며 진행되는 수업은 색다르고 재미있었다.

사례 101 외모지상주의 관련 성형수술 주제의 찬반양론 토론수업(국어)

고등학교 국어 시간에는 빈부격차, 외모지상주의, 성차별 등의 사회적 문제와 해결 방안에 대해 토론하였다. 사회적 쟁점 중 우리 반은 **외모지상주의와 관련하여** **'예뻐지기 위한 성형수술은 허용되는가?'**를 주제로 토론을 하였다. 토론수업 한 주 전부터, 선생님은 사회자 학생에게 TED 영상과 '정의란 무엇인가'라는 책에서 발췌한 '외모지상주의'와 관련된 자료들을 전달하며 사회자가 충분한 지식을 갖고 깊이 생각할 시간을 가질 수 있도록 하였다.

뽑기를 통해 찬반 입장을 정하였다. 사회자 학생은 성형수술과 관련된 여러 뉴스와 기사들을 발표하며 토론목적을 말하고 토론을 시작하였다. 찬성 입장의 학생이 손을 들어 "현재 사회에서 성형수술은 많은 사람들에게 희망을 주고 있다. 자신의 부족한 부분을 고치는 것은 나쁜 일이 아니다."라고 발표하였다. 반대 입장에서는 "사람들은 사회적 기준에 자신의 외모를 맞추기 위해 성형수술을 남용하고 있다. 외모가 부족하다고 생각하는 것은 외모지상주의의 폐해이며, 성형은 이를 더 악화시킬 뿐이다"라고 반박하였다. 여러 의견이 오갔지만, 토론은 찬성 쪽에 치우친 분위기로 흘러갔다. 사회자는 토론 중간중간에 적절한 정보를 제공하면서 중립적으로 토론을

토론 전에 사전 지식 제공

뽑기로 찬반 입장 정함

잘 진행하였다.

학생들은 수업이 끝난 후에도 외모지상주의를 위한 해결책은 과연 무엇일지 자발적으로 이야기를 나누기도 하였다. 토론을 통해 다양한 의견들을 접하면서 자신의 선입견을 깨닫고 좀 더 넓은 생각을 하는 계기가 되었다.

사례 102 주제 선정, 찬반 여부 조사, 찬반토론, 찬반 여부 다시 조사, 주장이 바뀐 학생은 변경된 이유 발표(영어)

고등학교 영어의 한 **단원과 관련된 토론주제를 1개 선정하여 수업시간에 토론을 진행하였다.** 먼저 주제에 대한 찬성과 반대의 인원을 조사하였다. 그 다음으로 한 명의 발표자가 자신의 주장과 근거들을 발표하였다. 발표자를 제외한 나머지 학생들은 발표내용에 대한 자신의 의견을 발표할 기회를 가졌다. 이후 다시 주제에 대한 찬성과 반대 인원을 조사하였다. 자신의 주장이 바뀐 학생들은 주장이 변경된 이유를 발표하였다. 토론이 끝난 후 선생님은 발표내용 중 보충이 필요한 부분에 대해 정리를 하고 수업을 마쳤다. 선생님은 발표와 토론 진행에 개입하지 않았고, 학생들에게 모든 것을 위임하였다. 발표와 토론 과정에 학생들은 열심히 참여하였다. 또한 발표자료를 PPT에 한정하지 않고 영상 매체, 그림, 인터넷을 활용하여 좋았다.

주제 선정 → 찬반 여부 조사 → 찬반 토론 → 찬반 여부 다시 조사 → 주장이 바뀐 학생은 변경된 이유 발표

사례 103 배아복제 허용에 관한 교차조사토론 수업을 통해 토론방식을 배움(생활과 윤리)

고등학교 생활과 윤리 수업에서 토론 형식의 수행평가를 하였다. **낙태죄 허용, 동물실험, 배아복제, 사형제도** 등 사회문제에 대해 **교차조사토론이라는 반대 신문식 토론을 변형하여 진행되었다.** 선생님은 반대 신문식 토론의 개념과 방법, 평가기준을 설명하였다. 조를 정하고, 1~2주 정도의 준비과정을 갖고, 토론 **수행평가**를 실시하였다. 참여자를 제외한 청중도 자신의 주장과 근거를 작성하여 토론에 참여하였다.

배아복제 토론에서 **찬성 측 입론**은 한국의 배아 인정 기준과 배아의 유용성에 대해 말하였다. 반대 측은 그에 대한 출처를 묻고, 세계의 배아복제 기준에 대해 언급하며, 배아복제 허용이 상대적이고 금지하는 경우도 있다고 말하였다. **반대 측은 입론**에서 인간 존엄성과 배아의 도덕적 지위 등에 대해 강조하였다. 찬성 측은 배아복제가 헌법에서 허용하고 있는 수준이라 교차질문을 했고, 이러한 방식으로 25분

정도 토론이 이어지고 종료되었다.

토론 수업을 통해 느낀 점은 다음과 같다. 첫째, 토론의 자료 조사나 논거의 타당성도 중요하지만, 말하기 방식이나, 어조 등의 언어적 요소도 중요하다는 것을 배웠다. 둘째, 토론 진행 시간 안에 모든 내용을 말하는 것이 쉽지 않다는 것도 깨달았다. 셋째, 청중인 친구들은 논문보다 책이나 기사 내용을 더 쉽게 이해하였다. 그런 점에서 토론에서 자료의 신뢰성도 중요하지만, 청중을 고려하는 것도 정말 중요하다는 것을 배웠다.

〈교차조사토론(CEDA 토론)〉[15]

교차조사토론(CEDA 토론)은 미국의 '교차조사 토론협회'(Cross Examination Debate Association)에서 개발한 토론방법이다. 이 협회는 기존 자유토론 형식이 주장과 반박으로만 이루어져 있어서 논의가 지지부진하게 흘러가는 부분을 보완하기 위해 교차조사토론 방법을 만들었다. 1947년부터 개최되는 미국의 〈전국 토론대회〉의 방식을 발전시켜 **서로에게 질문하는 순서를 추가**하여 새로운 토론 형식을 만들었다. 현재 토론 교육에 가장 보편적으로 활용되고 있는 방식이다. 토론에 참여하는 각 팀은 2명으로 구성되며, 각 토론자는 **입론-질문-반박을 한 번씩 총 3번**의 발언기회를 갖는다. 다른 토론 형식보다는 복잡한 면이 있으나 즉석에서 질문을 구성하거나 반박하는 과정에서 상대방 주장의 허약한 부분이나 오류를 찾아가며 토론하는 장점이 있다.

사례 104 관련 영상을 시청하고 질문을 만들어 짝과 토론하고, 다시 학급 전체에서 토론하는 하브루타 수업(사회문화)

고등학교 사회문화 토론 수업에 학생들은 주어진 제시 글 혹은 영상을 보고 각자 5개 정도의 **질문을 만든 뒤 짝과 서로의 질문을 비교해 가장 좋은 질문 1개를 선택**하였다. 그리고 모둠 혹은 반 전체에서 짝과 선택한 질문 중 1개를 선정해 의견을 공유하거나 토론하였다.

관련 영상 시청 →
질문 만들기

선생님은 벽화마을의 양면성을 보여 주는 영상처럼 학습내용과 관련된 기사 혹은 영상 자료를 준비하였다. 이후 학생들은 자료를 참고하여 '벽화마을이 만들어진 계기는 무엇인가?'라는 가벼운 질문부터 벽화마을 주민의 인권보장에 관한 심도 있는 질문을 던지며 한 가지 주제를 여러 관점에서 접근하였다.

짝과 의견을 나눔

자신이 만든 질문을 짝과 의견 나누고 자신과 다른 관점에서 바라본 짝의 질문을 의견 공유하면서 자신이 미처 생각지 못했던 부분을 생각하며 사고의 폭을 넓힐 수 있었다.

이후 짝과 선택한 질문에 대해 **학급 전체에서** 의견을 나누었다. 학생들은 의견을 주고 받으며 수업에 대한 높은 집중도와 흥미를 얻게 되었다. 수업 참여에 소극적이고 엎드려 자던 학생도 수업에 성실히 임하였다. 또한 주장을 논리적으로 제시하고 상대방의 논리적 모순을 발견하는 등 의사소통능력을 기를 수 있었다.

선택한 질문에 대하여 학습전체와 의견을 나눔

사례 105 트롤리 딜레마를 이용하여 윤리적 선택을 토론하면서 윤리적인 선택은 정답이 있기도 하지만, 그렇지 않은 경우도 많다는 것을 깨달음(윤리)

윤리 시간에 트롤리 딜레마에 대해 수업을 하였다. 트롤리 딜레마는 다음과 같다. ① 트롤리 전차가 철길 위에서 일하고 있는 다섯 명의 인부들을 향해 빠른 속도로 돌진한다. 당신은 트롤리의 방향을 오른쪽으로 바꿀 수 있는 레일 변환기 옆에 서 있다. 트롤리의 방향을 오른쪽으로 바꾸면 오른쪽 철로에서 일하는 한 명의 노동자는 죽게 된다. ② 트롤리가 철길 위에서 일하고 있는 노동자 다섯 명을 향해 빠른 속도로 달려간다. 마침 몸집이 큰 사람이 난간에 기대고 있다. 트롤리를 세우기 위해서는 그 사람을 밀어야 한다. 떨어진 사람 때문에 트롤리가 멈추고 철길에서 일하던 노동자 다섯 명의 목숨을 구할 수 있다 (즉, 다섯 사람을 구하기 위해 한 사람을 죽이는 것이 도덕적으로 허용 가능한지에 대한 질문이다).

먼저 영상을 본 후, **학생들은 생각을 정리하고 토론을 하였다.** 많은 학생들이 참여하여 다양한 의견들이 나왔다. 첫 번째 사례에서 **다섯 명의 인부들을 위해 한 명의 노동자를 희생시킬 수 있다는** 의견이 더 많았으며, 두 번째 사례에서 **다섯 명의 인부들을 위해 한 명의 사람을 희생시킬 수 없다는** 의견이 더 많았다.

영상 시청 후 → 토론

선생님은 이후에 학생들의 의견들을 정리하였고, 대표적인 주장들과 학자들을 소개하면서 트롤리 딜레마를 정리하였다. 선생님은 도덕 원칙의 충돌은 우리로 하여금 상황에 따라 무엇이 중요한 것인가를 생각하게 하며, 트롤리 딜레마가 인공지능 자율주행자동차 상용화와 관련되어 있는 문제라고 하면서 자율주행 자동차가 인명사고를 냈을 때 과연 어떠한 상황이 정의로울까? 하는 질문을 남기며 수업을 마쳤다.

마무리: 학생 의견 정리, 이론 설명

수업을 하면서 윤리적인 선택은 정답이 있기도 하지만, 그렇지 않은 경우도 많다는 것을 깨달았다. 또한 내 생각을 정리하고 타인의 의견을 경청하는 연습을 하였다. 특히 이 수업은 자유로운 분위기에서 학생의 호기심을 충분히 자극하는 주제로 특정한 상황의 지식을 구성하는 과정에 주도적으로 참여한 수업이었다.

〈Kohlberg 도덕성 발달 수업모형〉

Kohlberg의 도덕성 발달 수업모형의 목적은 도덕적 딜레마 상황을 이용하여 보다 높은 도덕적 추론 단계로 도덕성을 끌어올리는 것이다. 학생들은 딜레마 상황에서 자신의 행동 혹은 입장을 선택하고 그 이유를 찾는 과정에서 높은 단계의 도덕적 추론을 할 수 있다. 학생들은 딜레마 상황을 토의하면서 상위 단계의 도덕적 추론(사고)을 할 수 있게 된다. 보통 학생들은 토의과정에서 2~3가지의 도덕발달단계를 보인다. 토의를 하면서 상위단계의 주장 또는 추론을 자연스럽게 접하게 되고, 그 결과 인지적 불균형이 생긴다. 이러한 경험을 통하여 상위단계로 발전을 하게 된다. 즉, 상위단계의 도덕적 추론을 하게 된다.

Kohlberg의 도덕성 발달 이론(도덕 판단력의 발달 이론 또는 도덕적 추론 발달이론)에 따르면, 발달 단계는 모든 문화에 보편적으로 적용된다. 문화에 따라서 도덕성 발달의 속도가 다르기는 하지만, 모든 개인은 같은 발달 순서를 거친다. 따라서 이 단계를 촉진하는 교육이 필요하다. 상위단계들은 다양한 사실, 관심, 가능성 등을 조직할 수 있기에 하위단계보다 도덕성 수준이 높다. 높은 도덕성 발달 단계를 추론할 수 있으면 행동이 윤리적이 되고 자신의 가치관에 부합된다.

* Kohlberg의 도덕성 발달 수준

도덕성 발달 수준은 전관습적 단계, 관습적 단계, 후관습적 단계로 나뉘어지며, 각 단계마다 세부 단계로 구성된다.

전관습적 단계는 내 행동의 결과 혹은 타인의 힘(혹은 권위)을 기준으로 옳고 그름을 판단하는 단계로 0단계~2단계에 해당한다.

0단계) 자기중심적 추론: 내 멋대로 할 거야
0단계에서 아이는 자기중심적이며 남의 기분이나 생각은 안중에 없이 제멋대로 행동한다. "엄마 나 배고파 그러니깐 지금 초콜릿 사줘"

1단계) 타율적 도덕: 체벌의 회피 및 복종, 나 야단맞지 않을까?
1단계에서는 내 행동의 의미나 가치와 무관하게 내 행동이 가져올 결과(벌 or 칭찬)가 나에게 좋으면 선하고, 나에게 나쁘면 악하다고 생각한다. 벌의 회피와 권위에 대한 복종이 (궁극적으로) 지향하는 도덕적 질서에 대한 존중의 관점에서 자신의 행동의 옳고 그름을 판단하는 것이 아니라, 행동의 결과로서 받는 벌(혹은 칭찬)을 기준으로 내 행동의 선악을 판단한다.

아이는 행동의 결과로 인하여 자신이 상을 받을까 혹은 벌을 받을까?, 내가 즐거울까?

아니면 힘들까?를 기준으로 행동한다. "친구를 괴롭히면(내 행동)(그 결과) 방과 후 남아야 돼(벌). 벌 받는 것은 나쁜 것이므로 난 친구를 괴롭히지 않을 거야."

2단계) 내 행동이 도구(수단)가 되는가?(도구적 상대주의), 내 행동의 대가가 있는가?(거래), 나에게 이익이 되는가? 그러면 그것이 옳은 것이다

2단계에서는 내 행동(*내 자전거를 빌려줌*)이 나의 필요나 욕구(*친구의 스쿠터를 타고 싶음*)를 충족시킬 때(도구적) 자신의 행동을 선한 것으로 생각한다. 아이는 자신의 행동(*내 자전거를 빌려주는 것*)이 자신의 욕구(*친구의 스쿠터를 타고 싶음*)를 충족할 때, 혹은 내 호의(*자전거를 빌려주는 행동*)에 대한 대가를 받을 때, 그것이 옳다고 믿고 (도덕적으로) 행동한다. 또한 공정한 것(동등한 교환, 거래, 합의 등)을 옳은 것으로 생각한다.

관습적 단계는 사회, 국가의 기대(혹은 권위)에 부응(순응, 복종)하는 행위가 도덕적이다. 관습적 단계는 3단계~4단계에 해당한다.

3단계) 사회적으로 인정받는 것이 옳은 것이다. 사회적 인정이나 기대에 부응하기 위하여 착하고 친절하게 행동해야 돼'

주위에서 나에게 기대하는 바에 맞게 착하게 행동하는 것이 옳다고 믿는 단계이다.(나는 착하고 바르게 행동해야 돼. 엄마가 그렇게 말씀하셨고 그것이 엄마의 기대에 부응하는 것이니깐). 이 시기의 아이는 나의 도덕적 행동이 타인을 기쁘게 한다는 사실을 안다. "오빠로서 나는 동생한테 잘 해줄거야. 그래야 엄마가 기뻐할 테니깐"('엄마를 기쁘게 하려는 의도로 행동하였으니 난 착한 행동을 한 거야').

4단계) 법-질서 지향: 법, 규칙을 따른 것이 옳다고 믿는다.

아이는 자기가 속한 사회 체제에 해되지 않도록 법, 질서를 지키고 의무를 행하며 권위에 순종하는 것이 도덕적 행동이라고 생각한다. "졸업을 하려면 규칙을 따라야 해"

후관습적 단계는 5단계~6단계에 해당한다.

5단계) 사회적 계약(합의)과 개인의 권리를 위배하는가?

도덕적 의무는 사회적 계약의 관점에서 이해된다. 4단계가 의무적이라면, 5단계는 고정된 법칙을 규정하려고 시도하지 않는다. 법이나 질서는 계약의 당사자들이 자유로이 스스로에게 의무지운 것으로 간주한다. 당사자들의 합의가 서로에 대한 의무의 본질이라고 생각한다. 계약이 생명이나 자유, 기본적 인권 등을 침해하지 않는 한, 합의(혹은 사회적 계약)는 좋은 것도 아니고 나쁜 것도 아니다.

계약이나 합의는 일반적으로 지켜져야 한다. 서로 간의 상대적 합의(혹은 규칙)는 사회적 계약이므로 지지되어야 한다. 그러나 생명이나 자유처럼 상대적인이지 않는 가치와 권리는 항상 지지되어야 한다. 가족애, 우정, 신뢰, 노동의무 등은 사회적 계약이므로 의무감을 가져야 하고, 지키려고 전념해야 한다. 그러나 항상적(혹은 강제적)인 것은 아니다.

6단계) 윤리적 원리(본질) 지향: 자유, 평등, 인권, 정의, 인간존엄성 등을 기준으로 선악을 판단함

논리적 포괄성, 보편성을 기준으로 내가 스스로 선택한 윤리적 원리를 기준으로 선악을 판단한다. 내가 스스로 선택한 윤리적 원리(보편적 정의, 인권, 평등, 인간존엄성 등)에 따르는 것이 합리적 존재로서 인간의 옳은 행위이다. (정의적 관점의 도덕성 이론)

여기서 윤리적 원리는 구체적 법칙이 아니며, 추상적이다. 정의, 평등, 자유, 존엄성 등이 윤리적 준칙들이다. 도덕의 본질을 합리적 존재로서 인간이 인간을 수단이 아닌, 목적으로 여기는 것으로 인식한다.

* Kohlberg의 도덕성 발달 수업 절차

Kohlberg의 도덕성 발달 수업 절차는 다음과 같다.
① 도덕적 문제 상황(딜레마 상황) 제기: 아이의 현재 도덕발달 단계 수준에 맞는 딜레마를 제시하고 질문한다. 예를 들어, 하인츠 케이스나 브레이크 끊어진 기차 케이스를 제시하고 다음과 같이 질문한다.
  • 하인츠는 약을 훔쳐야 하는가? 왜 그래야 한다고 생각하는가?
  • 하인츠가 아내를 사랑하지 않아도 훔쳐야 하나? 왜?
  • 죽어가는 이가 자신의 아내인지 몰라도 약을 훔쳐야 하나? 왜?
  • 사랑하는 사람이 애완동물이라고 가정하자. 애완동물을 위해서 약을 훔쳐야 하나? 왜?
  • 왜 우리는 타인의 생명을 구하기 위하여 여하튼 할 수 있는 일을 무엇이든지 해야 하나?
② 갈등 관련 각각의 입장 진술(토의활동)
③ 인지적(도덕적) 갈등 경험
④ 정리: 토의 후 학생들의 제안을 단계별로 정리할 필요가 있다. 각자의 주장이 어떤 점에서 좋고 문제점은 무엇인지, Kohlberg의 발단단계 중 어디에 해당하는지를 정리한다. 이러한 과정을 통하여 학생들은 높은 도덕적 추론 단계를 경험하고, 상위 발달단계로 발전하게 된다.

* Kohlberg의 도덕성 발달 수업에서 교사의 역할과 유의점

Kohlberg의 도덕성 발달 수업에서 교사의 역할의 역할은 다음과 같다.
  • 아이의 현재 단계를 파악한다.
  • 교사는 아이의 현재 단계 사고에서 나타나는 모순을 지적하고 발달을 촉진한다.
  • 소집단으로 구분하여 딜레마를 토의하면서 도덕성을 발달시킨다.
  • 교사의 질문전략: 질문을 통해 딜레마 상황이나 문제를 이해하도록 한다. 주장의 근거를 끌어낸다. 교사의 세부 질문전략 다음과 같다.
    – 도덕적 쟁점 강조하기 질문: 하인츠는 약을 훔쳐야 할까? 타인의 생명을 위해 훔치는 것은 나쁜 것인가? 이 상황에서 훔친 경우 처벌받아야 하나?
    – 왜라고 질문하기

－ 상황을 복잡하게 하는 질문하기: 인지적 불균형을 높이기 위해 원래 문제에 새로운 상황을 보탠다. 만약 하인즈의 아내가 약을 훔치라고 말했다면?

　Kohlberg의 도덕성 발달 수업에서 지도의 유의점은 다음과 같다. 첫째, 사전에 아이의 현재 도덕성 발달 단계를 파악한다. 둘째, 아이의 현재 발달 수준에 맞는 딜레마를 제시하고 토의하게 한다. 셋째, 토의 과정에서 상위 수준의 사고를 할 수 있도록 지도(질문, 정리)한다. 넷째, 아이의 사고에서 나타나는 문제점(모순)을 지적하고 해결하도록 한다. 다섯째, 도덕성의 정의적 측면을 발달시키기 위해 역할놀이(ex: 장애인 체험), 감정이입도 활용한다.

사례 106　사회적으로 쟁점이 되는 문제에 대해서 교사의 진행하에 자유롭게 토론함

　사회 시간에 무죄추정의 원리를 학습하였다. 선생님은 **흉악범죄 피의자 및 피고인의 신상공개, 언론의 비판에 대해 어떻게 생각하는지 질문하였다.** 나는 무조건 신상공개를 해야 한다고 주장하였다. 그 근거로 국민의 알 권리, 표현의 자유를 침해해서는 안 된다는 교과서의 내용을 그대로 들었다. 그러자 선생님은 **교과서를 벗어나 자신의 의견을 제시할 것을 요구**하였다.

　나는 적극적으로 주장하였다. 피의자가 재범을 저지를 수 있기 때문에 신상을 공개해 국민들의 안전을 우선시해야 한다고 솔직하게 말하였다. 또한 언론을 통해서 범죄가 발생한 원인과 방지책 등을 함께 보도할 수도 있다는 점을 강조하였다. 다른 학생도 흥분한 말투로 살인사건을 예로 들면서 피해자의 인권을 짓밟은 가해자의 인권을 지켜줄 필요가 없다는 의견을 냈다. **학생들은 성토하듯이 의견을 내놓았다.**

　선생님은 침착하게 학생들의 의견에 동의하면서 쟁점에 대한 의견을 정리해 주셨다. 아울러 서로 견해가 다른 것에 대하여 타인의 의견이 틀렸다고 생각하는 것의 문제점도 설명해 주셨다. **사회적으로 쟁점이 되는 문제에 대해서 학생들은 선생님의 진행하에 자유롭게 토론에 참여하다,** 수업과 토론을 통해 각자의 생각과 견해가 존중받고 있다는 느낌이 들었다.

삶과 관련된 주제를 스스로 정하고, 유사한 주제로 고민하는 동료와 토론을 통해 문제 해결의 다양한 관점을 교환함(국어)

개인적으로 궁금한 질문 적기

고등학교 국어시간에 작은 수첩에 평소에 궁금했던 질문을 적는 활동을 하였다. 개인적 질문이나 사회문제 관련 질문도 가능하였다. 나는 별 생각 없이 떠오르는 대로 평소에 궁금하던 질문을 적었다. 나의 질문은 '아침에 잠에서 잘 깨지 못하는 이유는 무엇일까?', '나는 왜 지각을 할까?'라는 가벼운 질문도 있고, '사회계층은 왜 나뉠까?', '강자는 계속해서 강하고, 약자는 계속해서 약한 이유는 뭘까?' 등의 사회적인 문제도 있었다. 미래를 걱정하며 '내 미래 직업으로 내가 좋아하는 일을 할까?, 이 길을 가는 게 맞을까?' 등의 질문도 적었다.

질문에 대한 해답 조사

이후에 각자가 쓴 질문을 읽고 왜 그렇게 생각하였고, 다음 시간까지 가벼운 자료조사를 바탕으로 질문에 대한 각자의 답을 작성하였다. 나는 가벼운 질문이라 생각하고 자료조사를 하지 않고 다음 시간에 가벼운 마음으로 임하였다.

다음 시간: 모둠별 질문과 해답 공유

다음 수업에서는 동료들과 질문 수첩의 내용을 공유하였고 비슷한 질문이나 자신에게 흥미 있는 질문을 묶어서 조를 편성해고 토론을 하였다. 자료조사를 충실하게 한 학생도 있었다. 조사내용을 공유하고 모둠 토론을 종료한 후, 질문 수첩에 토론 내용과 결론, 즉 해결책을 적는 것으로 질문 수첩수업을 마감하였다. 그렇게 거창하고 특별한 활동은 아니었지만 얻는 것이 많은 수업이었다.

우리가 도출한 결론이 좋은 해결책이 안 될 수도 있지만 **내가 질문하고 조사하고 결론까지 스스로 내었고, 내 생각뿐만 아니라 미처 생각하지 못한 동료들의 새로운 의견과 관점을 교환**하면서 깨달은 것이 많았다. 오랜만에 깊고 진중한 생각을 할 수 있어서 좋은 경험이었다.

이 수업 사례는 무슨 단원인지, 수업목표가 무엇인지 알 수 없으나, 학생들이 교사의 의도를 분명하게 이해하지 못하고 과제를 대충 조사한 것으로 보인다. 또한 토론의 주제가 다양해서 그래서 내실있고 깊은 토론이 어려울 것으로 보인다. 그러나 학생들은 동료들의 다양한 관심과 관점을 공유하고 교환한 것만으로도 새롭고 특별한 활동이어서 좋은 수업으로 인식된 것으로 보인다.

토론에 미숙한 학생들이 토론을 체계적으로 학습할 수 있도록 잘 짜여진 순서로 진행한 수업(국어)

초등학교 국어시간에 '착한 사마리안 법은 필요한가?'라는 주제로 찬반 토론을 하였다. 선생님은 우리들이 아직 토론 수업에 익숙하지 않으니 본인이 직접 사회자 역할을 하겠다고 하였다. 우리는 우선 **토론 주제와 관련한 짧은 영상을 보았고, 선생님은 토론 주제와 관련하여 설명을** 하였다. 아이들은 토론 주제와 관련한 자신의 생각을 세우는 시간을 가졌다. 그 날 찬성측과 반대측의 학생 수는 선생님이 따로 조절하지 않았어도 거의 반반으로 나뉘었다. 선생님은 한 사람이 자신의 주장을 펼치고, 상대측에서 반론을 한번 한 후, 다시 주장한 사람 측이 반박을 하는 절차로 진행하였다. 선생님은 시간 관계상 계속적인 반론은 못하고, **한 사람당 '주장-상대방 반론 또는 질문-반박'의 순서로** 모두가 한번씩은 주장을 펼칠 수 있도록 하였다. 토론이 모두 끝난 후 선생님은 토론에서 나온 주요 내용들을 정리하여 주었다. 토론이 시작될 때 학생들은 쑥스러워하고 발표를 어려워했지만, **토론이 끝나갈 무렵에는 모두가 몰입하여 선생님에게 다음에 또 하자고 조르고** 있었다.

(여백 주석: 교사가 찬반토론의 사회자 역할 영상과 설명으로 토론 주제 파악)

(여백 주석: 한 명당 '주장-상대방 반론 또는 질문-반박')

(여백 주석: 교사의 토론 수업 정리활동)

〈토론, 토의, 논쟁 수업〉16)

토의(discuss)는 그리스어 'dischos'(주의깊게 검사하다)에서 유래하였다. 토의는 대립된 의견을 통합하기 위하여 구성원이 자신의 의견을 제시하고 그 시비(是非)를 논하는 과정이다. 토의 구성원들은 어떤 문제에 관하여 함께 검토하여 협의한다. 토의는 여럿이 집단 사고의 과정을 거쳐 문제해결을 시도하는 논의 형태로 공동의 문제에 대하여 바람직한 해결책을 찾으려고 구성원이 협동적으로 의견을 나누는 과정이다. 또한 문제해결을 위하여 여러 의견을 교환하여 합의적 결론에 도달하려는 비형식적 대화 방식이다.

토의는 공통의 주제가 있다. 주제가 없다면 단순한 대화에 불과하다. 토의는 둘 이상의 구성원이 필요하다. 또한 정보와 의견 교환이 있다. 토의에는 참가자들이 각자가 가진 정보를 교환하고, 의견을 나누는 활동이 있다. 토의에는 학습이나 문제해결의 목적(목표)이 있다. 목적이 없으면 단순한 대화에 불과하다. 마지막으로 토의에는 듣고 말하는 과정이 있다. 일방적 말하기 혹은 듣기만 있다면 토의가 아니다.

토론(debate)은 라틴어 'debattuo'(서로 떨어져 싸우다)에서 유래하였다. 토론은 두 개인이나 집단이 문제나 이슈에 대하여 대립되는 견해를 지지하는 논거를 제시하면서 대결하는 것이다. 토론은 문제에 대하여 여럿이 의견을 주장하면서 그것의 정당함을 논하는 것으로 참가자들이 대립적인 주장을 통해 결론에 도달하는 과정이다. 토론에서는 논제에 대하여 찬성자와 반대자가 각기 논리적인 근거를 발표하고 자신의 주장을 펼친다. 따라서 토론은 주제나 문제에 대하여 다른 주장을 하는 사람들이 논증과 실증을 통해 자기 주장을 정당화하여 타인을 설득하는 과정 등으로 정의된다.

토론은 토의와 마찬가지로 공통의 주제가 있다. 주제에 대한 합의가 다르거나 개념이해가 다르다면 토론은 겉돌게 된다. 토론에서 참여자의 주장은 다르다. 주장이 같으면 토론이 불가능하다. 그러나 토의는 주장이 같아도 된다. 토론 과정에서 논증과 실증이 전개된다. 토론 참가자들은 각자가 자신의 주장을 정당화하기 위해 논리적으로 증명하든가 실제로 증명한다. 그러나 토의는 정보와 의견 교환이 중심이다. 토론에는 규칙이 있다. 규칙의 내용은 절차와 예의에 관한 것, 토론 방법에 관한 것 등으로 다양하다. 토의에도 규칙이 있지만 토론처럼 엄격하지 않다. 마지막으로 토론에는 듣고 말하는 과정이 있다. 토론과 토의는 구분하기 쉽지 않다.

<표 6-2> 토의와 토론의 구분[17]

토의	구분	토론
합의가 필요한 주제	주제의 성격	선택이 필요한 주제
최선의 결과 도출	목적	대안의 우열을 가림
주장이 같아도 됨	참석자(2명 이상)	주장이 달라야 함
정보나 의견 교환	상호작용	논증과 실증
규칙이 없거나 느슨함	규칙	엄격한 토론 규칙
특별한 제한 없음	말하기와 듣기	공평성을 위해 제한
창의성	필요한 능력	논리성

Toulmin은 토론의 6단 논법이라는 명칭으로 다음과 같은 토론 준비의 6단계 과정을 제시한다.

1단계(논제 정하기): 논제를 정한다.

2단계(특정 입장 선택): 특정 입장을 선택한다(예: 공공장소에서 흡연은 금지되어야 한다).

3단계(이유 확인): 왜 그 특정 입장을 선택하였는지를 확인한다.

4단계(이유 설명): 3단계 이유에 대한 구체적이고 작은 설명이다. 즉, 3단계의 이유가 큰 설명이라면, 4단계의 설명은 작은 설명(혹은 작은 생각들)이다.

5단계(반론 꺽기): 예상되는 반론을 생각하고 대안을 준비한다.

6단계(예외 정리): 다소의 예외사항을 확인하고 자신의 주장을 정교하게 다듬는다.

〈찬반 대립 토론(debate)〉

가장 대표적인 토론의 형식은 찬반 대립 토론으로 대표적인 사례는 재판이다. 디베이트의 일차목적은 찬성과 반대의 장단점을 확인함으로써 문제(주제)가 가지는 쟁점을 밝히는 것이다. 즉, 디베이트는 양 극단의 입장에서 문제(주제)를 다루기 때문에 모든 쟁점들이 드러나게 되고, 드러난 사실과 가치를 판단해서 정확하게 판단을 할 수 있다. 사실 토론에서는 내용보다 형식이 중요하다. 즉, 어떤 입장이 옳은지가 아니라 얼마나 자신의 주장을 논증과 실증을 통해 잘 주장하는가가 중요하다.

토론의 핵심요소는 입론, 심문, 반박, 판결의 네 가지이다. 네 가지 핵심요소의 내용은 다음과 같다.

① 입론: 자신의 입장을 정당화하기 위하여 논리와 증거를 제시하면서 주장을 한다.
② 심문: 상대의 입론에 대하여 논리적 모순과 증거의 타당하지 못함 등을 지적한다.
③ 반박: 지금까지의 입론과 심문을 정리하여서 반박할 것은 반박하고, 더 주장할 것은 강화해서 최종적으로 주장을 정당화한다.
④ 판결: 심판 혹은 배심원이 양측의 토론을 판결한다. 배심원은 토론의 내용과 동시에 주장의 논리성, 타당성 등 형식도 평가한다.

토론의 절차는 다양한 절차가 있으나, 일반적으로 다음과 같다.
① 준비단계: 토론의 규칙 확인, 주제 제시, 자료 준비, 입론 준비 등
② 찬성발제(입론)
③ 반대발제(입론)
　　1차 작전타임
④ 찬성측 1차 반박(심문)
⑤ 반대측 1차 반박(심문)
　　2차 작전타임
⑥ 찬성측 2차 반박(심문)
⑦ 반대측 2차 반박(심문)
⑧ 반대측 정리
⑨ 찬성측 정리
⑩ 배심원 혹은 심판의 최종 결정(판결)

〈pro-con 협동학습(협동적 찬반 논쟁수업)〉

협동적 찬반 논쟁수업은 Johnson & Johnson(1994)[18]이 고안한 것으로, 논쟁과정에서 일어나는 논리적, 심리적 사고과정을 수업절차로 구현하여 모형으로 만든 것이다. 개인은 논쟁의 과정에서 아래와 같은 사고의 과정을 겪는데, 이러한 사고과정을 수업절차로 구현한 것이 협동적 찬반 논쟁수업이다. 다음은 논쟁 과정에서 일어나는 개인의 사고 과정이다.

① 문제 상황에서 제한된 정보와 경험으로 자신의 입장(논점)을 선택한다(혹은 가설을 선택함).
② 논쟁에 참여하여 상대의 정보, 경험, 논점을 접하면서 반박당하기도 한다.

③ 개념갈등, 불확실성, 불평형을 경험한다. 상대의 논점을 들으면서 자기 논점의 정확성, 논리성, 정합성, 신뢰성에 회의를 품게 되고 개념의 갈등과 불평형을 경험한다.

④ 지적 호기심이 생기고 정확하고 다양한 정보를 찾고 상대의 논점도 고려한다. 개념갈등, 불평형을 해결하기 위해서 지적 호기심이 생기고 다른 정보를 찾거나 상대의 논점도 수용한다.

⑤ 재개념화 단계로 상대의 논점도 취하고, 탐구한 정보를 재조직하여 논리적으로 자신의 논점을 재구성하거나 재개념화한다.

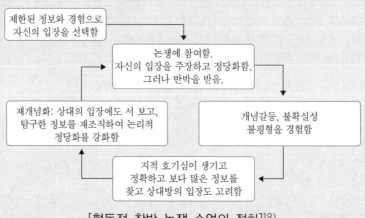

[협동적 찬반 논쟁 수업의 절차][19]

Johnson & Johnson(1994)이 이 모형에 '협동적'을 붙인 이유는 모형이 목표에 대한 긍정적 상호의존성을 가지기 때문인 것으로 추측이 된다. 협동적 찬반 논쟁수업과 비교되는 다양한 수업 형태는 다음과 같다.[20]

- **집단사고학습**: 조원간에 (목표에 대해) 합의를 최우선적으로 추구하기에 의견일치를 보려고 한다. 즉, 의견 일치를 보려는 목표에만 관심을 둔다. 그래서 (목표에 관한) 합의사항에 반대의견 제시를 꺼리고 빨리 합의하려고 한다. 그래서 목표에 대한 긍정적 상호의존성만 존재한다.
- **협동적 논쟁수업**: 문제해결을 위해 조원 간 논쟁을 통해 의견을 종합, 합의하여 새로운 해결책을 만드는 것을 추구한다. 목표에 대해 의견일치도 추구하고(목표에 대한 긍정적 상호의존성), 동시에 자료를 서로 공유하려고 하므로 자료에 대한 긍정적 상호의존성도 존재한다. 따라서 협동적 논쟁수업은 목표와 자료 모두에 대하여 긍정적 상호의존성이 존재한다.
- **디베이트(논쟁)**: 논점이 반대되는 두 집단이 심판하에서 서로의 논점을 주장하는 수업이다. 그러므로 자료를 공유하지 않는다(자료에 대한 부정적 상호의존성). 그러나 같은 팀 내에서는 자료 공유가 일어난다(자료에 대한 긍정적 상호의존성).

- **개별수업**: 내 자료를 가지고 독립적으로 문제를 해결하므로 아무런 상호의존성이나 지적 갈등이 일어나지 않는다.

	협동적 논쟁수업	디베이트	집단사고학습	개별학습
목표에 대한 긍정적 상호의존성	○	×	○	×
목표에 대한 부정적 상호의존성	×	○	×	×
자료에 대한 긍정적 상호의존성	○	×	×	×
갈등	○	○	×	×

협동적 찬반 논쟁수업의 절차는 다음과 같다.

1) 목표설정

목표를 설정할 때에는 논쟁만 오가다가 끝이 나는 것을 방지하기 위해 2가지 측면(논쟁의 내용적 측면 + 논쟁의 과정적 측면)을 고려해야 한다. 논쟁의 내용적 측면을 고려한 목표설정은 단원 목표달성과 관련된(기여하는) 논쟁 문제(혹은 주제)를 (목표로) 선택하고, 해당 주제와 관련하여 학습할 필요가 있는 지식, 기능, 태도를 학습목표로 설정하는 것이다. 논쟁의 과정적 측면에서 목표설정은 표현능력, 논쟁시 자세, 관점 채택 능력 등 논쟁 과정에서 획득(학습)할 필요가 있는 것을 목표로 설정하는 것이다.

2) 수업설계

수업설계 단계에서는 목표 달성에 좋은 논쟁 문제(주제)를 선정한다(논쟁의 내용적 측면). 논쟁 과정에서 교사가 개입하는 것은 제한적이지만 자료를 제공할 필요가 있을 때를 대비하여 여러 대안과 관련 자료를 준비한다. 논쟁을 구조화시켜 제시하는 것이 필요하다. 논쟁으로 학습자가 개념혼란, 불확실, 불평형을 경험하는 것이 필요하지만, 구조화가 되지 않아 지나치게 혼돈스러우면 목표를 달성하지 못하기 때문이다.

3) 논쟁 과정 설계: 논쟁 과정 설계의 세부 단계는 다음과 같다.

1단계(집단 구성): 여러 소집단(예: 4명) 구성, 소집단 내에 찬반으로 대립된 미니 소집단(예: 2명) 구성
2단계(미니소집단은 찬성/반대의 주장 발표를 준비한다): 문제정의, 사실문제와 가치문제를 구분한다(사실문제는 경험적 증거를 준비하고, 가치문제는 가치의 위계를 따지어 상위 가치에 맞추어 주장한다). 증거나 이론 등을 논점(주장)에 맞게 논리적으로 구조화한다.

3단계: 미니 소집단은 각각 찬성 혹은 반대의 주장을 한다.

4단계(논쟁 혹은 토론): 상대(미니 소집단)의 주장을 분석, 비판한다. 상대의 비판을 반박한다. 이 과정에서 개념갈등, 불평형을 경험한다.

5단계(입장 바꾸어 논거를 제시하기): 입장을 바꿔 상대 미니소집단을 위해 상대가 주장하지 못한 논거를 제시한다. 예를 들어 우리(미니 소집단)라면 이런 식으로 논리를 제시하겠다는 식으로 얘기한다. 이것은 협동학습의 특징이다.

6단계: 두 미니 소집단은 찬반의 의견을 종합하고 재개념화한 것을 학급전체에 발표한다.

4) 평가: 마지막으로 논쟁의 내용적 측면과 과정적 측면을 평가한다.

찬반논쟁 수업모형의 효과는 다음과 같다.

첫째, 모둠 내 미니집단에서 모두가 자신의 견해를 발표할 기회가 있으므로 모든 학생이 논쟁문제에 직면하여 자신의 견해를 주장할 기회를 가진다.

둘째, 논쟁을 통해 인지갈등을 경험하고 자신의 입장을 정교화하며, 높은 수준의 사고를 경험할 수 있다.

셋째, 모둠 내에서 찬반토론을 통해 개념갈등, 인지적 불균형을 경험하고 이것은 지적 호기심을 촉발시킨다. 또한 반대 관점을 이해하는 과정에서 사고의 폭이 넓어진다.

넷째, 연구 결과에 의하면 인지력 향상이 높은 것으로 보고된다.[21]

07 적절하고 충분한 연습과 적용

1 이론

가. 의미

적절하고 충분한 연습과 적용은 교수학습을 위해 교사가 학생에게 올바른 방법으로 효과적인 연습을 시키는 것을 의미한다. 연습과 적용은 이전에 배운 내용(개념)을 확립하고 양질의 내용으로 심화된다. 궁극적으로는 적절하고 충분한 연습과 적용은 새로운 지식 및 활동 영역에 적용이 가능하다는 점에서 다양한 전이에 기여한다.

(1) 적절하고 충분한 연습과 적용을 위한 진행 조건

적절하고 충분한 연습과 적용은 ① 충분히 자주, 적절한 시간적 리듬에 따라, ② 연습 과제가 학습상황에 적절할 때, ③ 올바른 학습전략을 이용하여 연습 능력을 발전시킬 때, ④ 교사가 학생의 연습 과정에 적절한 도움을 제공할 때 효과적으로 진행된다.

(2) 적절하고 충분한 연습과 적용이 재미를 주는 상황

학습에 흥미와 재미를 제공하는 적절하고 충분한 연습과 적용은 학생이 자유롭게 연습할 수 있을 때, 스스로 활동할 수 있는 여지가 주어질 때, 연습의 성과가 가시적으로 나타나고 학습자가 스스로 검사(통제)할 수 있을 때, 학습 내용에 대한 실제적인 흥미를 가질 때 가장 잘 나타난다. 따라서 적절하고 충분한 연습과 적용이 성과를 거두려면 교사는 학생에게 충분한 시간을 주어야 하며, 학생 역시 교과 내용에 대한 관심과 열정이 있어야 한다. 또한 학생에게도 연습과 적용을 할 수 있는 능력이 요구된다.

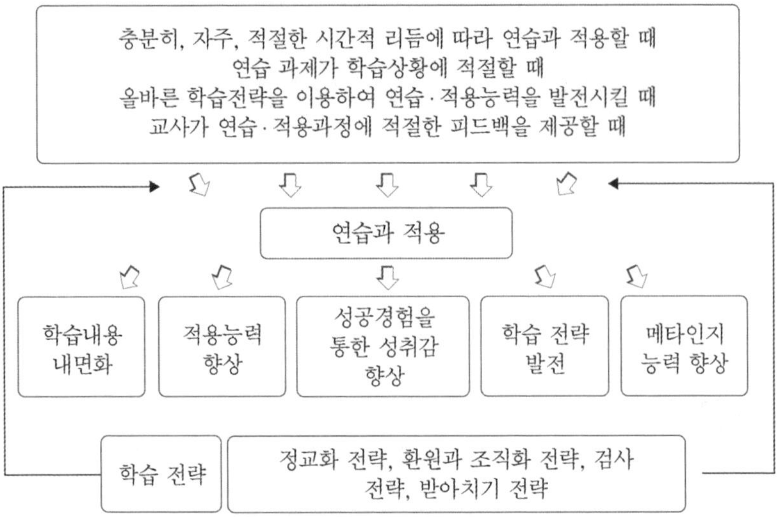

충분히, 자주, 적절한 시간적 리듬에 따라 연습과 적용할 때
연습 과제가 학습상황에 적절할 때
올바른 학습전략을 이용하여 연습·적용능력을 발전시킬 때
교사가 연습·적용과정에 적절한 피드백을 제공할 때

연습과 적용

학습내용 내면화 / 적용능력 향상 / 성공경험을 통한 성취감 향상 / 학습 전략 발전 / 메타인지 능력 향상

학습 전략 / 정교화 전략, 환원과 조직화 전략, 검사 전략, 받아치기 전략

[그림 7-1] 적절하고 충분한 연습과 적용 조건

나. 적절하고 충분한 연습과 적용 지표

✔ 학생은 성공적인 학습의 경험을 가진다.
✔ 학생은 교과 내용(지식)을 정확히 알고 이를 적용한다.
✔ 학생은 학습의 전략을 발전시키며 이를 이해 단계에 적용한다.
✔ 학생은 자신의 학습에 대해 반성적으로 숙고하는 능력을 발전시킨다.

다. 적절하고 충분한 연습과 적용 관련 연구결과

• **수업에서 적절하고 충분한 연습과 적용의 구성 비율:** 수업에서 반복, 연습, 적용, 검사 단계의 빈도를 측정한 결과 적절하고 충분한 연습과 적용이 충분하지 않음을 보여준다. 하지만 최근 학습 내용에 대한 적절하고 충분한 연습과 적용의 중요성을 인식하고 증가하는 경향을 보이고 있다.

• **습득하기 어려운 능력의 적절하고 충분한 연습과 적용 전략**

☑ 정교화 전략(새롭게 배운 지식을 다듬고 풍부하게 함)
 • 추상적 사태에 대한 구체적인 사례 생각하기
 • 사실적 사태에 대한 이미지, 유비, 은유 만들기
 • 사실적 사태의 반대나 모순과 대비시켜 명확하게 이해하기
 • 새로운 내용을 기존의 지식과 결합하기 등

☑ 환원과 조직화 전략(새로 학습할 내용에서 연관성을 만드는 데 기여함)
- 학습내용을 더 작은 부분으로 분할하기
- 장문의 교과서 내용을 몇 개의 핵심 문장(물음)으로 압축하기
- 교과서를 요약해서 시각화시키는 마인드 맵 만들기 등

☑ 검사(평가) 전략(올바른 학습 경로인지를 파악하는 데 기여함)
- 환원전략이 설득력 있는 결과를 도출하는지 검사하기
- 스스로 생각한 구조의 타당성을 검사할 수 있는 질문 생각하기
- 학습계획을 숙고하여 필요한 경우 수정하기
- 스스로 오류를 찾아 수정하기 등

☑ 받아치기 전략(학교의 일상 속에서 학생들이 버텨 나가는 데 도움을 주는 전략)

- 학생의 성취능력과 적절하고 충분한 연습과 적용의 관계: 학생들은 단순한 계산 문제를 연습하는 것보다 응용 지향적 문제를 선호한다. 이는 좋은 성적을 얻는 데 기여하기 때문이다. 반면 단순하고 반복적인 연습은 성취 능력이 낮은 학생들에게는 학습에 있어서 약간의 발전만을 가져온다. 반대로 성취능력이 높은 학생에게 반복적인 연습과 느린 학습 속도는 학습의 발전을 저해한다.

라. 적절하고 충분한 연습과 적용을 위한 고려사항

- 성취 능력별 모둠 구성과 학습 구조 및 상태 분석: 25명 정도의 학급의 경우, 학급을 3~4개 성취 능력 집단으로 나누고 각 집단에 맞추어 학습 구조 분석과 학습 상태 분석을 시도하는 것도 적절하고 충분한 연습과 적용의 효과성을 위한 하나의 대안이 될 수 있다.
- 적절하고 충분한 연습과 적용을 위한 시간 리듬 연구: '15분 후 최초 연습 → 2시간 후 2차 연습 → 12시간 후 3차 연습 → 2일 후 4차 연습 → 1주일 후 5차 연습 → 2주 후 6차 연습'이 효과적이다.
- 학습 내용의 감축: 연습 시간 확보를 위해 학습 내용을 감축하는 것이 중요하다.
- 효과적인 의사소통: 적절하고 충분한 연습과 적용에 대해 학생들과 수업에 관한 회의를 하고, 너무 많은 유인물 사용은 지양해야 한다. 즉 단순히 정보를 기억하거나 독립적인 조작 활동 수행을 위한 빈칸 채우기, 계산 문제, 과제 유인물 등은 가급적 줄이는 것이 좋다.
- 적절하고 충분한 연습과 적용 학습 축제 개최: 1년에 한 번 정도 적절하고 충분한 연습과 적용들 중에서 학생들이 스스로 검증한 효과적인 연습에 대한

아이디어를 제시하게 하고, 가장 훌륭한 내용에 대해 상을 주는 방법 역시 어떤 연습이 적절하며 효과적인 지를 판단하는 데 도움이 된다.

2 **사례와 해설**

사례 109 문제를 직접 만들어 풀면서 핵심 개념을 체계적으로 연결하여 이해함(수학)

수학 시간에 **학생이 직접 문제를 만들고 바꾸어 풀어보는 활동을 하였다.** 학생들은 문제를 만들면서 개념을 어떻게 문제화할 것인지, 어떻게 응용할 것인지에 대해 생각하였고 개념에 대해 깊은 생각을 하였다. 또한 연결되지 않은 개념들을 하나로 **연결**하면서 단원 및 수업의 목표 등에 대해 구체적으로 이해하였다. 그러면서 뻔하다고 생각했던 단원 목표들이 더 이상 뻔한 소리가 아닌, 유기적으로 연결된 수학의 체계적인 단계인 것을 알게 되었다. 처음 문제를 만들 때 잘 하지 못했던 것은 개념을 따로따로 분리해 생각하고 있었기 때문인 것을 알게 되었다. 수학에 대한 체계적 이해를 하게 되었다.

> 수업에서 학생이 한 부분을 맡아 학습 및 설명하면 전체를 이해하지 못하고 이해가 파편화되고 연결되지 못한다. 교사는 파편화된 지식을 연결하여 이해하도록 지도하는 것이 필요하다.

사례 110 모둠별로 문제를 만들고 다름 모둠과 문제를 바꾸어 풀어보는 활동에 적극 참여함(영어)

고등학교 영어 시간에 모둠에서 **문제를 만들어서 다른 모둠과 문제를 바꾸어 풀어보는 활동을 하였다.** 수업 절차는 첫째, 수능 특강에서 모둠별로 지문을 선택하고, 지문에서 내용, 어법, 순서, 문장 삽입 등의 문제를 만들었다. 둘째, 문제를 만들고 다른 모둠과 문제를 바꾸고 풀었다.

수업 시간에 발표를 하거나, 질문에 답변을 하면 포인트를 얻고 포인트가 많은 모둠은 보상을 받을 수 있으므로 모두 열심히 수업에 참여하였다. 학생들은 문제 만

보상과 승부욕으로
인해 적극 참여함

들기에 심혈을 기울이고, 서로 도움을 주고받으면 수업에 적극적으로 참여하였다. 선생님은 **보상과 승부욕을 이용**해서 아이들을 수업에 참여시켰다. 문제 만들기를 하면서 분석한 지문은 이해가 잘되었고 시험 공부하기도 수월하였다.

사례 111 마무리 활동으로 조별로 문제를 만들고 다른 조와 교환하여 풀이함. 잘한 조에 보상을 실시하고 개인별 활동을 생활기록부에 반영함

국어 시간에 마무리 활동으로 본시학습에서 배운 **내용을 토대로 조원들이 각자 문제를 만들어 서로 풀어 본 후 난이도별로 점수의 배점을 다르게 정하였다. 그 후에 다른 조와 교환하여 풀이**를 하였다. 문제 풀이 후 점수가 높은 조는 **보상**을 받았다. 한 문제를 만들기 위해서는 단원 전체를 분석하였다.

마무리 활동: 조별로 문제를 만들어 다른 조와 교환하여 풀이함
보상

학생들은 문제를 만들기 위해 **집중**해서 수업을 들었다. 조원이 함께 참여해야 활동을 할 수 있기 때문에 모두가 **적극적으로 참여**하였다. 또한 학생이 만든 문제와 비슷한 형태가 시험에 출제되기도 하였다.

또한 선생님은 매주 수업이 끝나면 학생들이 **활동지를 작성**하게 하였다. 활동지에는 자신이 만든 문제, 동료들의 문제 중 잘 만들었다고 생각하는 문제, 수업시간에 느낀 점을 작성하였다. 선생님은 활동지를 모아서 학기 말 개인이 느낀 점을 토대로 **생활기록부 세부특기 사항을 기록**하였다. 여러모로 **유익한 수업**이었고 선생님이 학생들을 위해 연구하고 노력하는 것이 느껴지는 수업이었다.

사례 112 교사의 시범 후, 학생의 그리기 활동과 교사의 조언, 다시 학생의 그리기 활동(미술)

중학교 미술 크로키 시간에 **선생님이 먼저 시범**을 보여주었다. 선생님은 모델을 하고 싶은 학생을 선정한 후, 마음대로 포즈를 취해보라고 하였다. 모두 그 상황이 새롭고 재미있었다. 동작을 취해보며 움직이는 모델의 동세 하나하나를 선생님은 콩테(conté)를 가지고 잡아냈다.

교사의 시범

그 후 **학생이 직접 그리기** 활동을 하였다. 세 번 정도 그리고 나니 **선생님은 칭찬**을 하면서 어떤 부분은 선을 아예 생략하고, 동세가 강한 부분은 진한 선으로 그려보라는 **조언**도 하였다. 조언을 듣고 다시 그렸더니 그림이 살아나는 느낌이 들었고, 터치도 무척 마음에 들었다.

학생의 그리기 활동(연습)과 교사의 칭찬과 조언

　　어느 정도 수업이 진행되자, 한 **학생이 직접 모델**을 하고 싶어 했다. 그 학생이 다양한 동작을 취하는 동안 이를 보고 여기저기에서 웃음이 터져 나왔다. 이런 분위기 때문에 모델 친구의 포즈를 정확하게 그려주지는 못했다. 하지만 이러한 과정 속에서 교사와 학생, 그리고 동료 학생들 사이에 유대감을 느낄 수 있었다.

　　전문 예술 학교에서나 했을 법한 수업을 직접 경험한 것이 좋았다. 이 날을 계기로 크로키에 **자신감이 붙어서** 항상 스케치북을 가지고 다니며 주변을 그렸다. **미술에 대한 흥미와 관심도 커졌다.** 선생님한테서 칭찬을 들었을 때의 기분이 지금도 생생하다.

08 개별화된 학습과 성장

1 이론

학생들의 개별적인 학습과 성장을 위해서 교사는 창의적인 교수학습을 계획·실천하고, 많은 시간을 기다리는 인내가 필요하다. 또한 개별화된 학습과 성장은 장애를 가진 학생들에 대한 개별적인 지원뿐만 아니라 재능 있는 학생들이 자신의 능력을 최대한 발휘할 수 있도록 개별적으로 교수학습을 촉진시키는 방법도 포함한다.

Weinert와 Helmke는 학생의 교수학습에 실질적인 도움을 제공하는 것으로, Meyer는 학습 성과에 대한 개별적 촉진으로, Tileston은 학습자들 간의 격차를 줄이는 것으로, 2011년 CCSSO[22)]는 '개인차를 인정하고 다양한 학습기회 제공'과 '다양한 목표에 근거한 수업 설계'로, 2013년 CCSSO[23)]는 '학습차이 이해'와 '다양한 평가, 수업계획, 교수전략' 등을 통해 학생들의 능력에 따른 개별적인 교수학습의 촉진을 좋은 수업의 기준으로 강조하고 있다.

좋은 수업은 개별 학생의 조건과 욕구에 맞추어야 하고 개별 학생의 학습과 발달을 지원하고 촉진시켜야 한다는 교육과정 실행의 **출발 원리는 수업에서 개별화 전략의 중요성**을 강조한다. 개별적 촉진을 위한 수업의 방향은 개별화된 학습과 성장을 위해 다음과 같은 몇 가지 시사점을 제시한다.

- 학생에게 충분한 학습시간을 부여한다.
- 정해진 과정을 서로 다른 기간에 이수할 수 있다.
- 학습 욕구, 흥미 자극을 위한 학습 자료는 학생에게 도움이 된다.
- 교과서 역시 개별화 수업이 가능하고 개별적인 촉진이 가능해야 한다.

- 학생의 성장 상황에 대한 보호자와의 상담이 성적표를 대신한다(성장지향평가).
- 학교는 학생에게 배려와 보호를 제공해야 한다.
- 교육공동체 전체가 하나가 되어 학생을 지원해야 한다.

가. 의미

개별화된 학습과 성장은 '개별화 수업'(Individualized Instruction, Individual Teaching) 또는 '수업의 개별화'를 의미한다. 개별화 수업은 학습자가 학습 목표를 달성하기 위해 자신의 학습 속도에 맞게 처방된 과제를 가지고 공부를 하는 것에서부터 학습자가 직접 학습 수단과 방법을 자유롭게 선택하게 하는 교수학습 지도법에 이르기까지 다양한 정의가 가능하다. 이런 다양한 정의는 행동과학적 또는 체제 접근적 방법과 인본주의적 접근 방법으로 구분할 수 있다.[24]

개별화 수업은 수업의 초점을 개인 학습자에게 두고, 모든 학습자가 교수목표를 성취하도록 하기 위해 각 개인의 특성, 능력, 요구 등과 같은 개인차를 고려해서 적절하고 타당한 학습목표, 교수방법 및 절차, 자료의 선택, 평가 등을 변별적으로 실천하는 수업체제이다. 또한 개별화 수업은 완전학습과 계속적 진전의 원리에 의해 운영되는 경향이 있다. **완전학습**의 원리란 학습자마다 학습목표를 완전히 성취할 수 있도록 학습자의 능력과 학습양식에 맞추어 여러 가지 수업 절차를 제공하는 것을 말하고, **계속적 진전의 원리**란 주어진 시간 내에서 개개의 학습자가 성취가능한 모든 것을 이룰 수 있도록 새로운 학습과제를 향하여 계속적으로 나아갈 수 있어야 함을 의미한다.[25]

Meyer는 개별화된 학습과 성장을 모든 학생에게 신체적, 인지적(지성적), 정서적, 사회적 잠재력을 포괄적으로 발전시킬 수 있는 기회를 제공하며, 적절한 조치(**충분한 학습 시간 보장, 특별한 촉진 방법, 적절한 학습자료 제공, 외부 전문가의 도움** 등)를 통해서 개별적으로 학생의 교수학습 활동을 지원하는 것으로 정의했다.

개별화된 학습과 성장과 관련하여 최근에는 개인의 적성, 흥미, 능력에 따라 **차별화된 수업**(Differentiated Instruction)을 개별화 수업으로 보기도 한다. 차별화된 수업은 다양한 수업, 수준별 수업, 맞춤형 수업 등으로 번역되고 있다. 차별화된 수업은 '개인별 수업이 아니고, **다양한 학생들의 강점과 수요에 대응하기 위하여 여러 수업 전략을 균형 있게 사용**'하는 수업이다. 따라서 개별화된 학습과 성장을 의미하는 개별화 수업은 학생의 **학습 준비도, 흥미, 학습 양식**(학습 스타일 및 선호하는 학습 유형)에 따라 학습 내용, 학습 과정, 학습 결과물 및 학습 환경에 다양성을 주는 수업으로도 볼 수 있다.[26]

나. 개별화된 학습과 성장 지표

✔ 학생들은 각자 다른 과업을 수행하며, 각자의 가능성의 범위 내에서 발전을 보여준다.
✔ 학생의 주제, 흥미, 성취 능력에 따라 상이한 교과서, 학습자료, 지원방식이 존재한다.
✔ 정기적으로 학생들의 학습 상황을 모니터링한다.
✔ 성취 능력이 낮은 학생도 개별적인 학습의 성과에 대해 반성적 사고를 하도록 권유를 받는다.
✔ 기초학습 능력이 낮은 학생은 이를 극복하기 위해 특별한 도움을 받는다.
✔ 성취 능력이 높은 학생은 합의하에 통상적인 과제에서 벗어나 자신이 중요하게 생각하는 일에 몰두할 수 있는 권리를 갖는다.
✔ 학습장애를 가진 아이는 별도의 도움을 받는다.
✔ 운동 장애나 정서적 문제를 가진 학생을 위한 별도의 학습과정이 마련되어 있다.
✔ 건강상의 문제가 있는 학생은 자신의 능력에 적합한 양의 과제를 받는다.
✔ 학생의 학교생활에 문제가 있을 때 상담을 하고 보호자와 대화시간을 가진다.

다. 개별화된 학습과 성장 관련 연구결과

• **기초학력이 낮은 학생**: 이들 학생들을 위해서는 개별적인 촉진이 더 활발하게 이루어져야 한다.

• **학생에 대한 교사의 진단능력**: 교사의 학생 진단능력이란 학생의 학습 태도와 성취 능력 수준에 대해 적절한 판단을 내릴 수 있는 교사의 능력을 의미한다. 교사의 진단능력의 객관성, 신뢰성, 타당성에 의문을 제기하는 연구들이 있다. 교사는 학생에 대한 자신의 판단이 정확하지 않을 수 있으며, 잠정적이며 수정이 필요함을 인식하는 것이 중요하다.

• **교사의 진단능력과 수업 진행 과정의 명료한 구조화**: 교사가 학생에 대한 진단능력이 있는 것만으로는 학생들의 학습 성과를 보장하지 못한다. 보다 효과적인 개별적 촉진을 위해서는 개별 학생에 대한 교사의 진단능력뿐만 아니라 수업 진행을 구조화하고 명료화하는 교사의 능력이 중요하다.

• **개인차를 고려한 3가지 개별화수업 방법**: 변영계[27]는 개별화된 학습과 성장을 위한 개별화 수업 방법을 ① 선별적 방법, ② 접합(적응)적 방법, ③ 상호

작용적 방법으로 구분한다.

① 선별적(selective) 수업방법은 선발 과정을 통해 학습 집단 구성원들의 개인 차를 최소화한다.

② 접합(적응)적(adaptive) 수업방법은 개인 학습자가 가진 특성에 학교 수업 방법과 학습 조건을 적절하게 선택하여 제공하고 학습자들은 자신에게 효과적인 학습방법을 선택한다. 대표적인 사례로는 **개별적 처방 수업**(IPI, 1964), **개별적 지도 교육**(IGE, 1965), **학습자 요구 부응 프로그램**(PLAN, 1967), **개별화 수업 체제**(PSI, 1968) 등이 있다.

☑ 개별적 처방 수업(IPI: Individually Prescribed Instruction)은 1964년 피츠버그 대학의 R. Glaser와 J. O. Bolvin 등이 개발한 개별화 수업방법이다. Skinner의 조건형성의 원리와 프로그램 학습법에 이론적 토대를 두고 있다. 전체 학습자에게는 공통의 행동적인 학습 목표가 부여된다. 진단검사를 통해 개별 학습자의 수준을 파악하고, 이를 토대로 개별 학습자에게 적절한 수준의 학습 자료를 제공한다. 개인마다 출발 수준이 다르며 학생은 개별적으로 학습을 한다. 개인별 학습이 종료된 후 교육 목표에 대한 성취 정도를 평가한다. 완전학습이 이루어지면 다음 단계로 진행하고 실패한 목표에 대해서는 적절한 수준의 자료가 다시 제공된다.

☑ 개별적 지도 교육(IGE: Individually Guided Education)은 1965년 위스콘신 대학의 H. J. Klausmeier 등이 개발한 개별화 수업방법이다. Klausmeier의 수업방식은 교과영역별로 무학년제와 팀티칭 방식을 채택한 것이 특징이다. 교사는 학습자 개인의 성취수준, 학습유형, 동기수준 등을 사전에 진단한 후 개별 학생이 성취할 '적절한 목표'를 정해준다. 각 개인의 목표에 부합하는 학습 프로그램을 제공하고 개별적 혹은 소규모 집단으로 학습을 한다. 팀티칭 방식으로 수업이 진행되며, 학습이 종료된 후 완전학습 정도를 평가받고, 다음 학습 과제로 넘어 간다.

☑ 학습자 요구 부응 프로그램(PLAN: Program for Learning in Accordance with Needs)은 1967년 J. C. Flanagan 등이 개발한 방법으로 무학년제로 운영되며 컴퓨터 지원을 활용한 개별화 수업이다. 개인의 생애목표, 직업적 흥미, 학습유형, 학업성취 수준 등을 고려한 학습계획서를 제공한다. 개별 학생의 학습과정은 일반적으로 2주 정도 학습량으로 구성된 모듈 단위로 구성한다. 교사는 학생의 적성, 흥미, 성취수준 등을 컴퓨터로 분석하고, 이를 토대로 개인에게 적합한 학습 모듈을 제공한다. 평가를 통해 성취가 인정되면, 다음 단계의 학습 모듈이 제공된다.

☑ 개별화 수업 체제(PSI: Personalized System of Instruction)는 1968년 F. S. Keller가 체계화 한 것이다. Keller는 Skinner의 조작적 조건형성의 원리에 기초한 학습방법을 발전시켜 PSI를 개발했다. 학생들에게 적합한 학습과제와 학습안내서가 제공된다. 학생은 자신의 학습속도에 맞추어 자율적으로 학습과제를 공부한다. 평가를 통해 다음 학습단계로 진행된다. 평가에 통과하지 못하면 보충학습 자료를 수행한 다음 재평가를 받는다. 학습보조원이 개별 학습자의 학습을 지원한다. 지원 범위에는 과제 채점, 질의 및 토의 대응, 그 과정과 결과에 대해 교사에게 피드백을 제공한다. Keller가 학습에 있어서 동기부여를 강조한 것처럼, 교사는 학생의 학습 동기를 강화시키고 개별 학습을 풍부하게 하기 위한 강의를 제공한다.

③ 상호작용적 수업방법은 학습자 개인이 성취해야 할 수업목표, 내용의 수준과 양 등을 고려하여 다양한 학습방법 적용, 학습자 개인의 적성, 수업 이해력, 선수학습능력 수준, 요구와 관심 사항, 학습 속도 등을 감안하여 교수학습을 진행한다. 대표적인 사례로는 Cronbach와 Snow[28]의 **적성 처치 상호작용**(ATI: Aptitude Treatment Interaction), Bloom의 **완전학습**(mastery learning), **협동학습**(cooperative learning), **컴퓨터 보조 수업**(CAI: Computer-assisted instruction) 등이 있다.[1]

• Borich는 성취 수준, 적성, 혹은 학습방식의 개인차를 가진 학생들과 함께 공동의 수업 목표를 달성하기 위한 하나의 접근 방법을 **적응적 교수**(Adaptive Teaching)로 명명한다. 그는 다양한 수업 전략을 교실의 다양한 학생 모둠에 적용시키는 적응적 교수 기법을 ① **교정적 접근방식**(remediation approach)과 ② **보완(상)적 접근방식**(compensatory approach)으로 구분한다.[29]

① **교정적 접근방법**은 계획한 수업을 통해 학생들이 유익을 얻을 수 있는데 필요한 선수 지식, 기술, 행동을 학생에게 제공한다. 이 접근방법은 수업의 선행조건이 되는 정보, 기술 행동을 제한된 시간 내에 가르칠 수 있을 때 성공적이다. 수업시간 안에 교정적 접근방법이 어렵다면, 보완(상)적 접근방법

---

1 다양한 개별화 수업 방법은 학습 능력, 학습 속도, 학습자 요구에 따라 구분할 수도 있다. 개별지도 교육(IGE)과 적성 처리 상호작용(ATI) 방법은 학습자의 능력에 따른 분류이며, 개별적 처방 수업(IPI)과 개별화 수업 체제(PSI), 프로그램 학습은 학습자의 학습 속도에 따른 분류로 볼 수 있다. 학습자 요구 부응 프로그램(PLAN)은 학습자의 요구를 존중하는 개별화 수업 방식이다.

이 효과적이다.

② **보완(상)적 접근방법**은 학생들의 약점을 피하고 강점을 조성하기 위해 수업 내용을 바꿈으로써 학생의 정보, 기술, 능력의 부족을 보완하는 수업방법을 교사가 선택하는 것이다. 이는 추가적인 학습재원과 활동으로 교과 내용을 보충하거나 대안적인 양식을 사용함으로써 가능하다. 내용의 시각적 재현, 유통성 있는 수업 발표, 수업방식의 변화처럼 학습자에게 알려진 학습 강점에 집중하기 위해 수업 기법을 수정하는 것을 포함한다.

- **차별화된 개별화 수업(DI: Differentiated Instruction)**: 학생 개인 사이의 차이에 대응하는 유사한 방법으로 차별화된 개별화 수업이 있다. 적응적 교수 방법이 같은 교실 안에 있지만 언어능력, 수학적 차이, 교과관련 지식이 다른 학생들의 전체 수업이나 모둠에 대응하는 데 효과적인 반면, 차별화된 개별화 수업은 개별적인 학습자들이나 소집단 학습자들의 **학문적 성공**에 초점을 둔다. 전체적인 이론적 측면에서 차별화된 개별화 수업은 적응적 교수 방법 모형과 유사하다. 하지만 차별화된 개별화 수업이 전제하는 것은 수업 접근방식이 개인에 따라 다양해야 하고, 개인의 학문적 성공이 목표로 설정되어 있으며, 개별화된 접근방법에 의해 향상되어야 한다는 것이다.[30] 차별화된 개별화 수업의 성공을 위해서 교사는 개별 학생의 학습 이력, 배경, 학습준비도, 흥미, 습득된 기술을 인식한 후 학문적 성공을 위해 소집단이나 개별 학습자에게 맞추어진 수업전략을 선택해야 한다. 규모가 큰 집단에서 이 방법을 사용하면 학습 성공 속도가 느려질 수 있다.
- **개별화된 학습과 성장을 위한 개인의 능력적·비능력적 특성 이해**: 개별화된 학습과 성장을 위해 교수자는 학습자의 적성, 수업이해능력, 선수학습능력과 같은 능력적 특성과 인지양식, 지구력, 교과목 흥미, 자아개념, 동료에 대한 태도와 같은 비능력적 특성을 구분하고 효과적으로 대응해야 한다.[31]
- **개별화된 학습과 성장을 위한 일반적 원리**: 교수자는 학습자가 수업목표를 분명히 인식하도록 하고, 학습자의 능력과 특성에 맞게 과제를 제시하며, 학습동기를 유발시키면서 지속하고, 학습내용을 구조화·계열화할 필요가 있다. 더불어 수업목표에 적합한 수업사태를 제공하며, 체계적이고 다양한 강화를

제공하고, 열정적인 교수와 함께 교정적인 피드백을 제공해야 한다.[32)]

라. 개별화된 학습과 성장을 위한 고려사항

개별화된 학습과 성장의 핵심 요소는 학생 개개인에 대한 **교사의 촉진적인 태도**뿐만 아니라 수업 내에서의 **수준별 교수학습 전략**도 중요하다. 수준별 수업은 하나의 학습 집단을 유사한 능력을 갖춘 부분 집단들로 잠정적 또는 지속적으로 나누는 모든 형태를 의미한다. 수준별 수업의 교육학적인 가치는 교사와 학생이 교수학습에 있어서 상호 유익하도록 학습의 대형과 학습 집단을 만드는 것에 있다. 개인마다 성취기준이 다양한 수준별 수업은 교육과정 재구성과도 관련된다.

보다 효과적인 개별화된 학습과 성장을 위해서는 학습능력이 가능한 모둠을 형성하는 학생 개인에 대한 차별화 전략, 수업의 목표·내용·방법과 같은 교수학습 차별화 전략, 수업 시간 전략과 순조로운 수업진행을 위한 임기응변 차별화 전략이 필요하다.

- **개인적인 차별화 전략**: 개인의 성취 능력에 따라 차별적인 능력의 모둠을 만들거나 동일한 능력의 모둠을 만들 수 있다. 진단 평가 수준에 따라, 개별적인 촉진이 필요한 수준에 따라, 성별, 주제, 방법과 매체, 주제에 대한 관심 등에 따라 모둠을 구성할 수 있다.

- **교수학습 차별화 전략**: 교사는 효과적인 교수학습을 위해 동일한 목표와 차별화된 목표를 구분하고, 동일한 주제의 내용과 차별화된 주제의 내용을 나누며, 방법을 활용할 수 있는 능력과 매체에 대한 선호에 따라서 수업을 운영하는 것이 교수학적인 차별화이다.

- **임기응변 차별화 전략**: 수업시간을 절략하고 순조로운 수업 진행을 위해 우연, 앉은 자리, 학생 위임, 과제(내용)에 따른 방해 요인 등을 고려한다.

2 사례와 해설

사례 113 노력과 과정을 기준으로 수행평가를 함(음악)

초등학교 때 음악 수행평가로 리코더 불기를 하였다. 내가 리코더로 불 수 있는 곡이라고는 '비행기' 밖에 없었다. 수행평가 시간이 되었다. 리코더를 잘 부는 친구는 에델바이스를 연주하였다. 나는 에델바이스 연주를 들으면서 창피하였다. '비행기'와 '에델바이스'는 너무나도 다른 곡이기 때문이다.

선생님은 먼저 시험보고 싶은 사람은 손을 들라고 하였다. 나는 제일 먼저 손을 들었다. 나름대로 열심히 호흡도 조절해가며 불었다. 불면서 아이들의 눈치를 보았는데, 역시 다들 실망한 표정이라고 느꼈다. 연주가 끝나고, 눈을 질끈 감고 결과를 기다렸다. 그런데, 선생님은 **박수를 쳤다**. 선생님은 아이들에게도 박수를 치라고 하였다. 나는 의아했지만, 속으로는 세상을 다 가진 것 마냥 무척이나 기뻐하였다. 선생님은 "여러분에게 가장 **자신 있는 곡을 연주하라고 했지, 어려운 곡을 연주하라고 하지 않았어요.** ○○는 자신이 잘하는 곡을 완벽하게 연주했으니까, 박수를 쳤어요." 나는 수행평가 만점을 받았다. 선생님은 '**재능**'으로 **평가하지 않고,** '**노력**'과 '**과정**'을 기준으로 **평가하는 교육을 실현하였다.**

09 학습 촉진적인 분위기

1 이론

가. 의미

수업 분위기는 교수학습이 이루어지는 상황에서 교사와 학생의 관계 및 학생과 학생의 관계의 정서적이고 인간적인 성질을 표현하는 개념이다. 단순히 수업이 편안하고 재미있으며 학급에서 관계가 원만함을 의미하는 것이 아니라, 교수학습에 가장 도움이 되는 분위기에 대한 경험적인 상황을 의미한다.

Meyer는 학생의 학습을 유발하거나 촉진하는 수업 분위기를 ① **상호 존중**, ② **규칙 준수**, ③ **책임의 공유**, ④ 개별 및 전체 학생에 대한 **교사의 공정한 태도**, ⑤ 학생에 대한 **교사 및 학생들 상호 간의 배려**라고 보았다.

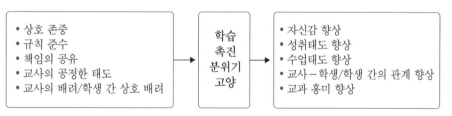

[그림 9-1] 학습 촉진적인 분위기 기준

(1) 상호 존중

존중은 관용이나 허용과는 그 결을 달리한다. 존중은 타인을 존중하는 사람이 가지는 일종의 정신적인 과정이자 타인의 인격과 내면에 대한 경의를 의미한다. 상호 존중의 표현은 서로에 대한 존중의 언어와 행동과 같은 예의바름을 통해 나타난다.

존중의 반대는 멸시, 모욕, 경시, 무시로 나타난다. 상대방을 존중하지 않는 언행은 스스로 인지하기 어려운 경우도 있다. 따라서 교사와 학생은 매 순간 자기반성을 통해 자신의 태도, 표현, 행동이 상대방에게 상처를 주지는 않았는지를 항상 염두에 두어야 한다.

(2) 규칙 준수

학습을 촉진하는 교수학습 분위기를 만들고 이를 유지하기 위해서는 합의된 좋은 규칙이 반드시 필요하다. 암묵적인 규칙도 중요하지만 보다 명확한 수업 규칙을 확립해야 한다. 규칙을 준수하는 것은 공동체 구성원들 사이에 신뢰의 또 다른 표현이다. 서로 간에 규칙을 준수할 것이라는 믿음을 가지기 때문이다. 간혹 교실에서 학생들은 재미삼아 규칙을 위반하는 경우도 있다. 교사 역시 학생들과 합의하여 만들 규칙을 위반하는 사례도 있다.

명확한 규칙을 시행하려면 규칙의 제정 의미와 필요성에 대한 합의가 무엇보다 중요하다. 민주적 분위기와 절차를 통한 규칙의 제정과 공정한 규칙의 이행이 반드시 수반되어야 한다. 학생의 안전과 교육적인 목적을 위해 규칙 준수에 있어서는 단호한 태도를 취하되 그 과정에서는 친절함(부드러움)을 가져야 한다.

(3) 책임의 공유

자신과 동료의 학습과정에 대해 상호 책임을 가지는 것이다. 교사는 학생의 학습에 대해 책임을 가져야 하며, 학생 역시 동료의 학습을 방해하거나 교사의 정당한 교육활동을 방해해서는 안 된다. 교수학습 과정에서 이에 대한 책임이 공유되고 분명할 때 학습을 촉진하는 분위기는 지속될 수 있다.

(4) 공정한 태도

공정성은 수업에서 항상 부족한 사랑, 진실, 시간을 분배하는 원칙이 된다. 또한 공정성은 교사와 학생 모두 가져야 하는 태도이지만 교사에게 있어서 더 필요하다. 교사의 편애, 무성의, 주관적인 태도 등은 학급을 불공정한 분위기로 이끌어 가며, 궁극적으로 학습 분위기를 저해한다.

(5) 배려

배려는 교사가 수업을 진행하고 이끌어갈 때 고려해야 할 세심한 부분이다. 아울러 학생들 상호 간에 도우려는 자세와 동료애적인 관계의 표현이다. 최근 협동학습, 팀 프로젝트 등의 교수학습방법의 다양화와 학생중심의 수업을 운영하는 데 있어서 학생들 상호 간의 배려는 더욱 중요해지고 있다.

교실에서의 학습 분위기는 일반적으로 교사에 의해서 촉진된다. 학습 촉진적인 분위기를 조장하는 데 있어서 상호존중, 규칙준수, 책임공유, 공정한 태도, 배려는 우선적으로 교사에게 필요한 특성이다. 우리나라 학생들이 제시한 학습 촉진적인 기준은 긍정적인 학생 지도, 교사의 인성, 민주적인 학습 환경 조성처럼 교사의 역량에 따라 좋은 수업이 결정된다는 점을 보여 주었다. 이는 인격적으로 훌륭하며 학생의 학습 및 생활 지도에 민주적인 교사가 학습을 촉진하는 중요한 요인이 됨을 보여 주는 것이다.

학습을 촉진하는 훌륭한 교사는 학생들에게 근면성을 갖도록 하며, 위엄과 열의가 있으며, 공정하고, 적응력이 있고, 친절하고 융통성을 가지며, 학생들의 개인차를 잘 이해하는 특성을 가진다.[33] 또한 국내외 많은 연구결과를 보면,[34] 자신감 있고, 관용적이며, 정서적으로 안정되어 있고, 친절하고 신뢰할 수 있으며 학생들에게 열등감을 느끼지 않도록 하는 교사를 학생들은 선호한다.

나. 학습을 촉진하는 분위기 지표

✔ 교사는 학생을 존중하며, 특정 학생에 대해 편애나 차별이 없다.
✔ 수업시간에 종종 웃음이 터져 나온다.
✔ 교실에서 학생들의 역할이 명료하게 정해져 있다.
✔ 합의된 규칙을 잘 준수할 수 있도록 상호 간에 격려한다.
✔ 학생들이 동료를 상호 비난하거나 공격적인 태도가 나타나지 않는다.
✔ 소집단 사이에 지나친 경쟁이나 권력 다툼이 거의 없다.
✔ 학습에 있어서 학생들은 동료를 배려하고 상호 돕는다. 왕따 혹은 은밀한 따돌림이 없다.

다. 학습 촉진 분위기 관련 연구결과

학습을 촉진하는 분위기와 관련된 내용은 교사의 ① 공정성, ② 배려, ③ 책임의식 공유, ④ 유머, ⑤ 성인지감수성, ⑥ 자신감과 자주성, ⑦ 자기 평가와 외부 평가, ⑧ 학급공동체 등이 있다.

라. 학습 촉진 분위기를 위한 고려사항

• 학습을 촉진하는 교실의 수업 분위기를 만들기 위해서는 5개 영역(상호 존중, 규칙 준수, 상호 책임, 공정성, 배려)이 **균형**을 이루어야 한다. 이런 균형을 기초로 하여 학생은 자기 신뢰, 수업에 대한 흥미 형성, 학업성취를 위한 준비, 수업(학교) 생활 적응, 사회적인 긍정적 태도의 함양을 위해 교수학습에 참여해야 한다.

• 수업 분위기를 좌우하는 데 있어서 교사의 영향력은 막대하다. 분위기는 교사의 인격과 수업을 진행하고 학생을 대하는 태도에 의해 만들어진다. 하지만 교사가 모든 것을 장악할 수는 없다, 학생들의 협력과 지원이 필수적이다. 교사가 학습을 촉진하는 분위기를 형성하는 데 있어서 고려할 만한 대표적인 연구들은 아래와 같다.
  – 폭력(언) 예방 조치 취하기
  – 모든 학급 구성원에게 역할 부여하기
  – 학생들과의 정기적인 대화와 요구사항에 피드백하기
  – 교수학습 방향이나 다양한 학급의 목표에 대해 합의하기
  – 갈등상황에 대한 효과적인 조정과 중재: 학급회의, 상담, 대화법 등
  – 수업문제 상황을 설명하고 대안을 찾아 해결하는 메타 수업(수업에 대한 수업)
  – 효과적인 좌석배치, 학급 대변인 제도, 학급회의 등을 통해 민주적인 의사결정과 참여과정 마련

2 사례와 해설

가. 학습을 촉진하는 수업 분위기

사례 114 학급의 문제를 긍정적인 방향으로 학급회의를 통해 논의하여 해결하는 교사와 학생들의 노력

초등학교 때 담임선생님은 학급의 중요한 문제들은 항상 학급회의를 통해 해결하려고 하였다. 학기 초에는 지각을 하거나 수업 방해를 하는 경우 어떤 방법으로 그러

지 않도록 하면 좋겠는지에 대한 주제로 **학급회의를 하였다**. 다른 선생님들이라면 혼을 내거나 부모님과의 상담으로 해결하였겠지만, 담임선생님은 달랐다. 우리는 벌금을 걷자, 벌을 주자는 등의 해결 방법을 냈지만, **선생님은 고통을 주는 방법을 사용하지 말고 더 생각해보자고 하였다**. 결국, 지각을 하거나 수업 방해를 하는 학생들은 교실 앞에 나와서 노래를 하나씩 하고 들어가기로 하였다. 선생님은 이 방법을 실제로 적용하였고, 학생들은 자신도 모르게 떠들다가 노래 벌칙 생각에 흠칫 놀라 수업에 참여하는 등 수업 방해를 하지 않기 위해 스스로 조심하는 모습을 보였다.

학급의 주요 문제를 학급회의를 통해 해결

부정적인 해결 방법은 지양하고, 긍정적인 해결이 되도록 교사가 리드함

사례 115 수업 자료 제작에 참여하면서 도전과 보람을 가졌던 수업(영어)

고등학교 영어 시간, 수행평가에 앞서, 평가가 어떻게 이루어질지 연습해보는 날이었다. 한 명씩 앞에 나갈 때마다 선생님은 음성 파일을 틀어주었고 학생들은 음성 파일에서 무작위로 선정된 두 개의 질문을 듣고 즉석에서 유창하고 자세하게 답변해야 했다. 연습시간이었지만, 모두가 집중하며 열심히 연습에 임하였다.

평범해 보이는 이 수업이 기억에 뚜렷이 남는 이유는 음성 파일을 내가 녹음했기 때문이다. 나는 선생님의 권유로 수업에서 활용할 음성파일을 녹음하였다. 선생님은 "회화 연습을 할 건데, 그걸 네가 녹음하면 좋겠는데 어떻겠니?"라고 제안을 하였다. 조금은 **부담스럽기도 했지만, 도전해보고 싶은** 마음과 신나는 마음이 더 컸다. 믿고 맡겨준 만큼 완벽한 음성파일을 만들고 싶었기에, 열심히 노력한 끝에 녹음을 마쳤다.

모든 학생들의 연습이 모두 끝나고 선생님은 음성파일의 목소리가 나임을 알려주었다. 학생들은 몰랐다며 놀라는 반응을 보였으며, 박수를 쳐 주었다. 이후 옆 반 학생들도 영어책을 가져와 "이것 좀 읽어줘" 하며 도움을 청하였다. 컴퓨터에서 나오는 내 목소리에 맞춰 동료들이 연습하는 것을 보고, 내가 **도움이 된 것 같아 뿌듯했고**, 녹음을 위해 **연습한 보람을 느꼈다**. 이후 더욱 열심히 영어 공부를 하였다.

> 115번 사례는 교사의 수업 개발에 학생이 직접 참여하면서 보람을 느꼈고, 수업에 더욱 열심히 참여하게 되었다. 학생이 비록 음성파일 녹음이라는 수업 개발의 일부분에 참여하였으나, 친구들의 반응은 컸다. 수업에서 학생들의 적극적인 참여를 이끌어내기는 쉽지 않은데, 교사가 학생을 수업 개발 단계에 적극적으로 참여시킨 의미있는 사례이다.

Chapter 09 학습 촉진적인 분위기 **175**

사례 116 학생의 바람직한 행동에는 칭찬과 보상을, 문제행동에는 문제가 되
는 이유 설명과 올바른 지도를 통해 학생들의 존경과 신뢰를 받음

중학교 때, 선생님은 따뜻한 마음씨를 가진 온화한 분이었다. 또한 학생들을 사
랑하는 마음이 느껴지는 정이 많은 선생님이었다. 선생님은 당근과 채찍이 분명하였
다. 선생님은 질문을 했을 때 대답을 잘하는 학생이나 수업태도가 좋은 학생들에게
사탕이나 초콜릿 같은 **보상**을 주면서 **칭찬을 많이** 해주었다. 그러자 학생들은 적극적
으로 수업에 **참여**하였다. 하지만 학생이 수업분위기를 흐리거나 장난을 심하게 칠
때 "너의 이러이러한 행동이 이러이러한 이유로 잘못되었어."와 같이 **잘못된 부분을
정확하게 지적**하였다. 꾸중을 할 때는 학생을 위하는 것이 느껴졌다. 그래서 학생들
이 가장 **존경**하는 선생님으로 그 선생님을 선정하였다.

학생이 **잘한 부분**에 대해서는 상을 주고, **잘못된 행동**은 정확하게 알려줌으로써
올바른 방향을 제시해주는 것이 교사의 역할이라고 생각한다.

116번 사례와 같이 학생들은 칭찬과 보상, 훈육이 타당하고 공정하며, 리더십이 우수한
교사를 존경한다. 교사의 공정한 보상과 정확한 지적을 할 수 있는 리더십은 학생들의 마
음을 움직여 수업의 효과도 높인다.

〈벌, 보상, 강화〉

벌은 정적인 벌과 부적인 벌로 구분된다. 정적인 벌은 바람직하지 않은 행동을 줄이기
위해 후속결과로 벌을 제공하는 것이다. 예로 반응대가, 과잉교정 등이 있다. 부적인 벌은
바람직하지 않은 행동을 줄이기 위해 강화를 제거하는 것이다. 예로 소거, 타임아웃 등이
있다. 35) 36)
강화는 기대되는 행동을 증가시키기 위한 처치이다. 행동주의 심리학에 기반한 강화는
아이의 책임감 있는 행동 형성에 매우 효과적이다. 강화는 정적강화와 부적강화로 구분된
다. 부적 강화가 인간 행동을 유지시키는데 효과적이지만 행동치료방법으로는 많이 사용되
지 않고37) 학교 현장에서는 많이 사용된다.
강화 사용의 원칙은 다음과 같다.38)
• 강화는 아이의 책임감 있는 행동수행에 대한 조건부로 사용한다.
• 강화는 아이의 책임감 있는 행동수행 후 즉시 제공하는 것이 효과적이다.
• 강화는 동일한 기준으로 지속적으로 제공하는 것이 효과적이다.
• 아이가 제공되는 강화가 자신의 책임감 있는 행동의 결과(반대급부)라는 것을 이해하
는 것이 중요하다.

강화는 보상과 구별된다. 보상은 특정 행동에 대한 반대 급부로 주어지는 쾌 감정을 유발하는 것이나 보상을 통해 해당 행동이 계속 유지시키는 것은 아니다.[39] 보상의 효과에 대하여 논쟁이 계속되고 있다.

강화와 관련된 윤리적 논쟁이 약간 있다. 첫째, 아이의 책임감 있는 행동을 증진시키는 효과가 있지만 아이가 그 책임감 있는 행동을 하기 싫어한다면 아이의 자유를 박탈하는 것이 아니냐는 주장이 있다. 그러나 아이가 사회적으로 책임감 있는 행동을 하는 기회를 제공하는 것은 궁극적으로 개인의 자유의 폭을 증가시키는 것이다.

둘째, 강화가 일종의 뇌물이 아니냐고 주장한다. 이것은 보상에도 해당되는 논쟁이다. 뇌물은 통상 사회적으로 정직하지 않거나 바람직하지 못한 행동을 위해 제공되는 것이다. 그러나 강화나 보상은 아이의 바람직하거나 책임감 있는 행동 형성을 위해 사용되는 것이다.[40] 인간의 심리적 특성을 고려할 때 보상과 강화의 적절한 사용은 학생들의 학습 효과를 올릴 수 있다. 다만, 부적절하게 사용했을 경우 교육의 역효과를 유발하므로 교사의 치밀한 설계가 필요하다. 위 사례들과 같이 보상과 강화는 단독으로 사용하기보다는 다양한 교육상황의 한 기제로 상황에 따라 활용할 때 효과가 커진다.

사례 117　미래의 나에게 편지를 쓴 수업이 수험 생활 내내 동기부여와 힘이 됨

고등학교 3학년 담임선생님은 우리에게 종이 한 장씩을 나누어주며 수능 전날의 나 자신에게 편지를 쓰도록 하였다. 종이를 받고 나에게 뭐라고 편지를 써야 할지 막막하였다. 사실 나에게 편지는 써 본 적이 없었기 때문이었다. 또한 고3이 된지 얼마 되지 않아 수능은 아직 먼 이야기라고 생각하였기 때문에 수능 전 날을 생각하는 것은 끔찍하였다. 뭐라고 쓸지 몰라 친구들을 살펴보니 나처럼 가만히 앉아서 생각하는 아이들이 많았고 종이를 받자마자 열심히 쓰는 아이들도 몇 명 보였다. 선생님은 편지를 잘 보관해 두었다가 수능 전날 우리에게 주겠다고 하였다.

편지의 내용이 정확하게 기억이 나지는 않지만 1년 동안 정말 수고했고 내일 떨지 말고 공부한 만큼만 성적을 받자는 위로의 내용을 썼던 것 같다. 편지 쓰는 동안은 수능 전 날의 수험생이 된 것 같아 기분이 묘하였다. 종이 한 면에 편지를 빽빽하게 채웠다. 나 말고도 처음에 무엇을 써야 할지 몰라 가만히 있던 친구들도 다른 친구들도 다들 빽빽이 편지를 썼다. 편지를 다 쓰고 한 사람씩 서류봉투에 편지를 넣었다. 선생님은 편지를 다 걷은 후에 수업을 진행하였다.

고3을 보내면서 편지가 있다는 것 자체가 나에게는 **동기부여**가 되었다. 편지를 받을 미래의 **나에게 창피한 1년을 보여주기 싫었다.** 8개월 후 수능 전날 선생님은

편지를 나눠주었고, 편지를 읽으며 나 자신에게 **위로를 받아서** 울컥하였다. 이후에도 슬럼프가 왔을 때 그 편지를 읽으며 **마음을 다잡았다.**

사례 118 함께하는 체육수업을 통해 문제행동이 많았던 학급이 협동하고 단합하는 학급으로 변함(체육)

고등학교 체육 시간에 플로어 컬링 수업을 진행하였다. 그 해 겨울에 있었던 평창 올림픽 때 컬링이 큰 인기를 얻었고, 그 영향으로 플로어 컬링 수업을 하였다. 선생님은 토너먼트 식으로 진행할 수 있도록 체육부장을 통해 조를 편성했고 경기 규칙을 설명하였다. 성적은 토너먼트 순위에 따라 결정하였다. 이어서 조 추첨을 진행한 후 경기를 진행하였다. 10팀으로 나뉘어졌고, 10팀 중 두 팀은 부전승으로 올라갔다. 경기를 하면서 **반의 협동심도 커졌다.** 학생들 모두 자신의 경기가 아니더라도 구경하였고, 친구들이 던지는 스톤 하나하나에 열광하였다. 또한 경기가 끝나면 심판을 도와 도구들을 정리하여 다음 경기가 원활하게 진행될 수 있게 도왔다.

단합하고 협동하는 학급분위기 형성

당시 우리 반은 선생님들이 담임을 기피할 정도로 문제행동이 많은 반이었다. 크고 작은 문제행동으로 인해 학급은 항상 잠잠할 날이 없었다. 하지만 컬링 수업 후에는 **개인주의가 강했던 반 분위기에서 벗어나 사소한 것 하나에 다 같이 기뻐하고, 다 같이 슬퍼하는 학급분위기로 변하였다.** 컬링 수업을 통해 협동과 단합의 중요함을 깨달았고 학생들이 변화하는 계기가 되었다.

이 수업은 모두가 참여할 수 있는 종목을 하면서 학급의 단합심이 커지고 긍정적인 학급분위기가 형성되었다. 그러나 토너먼트는 한 번 떨어지면 경기에 다시 참가할 수 없고 관람만 할 수 있는 단점이 있으므로 여러번 경기에 참여할 수 있는 리그전이 더 좋은 방식일 수 있다.

사례 119 시 창작 수업에서 교사의 학생에 대한 관심과 지속적이고 긍정적 피드백을 함(국어)

고등학교 국어 수업 시간에 한 시간 동안 시만 쓴 적이 있다. 선생님은 교직 생활의 단상을 모아 시집을 출간한 경험이 있었다. 그래서 시 수업 방식이 다른 선생님과는 달랐던 것 같다. 처음 자유 주제로 시를 쓸 때 학생들은 어색한 마음과 수업 한 시간을 편하게 보낼 수 있다는 마음만 있었다. 학생들은 처음에 낯설었지만 **흥미를 가지고 즐거운 마음**으로 활동에 참여하였다. 또한 선생님은 학생들끼리 의견을 나누도록 하였다.

시 창작 시간이 끝난 후 선생님은 시를 가져가서 하단에 **감상이나 피드백을 적어주었다.** 학생들의 수행평가 내용에 대해 일일이 확인하고 피드백을 한다는 것은 어려운 일인데 선생님의 피드백에 학생들은 **놀라워하였다.**

교사의 지속적인 피드백

창작 활동을 중요시했던 선생님의 수업 방식으로 인해 나는 시 쓰기가 취미가 되었다. 자신의 감정과 생각을 펜 하나로 시공간 제한 없이 표현할 수 있다는 것이 **행복**하였다. 문학의 최종 **성취기준인 문학의 생활화**를 이루는 좋은 방법은 이 수업과 같이 학생들이 창작한 시를 교사가 정성스럽게 **피드백하고 지속적인 관심**을 가져주는 것이라고 생각한다.

사례 120 함께하는 활동을 하면서 학생이 수업의 중요한 부분임을 느끼고, 학생 수준에 맞는 쉬운 단어 사용으로 영어로 말하는 것이 편해지게 됨(영어)

영어 단어, 독해, 문법에는 익숙했지만, 수업 비중이 적은 듣기, 말하기는 부담스럽고 어려웠다. 심화영어회화 시간에 원어민 선생님은 처음부터 끝까지 영어로 수업을 진행하고 어려운 단어나 긴 영어 문장을 사용하기보다는 쉽고 간결한 문장을 사용하였다. 학생에게도 **간결한 대답이나 뜻이 전달되는 최소한의 문장**으로 대답하도

편안한 수업분위기

록 해서 영어로 말하는 것이 편해지도록 배려하였다. **편안한 수업분위기**에서 학생들은 편하게 영어를 듣고 말하며 수업에 적극적으로 참여하였다.

학생중심활동: 함께 하는 수업활동

선생님은 교과서 외의 자료를 활용하였는데, 특히 영어를 활용한 **학생중심활동**을 많이 하였다. 선생님보다 학생이 영어로 말하는 시간이 더 많았다. **함께 해결하는 수업활동**을 하면서 **학생이 수업의 중요한 부분을 차지한다**는 생각이 들었다. 학생들은 수업 후 어떤 활동을 통해 무엇을 배우고 알게 되었는지 명확하게 기억하였다.

사례 121 교사의 친근한 인상, 말투, 표정, 그림과 몸동작을 사용한 설명

편안한 인상, 표정, 말투

고등학교 과학 선생님은 친근한 인상과 표정, 구수한 말투를 사용하였다. 사투리를 쓰며 "반가워요." 하고 구수하게 인사하였다. **친근한 인상과 말투, 표정은 학생들을 편안하게 하였다.**

다소 어눌한 인상과 달리, 수업은 완벽에 가까웠다. 설명은 깔끔하고 멘트는 날카로웠다. 선생님은 학생들이 어려워하는 부분을 정확히 짚어 자세히 설명하였다.

시각화된 자료를 통한 설명

암기가 필요한 내용은 **그림을 그려가며** 자세히 설명하였다. 천체 단원에서 하늘을 반구로 그리고, 별의 움직임을 파란색 보드마카로 선을 그어가며 설명하였다. 별의 움직임을 그릴 때마다 학생들을 쳐다보며 이해가 되었는지 확인하고 웃었고 지구가

지적 자극을 주는 교사의 수업행동 퍼포먼스

도는 것을 **직접 몸으로 한 바퀴 돌면서 시범을 보였고**, 별이나 다른 행성의 움직임을 **팔을 휘저으며 정성스럽게 설명하였다.**

중간중간의 **유머나 생동감 넘치는 표정, 말투 변화**로 수업은 역동적으로 느껴졌다. 무엇보다도 선생님의 표정은 가르치는 것을 즐기는 표정이었다. 설명할 때 **입가에 항상 미소를** 지었다. 나는 수업이 즐거웠고 선생님에게 흥미를 넘어서 존경심을 가졌다. 공부하는 즐거움뿐만 아니라 학습내용도 알찼던 수업이었다.

〈교육에서 과정과 결과〉

교육은 과정과 결과 측면에서 각각 유의미함을 지녀야 한다. 교육의 모든 장면은 매 순간 이들 두 가지 측면에서의 유의함을 지녀야 한다. 교육에서 과정의 유의함과 결과의 유의함은 동등하게 가치가 있으며 어느 한 것이 다른 한 것보다 우선적으로 중요할 수 없다. 좋은 수업은 교육의 과정적 측면과 결과적 측면을 모두 만족해야 한다. 즉, 결과와 과정에서 균형을 취해야 한다.

1. 교육의 과정적 측면

과정 측면에서 유의미함이란 교육의 과정상의 요소로서 교사-학생의 라포와 신뢰 형성, 학생-학생의 라포와 신뢰 형성, 편안함과 안정감; 즐거움, 흥미, 웃음; 몰입과 집중, 동기를 유발; 도전의식, 성취욕; 진지함, 긴장감, 책임감 등을 의미한다. Glasser에 의하면 인간은 다음의 6가지 기본 욕구를 추구한다.[41] 좋은 수업은 수업의 과정에서 기본적인 욕구를 충족시키는 수업이다.

- 생존(안전함)의 욕구 – 안전하고 위협을 제거
- 사랑과 소속감의 욕구 – 협동학습과 학급회의를 통해, 교사-학생 및 동료학생과 유대관계를 통해, 따뜻하고 우호적인 학급분위기
- 권력의 욕구 – 의사결정에 참여할 때, 내가 직접 무엇을 책임을 질 때,
- 즐거움의 욕구 – 흥미를 느끼는 활동이나 학습을 할 때
- 자유의 욕구 – 스스로 선택을 할 수 있다고 생각할 때

2. 교육의 결과적 측면

결과 측면에서 유의미함이란 **유익함(usefulness)**을 의미한다. 즉, 배우는 것이 나의 현재와 장래 삶을 성공적으로 영위하는 데 구체적이고 실질적으로 도움이 되는 것을 의미한다.

따라서 좋은 수업은 아이의 현재와 미래 삶에 유익한 지식, 기술, 태도 등을 다루어야 한다. 배울 학습내용의 가치(혹은 중요성)를 아이에게 설명할 때, 그 가치가 아이에게 분명하게 와 닿지 않는다면, 아이는 그것을 열심히 공부하지 않을 것이다. 학습내용이 아래의 기준의 일부 혹은 전부를 충족할 때, 아이는 열심히 공부를 할 것이다.[42]

- 학습내용이 아이의 삶에 필요하고 중요한 기술인가?
- 아이가 해당 학습내용에 대해 배우고 싶어 하는가?
- 교사로서 나는 해당 학습내용이 특히 유용하다고 생각하는가?
- 학습내용이 대학입학시험에 필수로 요구되는 것인가?

교육은 학생이 학습의 한 것(혹은 학습의 결과)을 활용하여 생존하고 성장(혹은 자아실현)하는데 구체적이고 직접적으로 기여해야 한다. 학생은 학교에서 배운 것을 직접적으로 지금(혹은 미래)의 삶에 활용하여 생계를 유지하고 생존하고 성장(자아실현)할 수 있어야 하는 것이다. 또한 교육은 학생이 학교에서 배운 것을 활용하여 자신의 주변과 사회, 국가의 발전에 기여하는 데 구체적이고 직접적으로 도움이 되어야 한다. 학생은 학교에서 배운 것을 활용하여 나의 주변은 물론 사회와 국가의 발전에 기여할 수 있어야 하는 것이다.

결과적 측면에서 유익하지 못한 교육은 다시 고려되어야 한다. 교육이 개인의 생존과 성장, 주변 및 사회의 발전에 직접적이고 구체적으로 기여하지지 못한다면 그 교육은 재고되어야 한다. 과정적 측면에서 유의미하지 못한 교육 역시 재고되어야 한다. 즉, 라포, 신뢰, 편안함, 흥미, 몰입과 집중, 도전의식, 책임감 등을 유발하는 못하는 교육은 재고되어야 한다.

아이는 학습의 결과가 (자신과 사회에) 가치있을 것으로 예상되는 것을 배울 때 **만족감**을 느낀다. 지금 배우는 것이 '내 현재와 미래 삶에 필요하고 유익하고 장래 내가 성공적으로 삶을 영위하는 데 필요한 것이구나'라고 인식할 때 아이는 **최선**을 다한다. 가치있는 것을 학습할 때, 그것도 최선을 다한다고 생각할 때 느끼는 **만족감(유능감)**과 나 이외의 사람들도 그 가치를 인정할 때 느끼는 **만족감(유능감)**은 인간이 느끼는 감정 중 최고의 감정이다. 아이가 이 만족감을 느끼기 시작하면, 더욱더 그것을 더 추구하게 된다. 대부분의 아이는 공부나 과제를 수행할 때, 만족감이나 즐거움을 맛보면, 열심히 공부를 하려고 하며 주변의 기대에 부응하여 행동을 하려고 한다. 그러나 만약 공부나 과제에서 만족감이 즐거움을 얻지 못한다면, 아이는 오히려 교사를 만족시키려 할 수도 있다. 그러나 보통 이런 일은 오래가지 않는다. 따라서 해당 공부나 과제를 참고 오래 하기 위해서는 공부나 과제 그 자체에서 만족감을 얻어야 한다.[43]

나. 감화를 주는 교사

아이와 눈높이를 맞추기 위해 자신을 낮추는 겸손한 자세, 아이를 부모처럼 보듬어 주는 모습, 졸고 있는 아이를 깨우기보다 오히려 책을 덮고 보듬어 주는 모습, 아이의 아픔과 힘듦에 공감하는 교사, 아이를 위해 솔선수범하고 희생하는 태도, 힘들지만 참고 노력하는 교사, 아이들에게 솔직하고 진솔한 태도, 교과내용을 가르치기 보다 오히려 교과내용과 무관한 교훈적인 이야기를 하는 모습, 뒤처진 아이를 이끌기 위해 격려하는 교사 등은 Meyer의 좋은 수업 기준에는 보이지 않는 우리만의 독특한 좋은 수업 기준이다. 교사의 인간적이고 인격적인 태도와 행동, 사표(師表)로서의 교사의 모습 등은 서구의 좋은 수업 기준에는 보이지 않은 우리만의 독특한 특성이다. 이러한 특성은 스승과 제자의 이상적 모습을 중시하는 문화에 영향 받은 결과이다.

사례 122 성실과 열정, 철저한 수업연구와 노력하는 교사

고등학교 수학 선생님은 **성실과 열정**은 기본이었고, 짧은 시간도 아껴 알찬 수업으로 만들어 나갔다. 학생들의 태도나 집중력이 흐트러져도 선생님은 절대 흔들리지 않았다. 미래를 위해 이 순간 열심히 공부를 해야 한다며 **동기부여**가 되는 말과 함께 힘들어하는 학생들을 **다독였다**.

선생님은 그저 아무 말이나 하는 경우가 없었다. 선생님의 말 한 마디 한 마디를 놓치기 싫어 책 귀퉁이에 농담까지 다 적었던 기억이 난다. 진정 학생들을 생각하고 위해주는 분이었다. 이런 참된 교사를 만난 게 행운이고 축복이라고 생각하였다.

선생님은 항상 **수업연구**를 열심히 해왔다. 개념 설명을 할 때면 수학을 어려워하는 학생들도 이해할 수 있게 쉬운 말로 재해석하여 설명하였고, 어려운 개념이나 문제를 빠른 풀이법이 아닌 선생님만의 풀이법으로 해결해주었다. 어떻게 하면 학생들이 어렵지 않게 수학에 접근할 수 있을까 **고민하고 노력**하는 것을 느낄 수 있었다.

교사의 꾸준한 수업연구와 노력

수업 도중 교과서를 10번만 반복해서 풀어보라는 조언이 아직도 기억에 남는다. 기본에 충실할 것을 강조하였으며 잘 풀리지 않는 문제는 끈질기게 화장실에 갈 때도 들고 가서 고민해보라고 말해주었다. **끈기와 인내심, 성취감**을 맛볼 수 있었고 선생님을 만난 뒤로 수학에 대한 **흥미**가 생겼다.

사례 123 장애학생과 비장애학생을 동일하게 대하는 수업을 통해 장애학생에 대한 잘못된 선입견과 편견을 깨달음(체육)

고등학교 체육시간에 자폐증을 지닌 특수학급 학생과 함께 체육수업을 하러 운동장에 나왔다. 그 아이는 체육복을 갈아입을 때부터 자기는 축구 선수라며 운동장을 휘젓고 다녔다. 보통 체육 시간이 되면 특수학급에서 시간을 보냈지만 그 날 만큼은 우리와 축구를 하고 싶다고 하여 선생님이 책임지겠다며 데리고 나왔다.

준비체조를 하는 동안 그 친구는 "나는 홍명보이다!"라면서 축구공을 차고 있었다. 준비체조를 마친 학생들은 당연히 그 친구는 선생님과 운동하고 우리끼리 축구를 할 것으로 생각하였다. 하지만 선생님은 축구화로 갈아 신더니 "○○와 나도 같이 뛴다. ○○를 홍명보라고 부르고 수비를 맡도록 하여라"라고 우리에게 말하였다.

우리들은 어이가 없으면서도 우리끼리 하는 재미있는 축구는 물 건너갔다고 짜증을 내었다. 팀이 구성되었고 나는 홍명보와 같이 수비를 맡았고 선생님은 인원이

한명 부족했던 상대편의 공격수로 뛰었다. 축구경기가 시작하자마자 우리 팀의 공격수가 골을 넣었다. 이어서 선생님은 상대편에서 공을 잡았고 ○○에게 드리블을 하면서 달려갔다. ○○가 다칠까 봐 설렁설렁 뛰고 있던 상대편 공격수들은 이젠 아예 걸어 다니고 있었다. 학생들은 선생님이 ○○에게 공을 뺏겨주려나 보다 하면서 가만히 보고 있던 찰나, 선생님은 ○○를 기술까지 쓰면서 열심히 제쳤고 골을 넣었다. 선생님은 우리를 보면서 "너희들은 홍명보를 데리고도 골을 먹히니?"라고 하였다.

장애학생에 대한 선입견과 편견이 있음을 알게 됨

　그 순간 우리들은 자신이 **무의식적으로** ○○를 **무시하고 있으며**, 동네 초등학생 대하듯 대하였다는 것을 알게 되었다. ○○도 우리와 같은 고등학생이고 자신을 홍명보라고 생각하며 뛰고 싶어 했지만 우리는 그를 **무시하고** 있었던 것이다. 한동안 멍해있던 학생들은 **선생님의 의도를 이해하였다**. 그렇게 다시 축구를 하였고 ○○는 상대 공격수를 단 한번도 막지 못하였다. 하지만, 남은 20여 분간 정말 **즐거워하였다**. 중간에 넘어져서 울지 않을까 걱정하였을 때도 다시 일어나서 축구공 쪽으로 달려갔다. 심지어 ○○는 축구가 끝나자 지켜보고 있던 특수학급 선생님에게 뛰어가더니 무용담을 털어놓았다. 그 모습을 지켜보며 학생들은 ○○에 대해 가졌던 생각과 행동이 **선입견 혹은 편견이 있었음을 깨닫게 되었다**.

　123번 사례에서 교사의 의도는 체육수업을 통해 장애학생은 특별한 보호를 받거나 열외의 대상이 아니라, 동등하게 대우받아야 하는 학생이라는 인식을 가르쳐 주고자 한 것으로

보인다. 그러나 이러한 의도가 장애학생과 일반학생에게 주는 교육적 의미와 가치가 무엇인지를 해석하는 것을 차지하더라도, 교사의 의도를 학생들이 이해하지 못한 것은 문제이다. 교사를 의도를 이해하지 못한 아이들은 불평하고 대충 참여거나 의도하지 않은 행동을 하였다. 따라서 교사는 수업 초기 교사의 의도를 밝혀서 학생들이 이해하고 수업에 참여하도록 유도하는 것이 필요하다.

사례 124 교사–학생이 함께 문제를 풀면서 질문하고 대답하고 같이 고민하는 상호작용이 있는 수업(수학)

고등학교 수학시간에 학생들은 정해진 수학 문제를 풀고 앞에 나가서 풀이와 답을 설명하는 시간을 가졌다. 학생들은 주어진 수학 문제를 미리 풀어가며 발표를 준비하였다. 한번은 심화문제를 맡은 A가 답지를 보면서 발표를 하였다. 선생님은 A 학생의 발표를 듣고 어려운 문제임에도 불구하고 시도하였다는 것을 칭찬하였다. 나는 답지를 보며 하는 발표는 시간 낭비라고 생각했던 것이 부끄러웠다. 아무리 간단한 문제라도 남들 앞에서 발표를 하는 것은 용기가 필요한 일이기 때문이다.

이어서 B가 나가서 문제를 풀기 시작하였다. 공부를 잘하는 학생이어서 동료들뿐만 아니라 선생님도 생각하지 못한 풀이 방식으로 문제를 풀었다. 선생님은 B의 풀이방식을 보며 **당황스러운 표정을 지었다.** 학생들은 B의 풀이방식을 보며 이해하지 못한 부분을 질문하며 B가 푼 방식으로 문제를 다시 풀기 시작하였다. 선생님 또한 B가 푼 풀이에 오류가 없는지 확인하며 B의 풀이 방식대로 문제를 다시 풀었다. 그런 선생님을 보며 **자신이 생각하지 못했던 부분에 대해 인정하고 학생들과 함께 고민하는 선생님에게 감사함을 느꼈다.**

이해가 가지 않은 학생들은 B에게 질문을 했고 B는 대답을 했으며 부족한 부분은 선생님이 보충해주었다. **수업분위기는 밖에서 보면 시끄럽다고 생각할 정도로 어수선하였다.** 하지만 **나는 그런 수업분위기가 매우 좋았다.** B의 풀이 뒤에 한 학생이 교과서의 방식대로 문제풀이를 선생님에게 요청하였고 선생님은 교과서에 나온 방식대로 문제를 푼 친구를 찾았다. 선생님은 또 다른 풀이방식을 설명하였고 칠판은 수학 풀이로 가득 찼다. 그렇게 다양한 방식의 문제풀이를 학습하였다.

이 수업이 좋은 이유는 수업에서 **교사–학생, 학생–학생 간에 서로 이해가지 않는 부분을 질문하고 답하는 상호작용이 있었기 때문이다.** 좋은 교사는 학업성취도뿐만

학생이 앞에서 문제풀이를 설명함

교사가 자신의 실수나 예상치 못한 점을 인정하는 것에 감사함을 느낌

교사–학생, 학생–학생간의 활발한 질문과 대답

아니라 학생이 수업 과정에 참여하도록 도움을 주어야 한다.

사례 125 교사의 삶과 지혜가 담긴 이야기에 학생들이 감화를 받음

고교 때 정년퇴직을 앞둔 한 선생님은 제자가 정말 많았고, 성공한 제자들과 힘들게 살고 있는 제자들의 이야기를 해주며, 인생이란 무엇인가에 대해 교훈적인 이야기를 많이 하였다.

선생님은 공부는 왜 해야 하는지, 미래는 어떻게 헤쳐 나가야 하는지 많은 이야기를 해주었다. 선생님은 "공부는 인생의 과업이고, 미래란 지금부터 만들어 가는 것이기에 지금 열심히 하면 미래가 보인다."라고 하였다. 나는 이 말을 듣고, 선생님에게 왜 그렇게 생각하는지 물어보았다. 선생님은 미래란 자신이 만드는 것이지만, 인생은 흘러가는 것이니 붙잡지 말라는 말을 하였다, 나는 그 말에 많은 **공감**을 했고 이 말은 나의 좌우명이 되었다. **선생님의 말 한 마디 한 마디는 나의 삶에 지혜로운 교훈이 되었다.**

사례 126 교사가 과거 자신이 힘들었던 삶의 경험을 공유하여 학생들의 공감을 이끌어냄

어느 수업 시간이었다. 학생들은 수업에 집중하지 못하고 지친 표정이 역력하였다. 선생님은 아이들을 달랜 뒤 수업준비를 하였다. 그러나 아이들은 모두 약속이라도 한 듯 수업하지 말자는 탄식을 하였다. 선생님도 지금 아이들의 기분으로는 수업이 제대로 진행되지 않을 것을 알았는지, 수업을 시작하기 전 과거에 자신이 힘들었던 이야기를 해주었다. 선생님은 대학을 졸업한 후 교사가 되기 전까지 과외, 학원 강사, 편집 아르바이트 등으로 시간을 보냈던 자신의 이야기를 하였다.

선생님의 교사가 되기 전까지의 **힘들었던 삶의 경험 이야기는 우리의 공감을 이끌어내기에 충분했다.** 진로에 대해 한창 고민이 많았던 학생들에게 선생님도 진로를 헤매던 시기가 있었다는 이야기는 뭔지 모를 **힘이 되었다.** 진로 결정에 대한 압박과 고민에서 조금은 자유로워진 것 같다는 느낌을 받을 수 있었기 때문이다. **학생들이 공감할 만한 교사의 경험이 수업의 효과도 높이는 요인이 될 수도 있다는 것을 보여주는 사례였다.**

수업 시작 전, 교사가 자신이 과거 힘들었던 이야기를 함

교사의 진솔한 이야기에 학생들은 공감하고 힘을 얻음

사례 127 학생의 질문을 기억하였다가 자세히 알려준 교사의 태도에 감동을 받음(지구과학)

고등학교 지구과학이 끝나고 나는 기후변화에 영향을 주는 "반사율"에 대해서 궁금증이 생겼다. 화산재는 무엇으로 구성되어 있기에 햇빛이 반사되는지 궁금해서 선생님에게 단순하게 질문하였다. 선생님은 고등학교 교육과정에서 벗어나는 내용이므로 다음 수업에서 알려주겠다고 하였다.

다음 수업시간에 선생님은 수업이 끝나고 남은 시간에 내가 질문했던 내용에 대한 영상을 보여주었다. 화산 폭발 후 화산재에 의해서 지구의 기온이 떨어졌던 내용이었다. 또한 선생님은 과학 잡지에서 반사율에 관한 내용을 뽑아서 알려주었다. 선생님은 화산재에 포함된 '에어로졸'이라는 미립자가 햇빛을 반사시킨다고 가르쳐 주었다.

다른 학생들도 반사율에 대해 구체적으로 설명하는 영상 자료와 선생님의 설명에 집중하였다. 나의 질문에 대한 설명이었지만 반 아이들 모두가 만족하였다. **학생의 질문을 기억하였다가 나중에 정확히 알려주는 선생님의 노력에 감동을 받았다.**

사례 128 교사의 열정적인 시범과 연기에 감동하고 몰입했던 수업(국어)

시나리오는 특성상 여러 명의 인물들이 나오기 때문에 보통 여러 학생들이 한 역할씩 맡아서 연극을 한다. 그러나 **선생님은 그 날 1인 다역을 혼자서 연기하였다.** **열정적으로 말투와 표정, 감정 등을 담아** 인물을 표현하였다. 슬픈 대사에는 슬픈 감정을 넣었고 기쁜 대사에는 정말 행복해하면서 시나리오를 읽어갔다. 학생들을 시키는 것이 아닌 선생님이 시나리오를 홀로 연기하는 것은 처음 경험하는 수업이었기 때문에 졸고 있던 **모든 학생들이 잠에서 깨어서 몰입하였다.** 선생님은 시나리오를 읽은 후 자신이 읽은 대사의 어색한 부분을 찾아보라고 하였다. 학생들은 혼자만의 해석이 아닌 여러 사람의 해석을 참고하여 분석하고 보충해 나갔다. 평소 들어왔던 수업보다 훨씬 내용 이해가 쉬웠고, 지문이나 해설이 더욱 편하게 다가왔다.

참신한 수업 방식과 **열정적인** 선생님이 만든 좋은 수업이었다. 나는 선생님이 시나리오를 읽기 전 부끄러워서 심호흡을 크게 하는 것을 보았다. 선생님도 사람인지라 부끄러웠던 것이다. 그러나 학생들을 위해 **노력하는 모습**을 보며 진짜 좋은 수업, 좋은 교사라고 생각하였다. 이 수업은 시나리오의 특징을 잘 살린 최적의 수업이

교사의 열정적인 퍼포먼스

었다. 무엇보다도 교사의 열정이 학생들에게 감동을 주어, 수업에 집중하도록 하였다.

사례 129 학생의 상황(정서)을 이해하고 보듬어 주는 교사의 모습에 감동을 받음

고등학교 수업시간에 선생님은 열정적으로 수업을 하였으나 학생들은 하나둘 책상 위에 엎드리기 시작하였다. 선생님은 이를 보고 "힘들지?"라고 학생들에게 물어보았다. 우리가 안쓰러워 보였는지 **책을 덮고** 우리를 일으켜 기지개를 펴게 한 후, **자신의 학창시절 이야기, 잠을 깨우기 위해 했던 노력들, 교사가 되기 위한 과정에 대해서 이야기**하였다. 지치고 힘든 상황에서 아침 일찍 일어나 매일 늦게까지 공부하는 우리의 고충을 본인도 겪어보았다고 하였다. 학생들이 수업시간에 졸거나 피곤한 모습에 **기분 나빠**하는 선생님이 많은데 학생들의 피곤한 상황을 이해하고 **다독여 주**는 선생님의 모습에 대부분의 아이들이 **감동을 받았다.** 졸고 있던 학생들도 모두 초롱초롱한 눈으로 선생님 말에 귀를 기울였다.

좋은 교사는 학생들의 입장에서 학생들을 **이해하고 보듬어주는** 교사라고 생각한다. 학업성취보다는 아이들에게 올바른 방향을 제시해주고 힘이 들 때 **힘과 위로**가 되어주는 것이 더 중요하다고 생각한다.

사례 130 교사의 격려와 공감적인 수업분위기를 통해 성장(발전)하고 있음을
느낌(국어)

고등학교 국어 시간 '비유와 상징' 단원에서 〈'나'를 상징하는 것을 주제로 자유
롭게 시 쓰기〉 활동을 하였다. 선생님의 비유와 상징에 대해 설명 후 각자 또는 여
러 명이 자유롭게 이야기하면서 시를 쓰는 시간을 가졌다. **수업분위기는 무척 자유로**
웠다. 돌아다니면서 다른 학우의 시를 참고하는 학생, 모둠으로 앉아서 머리를 싸매
고 자신을 상징하는 것을 같이 고민하는 학생들도 있었다.

(여백 주석: 교사 설명 후 학생의 시 창작 활동)

나는 '나'라는 존재에 대해서, 그리고 내가 어떤 사람이 되고 싶은지 자주 생각
했지만 시로 표현한 적이 없어서 난감하였다. 다른 학생들도 비슷하였고 그래서 여
럿이 모여서 상징물을 정하고 시를 쓰기도 하였다. 나는 혼자서 고민하였다. 끝나기
전 10분 정도는 학생들이 자작시를 발표했는데, 지팡이, 소금, 강아지 등 다양한 상
징물이 나왔다. 나에게 맞는 마땅한 상징물을 찾지 못하여 수업시간이 끝날 때까지
고민하였다. 결국 수업이 끝나고 나서야 시를 제출해서 발표하진 못하였다.

(여백 주석: 수업 마무리에서 창작 시 발표 활동)

나는 '안경'을 시로 표현하였다. 흐릿하게 보이는 세상을 명확하게 볼 수 있도
록 도와주는 사람이 되고 싶다는 의미였다. 때로는 김이 서려서 나 자신도 불투명해
질 때가 있지만 그 때마다 잘 닦아줄 거라는 다짐도 담겨있었다.

선생님은 학생이 발표할 때마다 "그런 생각을 했구나! 정말 근사하다!" 또는
"정말 좋은 비유다!"라며 **진심으로 공감**해주었다. 나는 늦게 시를 제출했지만, "정말
너와 딱 맞는다! 멋진걸?"이라고 말하였다. 선생님의 반응에서 **긍정적 에너지**를 얻
었다. **좋은 수업이란 학생의 감성을 세심히 배려하고 공감하면서 성장하고 발전할 수**
있도록 북돋아주는 과정이다.

(여백 주석: 교사의 공감에 긍정의 에너지를 받음)

사례 131 수행평가에서 자신감이 부족한 학생이 자신감을 갖도록 격려함(음악)

중학교 음악 가창 수행평가 시간에 학생들은 한 명씩 앞으로 나와 노래를 불렀
고 선생님은 평가를 하였다. 노래를 못하는 학생도 열심히 노래를 부르고 있었다.

(여백 주석: 음악 가창 수행평가 시간)

그런데 한 학생이 차례가 되어 앞으로 나갔는데 컴퓨터에서 노래 반주 소리가
흘러나와도 입을 꾹 닫고 있었다. 소심한 학생이라서 친구들 앞에서 노래를 부르는
것이 많이 떨려서 그런 것 같았다. 바로 그때 선생님은 컴퓨터 반주를 끄더니 직접
피아노 앞으로 가서 컴퓨터 반주보다 훨씬 천천히 반주를 치기 시작하였다. 그리고

(여백 주석: 학생이 자신감을 갖도록 격려함)

그 학생에게 천천히 불러보라고 따뜻하게 격려하였다. 그 학생은 선생님께서 직접 피아노를 치는 모습에 감동을 받았는지 아주 작은 소리지만 결국 끝까지 다 불렀다.

학생이 자신 있게 노래를 부를 수 있도록 도움을 주는 선생님의 모습에 나도 **감동을 받았다.** 수업이 끝난 후, 학생들은 선생님이 최고라며 피아노도 잘 치고 마음씨도 예쁘다고 칭찬을 하였다.

사례 132 시간과 장소에 구애받지 않고 학생의 질문과 이해를 위해 노력하는 교사(화학)

고등학교 화학 선생님은 수업을 이해하기 쉽게 풀어서 설명하여 대부분의 학생이 수업을 열심히 들었다. 탄소 화합물 단원에서 내용이 어려워서 대부분의 학생들이 이해하지 못하였다. 학생들이 이해가 안 된다면 다시 설명해 주실 것을 요청하였고 선생님은 **여러 번 계속 반복해서 계속 설명하였다.** 결국 쉬는 시간이 지나서야 수업이 끝났고, 선생님이 나가자 따라가 질문하는 학생들도 있었다.

그날 수업을 듣고 '선생님이 우리를 돕기 위해 많이 노력하신다'고 생각하였다. 어떻게 하면 학생들이 쉽게 이해할 수 있을지를 **고민하는 선생님의 모습**을 보면서 학생들도 조금이나마 화학에 더 관심을 갖고 공부하였다. 학생들이 이해하지 못하여도 몇 번이고 **친절하게 가르쳐 주는 선생님의 모습이 인상 깊었다.**

교실의 학생들은 저마다 학습 수준과 흥미, 적성, 성격 등이 다르다. 학습 스타일도 다르며 좋아하는 과목도 다르다. 어떤 학생은 단기간에 학업성취도가 높아지기도 하지만, 어떤 학생은 긴 시간을 갖고 높은 성취를 보이기도 한다. 교사는 모든 학생이 동일한 수준의 학습목표에 도달해야 한다는 생각으로 가르치기 보다는 모든 학생들의 다양성을 인정하고 실제 수업과 평가에서 적절하게 다양성을 반영하는 노력이 필요하겠다. 이를 통해 보다 많은 학생들의 학습이 촉진될 수 있는 긍정적 결과가 도출될 수 있다.

10 준비된 환경

1 이론

가. 의미

 잘 준비된 학습 환경은 학생의 인지적, 사회적, 방법적인 교수학습 능력의 발전에 긍정적인 영향을 준다. 교실 및 수업 공간이 잘 준비된 환경은 ① 긍정적인 수업 질서가 잡혀 있고, ② 수업 준비물과 설비가 잘 갖추어져 있으며, ③ 수업에 필요한 학습 도구들이 보유된 상태를 의미한다.

 이런 준비된 환경에서 교사와 학생들은 ① 수업공간을 자신들만의 것으로 만들 수 있으며, ② 효과적인 공간 활용을 할 수 있으며, ③ 효과적이고 효율적인 수업운영과 교수학습 성과를 향상시킬 수 있다.

[그림 10-1] 준비된 환경 기준

나. 준비된 환경 지표

〈긍정적인 수업 질서 환경 지표〉

✔ 교실이 깨끗하고 정리되어 있다.
✔ 학생들은 스스로 교실을 청소한다.
✔ 교실 소음은 교수학습에 알맞게 유지된다.
✔ 학생들은 교실 공간과 환경 상태에 자부심을 갖는다.

〈수업에 필요한 준비물과 환경 지표〉

✔ 칠판이 깨끗하게 청소되어 있다.
✔ 수업을 위해 불필요하게 이동할 필요가 없다.
✔ 조명, 음향, 냉난방, 환기장치 등이 인체공학적으로 설치되어 있다.
✔ 교실에는 다양한 공간이 있고, 학생들은 이를 분명하게 인식한다.

〈수업에 필요한 학습 도구가 완비되어 있는 환경 지표〉

✔ 교실 환경미화에 학생들이 적극 협조한다.
✔ 프로젝터, 음향시설 등이 제대로 작동한다.
✔ 교수학습의 결과가 게시판에 잘 전시되어 있다.
✔ 수업에 필요한 기자재들은 항상 정해진 위치에 있다.

다. 준비된 환경 관련 연구결과

- 준비된 환경, 즉 잘 정리된 교실, 교수학습에 도움이 되는 인테리어, 온도와 조도 등의 환경이 학업성취 결과와의 유의미한 상관관계를 밝히기는 어렵다. 하지만 학생의 바람직한 교수학습 태도라는 지표와는 관련이 있다.
- **학교 분위기 연구**: 교실의 설비와 학습 도구의 구비 정도는 교수학습에 대해 학생의 만족도를 제고하며 학업 성취에 시너지 효과를 제공할 가능성이 높다.
- **교사의 교실 공간 움직임 유형**: 칠판 옆 서 있는 유형, 문간에 서 있는 유형, 분단 사이로 움직이는 유형, 메뚜기 유형, 의자에 앉아 있는 유형, 책상에 앉는 유형, 히터 옆에 서 있는 유형, 7종 경기 선수 유형이 있다.[44] 교사의 공간 움직임 유형 역시 수업에 영향을 준다.
- **신체 언어**: 교실 공간에서의 움직임, 시선접촉, 몸짓, 태도 등 비언어적 의사소통과 좋은 수업은 간접적인 관련성이 있다.

라. 준비된 환경을 위한 고려사항

- 교실의 환경과 영역과 관련된 **교실의 영역 구분, 학급규칙, 학급의 의례, 학급의 관례**를 활용한다.
- 강의식 수업에서 교사는 교실의 공간 배치와 신체 언어를 고려한 **공간 연출**을 활용한다.
- 교사는 수업 과정에서 수업이 리듬과 생동감을 가질 수 있도록 **공간을 활용한 생동감 있는 수업**을 운영한다.
- 준비된 학습 환경을 만드는 데에 **학생들의 적극적인 참여**를 이끌어 내어 학생들이 **주인의식**을 가지도록 한다.

2 사례와 해설

사례 133 모두가 즐겁게 악기를 연주하며 그 순간이 행복했기 때문에 기억에 남음(음악)

초등학교 고학년 음악 시간에 모든 학생이 악기를 연주하면서 합주를 하는 수업을 하였다. 선생님은 학생들이 부담 없이 가져올 수 있는 리코더, 멜로디언 등의 악기를 주된 악기로 편성하였고, 나머지 부족한 타악기(큰북, 작은북, 심벌즈, 실로폰)와 전자피아노는 학교의 물품을 사용하였다. 한 차시 수업을 진행할 때마다 파트별로 연습하고, 마지막에는 합주로 수업을 마쳤다. 학생들은 선생님에게 받은 파트를 중심으로 개인연습을 마친 후, 파트별로 연습을 하고 합주에 들어갔다. 학생들 모두가 즐겁게 악기를 연주하며 하나 되는 그 순간이 **행복했기 때문에 기억에 남는다.** <small>기억과 감정의 연계: 정서와 기억 이론</small>

합주가 가능하였던 이유는 학교에 많은 악기들이 구비되어 있기 때문이었다. 모든 학급에 전자피아노가 한 대씩 있었다. 덕분에 모든 학생들이 직접 해봄으로써 악기를 배울 수 있었다. 또한 수업시간이 많아서 충분히 연습할 수 있었다.

사례 134 화창한 날 야외수업을 하면서 공감하고 몰입함(음악)

화창한 날, 중학교 음악시간이었다. 선생님은 이렇게 좋은 날에 교실에서만 수업하는 건 슬픈 일이라며 각자 기타를 챙겨서 운동장으로 나가자고 하였다. 어리둥절한 아이들은 선생님이 먼저 기타를 들고 나가자 하나둘씩 기타를 챙겨서 운동장 옆에 있던 스탠드(계단)로 나갔다. 선생님은 지금까지 연습했던 곡을 기타로 연주하였다. 곡은 '잊혀진 계절'이라는 대중가요였다. 코드가 단순하여 치기 쉬웠다.

중학교에서 야외수업은 처음이어서 모두가 상기된 표정으로 **신나게** 연주하였다. 교실에서 영상을 보고 배운 대로 따라 치던 것과 별반 다를 것 없었는데, 파란 하늘이 보이는 밖에 앉아 가을바람이 부는 것을 느끼며 연주를 하니 더 **공감되고** 신이 났다. 그날 수업은 나로 하여금 잘 만든 PPT나 학습지 같이 시선을 끄는 수업도구를 사용하지 않고 **환경을 잘 이용하기만** 해도 충분히 재미있고 **몰입하는** 수업이 가능하구나.'라는 생각을 갖게 하였다.

11 효과적인 동기부여

1 이론

가. 의미

학생의 입장에서 좋은 수업이라는 생각이 들도록 만드는 또 하나의 중요한 기준은 교수학습에 대한 긍정적이며 효과적인 동기부여이다. 수업에 있어서 효과적인 동기부여란 학생들이 교수학습에 대하여 높은 의욕을 갖고 열심히 참여하려고 노력하는 내적인 마음의 자세이자 특정한 목표 및 과업에 행동의 초점을 맞추려는 내적 추진력을 의미한다. 그리고 동기부여는 수업 전반에 걸쳐서 유지되고 향상되어야 한다. 교사의 긍정적인 동기부여는 학생들에게 수업에 대한 관심과 참여뿐만 아니라 교과에 대한 호감도 역시 증가시키는 경향성을 보였다. 학생들은 동기부여를 유발하는 수업설계와 동기를 부여하는 교사의 적극적인 노력을 통해 그 과목을 좋아하게 된다. 아울러 학생 스스로가 동기부여를 인지할 수 있도록 돕는 교사의 역할도 중요하다.

효과적인 수업동기를 부여하는 연구에는 ① Keller의 학습동기설계 이론, ② 동기를 부여하는 교사 변인 연구, ③ 학생이 스스로 인지하는 동기부여 이론 등이 있다. 이 중에서 효과적인 수업동기 유발을 위한 그의 이론은 개인의 동기유발과 유지를 가장 잘 설명할 수 있는 요인으로 내적 특성인 '기대'와 '가치'뿐만 아니라 외적 특성인 '강화'도 중요한 요인이다. 즉 Keller의 학습동기, 학업수행, 교수영향에 관한 이론은 한 개인이 특정한 과제를 해결하려는 노력과 실제 수행, 수행의 결과에 영향을 주는 개인적 특성 변인과 환경 변인을 통합한 거시적인 이론을 전개하고 있다. 특히 환경 변인으로 동기설계, 학습설계, 우연성설계를 소개하였다.[45] 이런 이론적 배경을 기초로 Keller는 효과적인 동기부여(유발)를 위한 교수설계 모형으로 ARCS

모형을 제시하였다.

나. ARCS 모형

Keller의 ARCS 모형은 학생들의 교수학습 동기를 유발시켜서 좋은 수업 혹은 기억에 남는 수업으로 만드는 중요한 요인으로 작용한다. 동기부여의 4가지 요소인 ARCS가 있을 때 수업에 대한 동기부여가 활발하게 나타난다.[46]

(1) Attention: 수업관련 내용에 대한 주의집중
(2) Relevance: 학습자와 수업내용의 연관성 제시
(3) Confidence: 수업내용을 충분히 학습할 수 있고 좋은 결과를 얻을 수 있다는 자신감
(4) Satisfaction: 수업을 통해 얻을 수 있는 만족감

〈표 11-1〉 Keller의 ARCS 모형의 4가지 요소와 하위 전략[47]

주의(A)	관련성(R)
1. 지각적 각성 전략 　• 시청각 매체 활용 　• 비일상적 내용이나 사건 제시 　• 주의 분산 자극 지양 2. 인식적 각성 전략 　• 능동적 반응 유도 　• 문제해결 활동 장려 　• 신비감 제공 3. 다양성 전략 　• 간결하고 다양한 교수형태 　• 일방적 교수와 상호작용적 교수의 혼합 　• 교수자료의 변화 　• 목표-내용-방법의 기능적 통합	1. 친밀성 전략 　• 친밀한 인물 및 사건 활용 　• 구체적이고 친숙한 그림 활용 　• 친밀한 예문 및 배경지식 활용 2. 목적지향성 전략 　• 실용성에 중점을 둔 목표 제시 　• 목적지향적 학습형태 활용 　• 목적의 선택가능성 부여 3. 필요나 동기와의 부합성 강조 전략 　• 다양한 수준의 목적 제시 　• 학업성취 여부의 기록체제 활용 　• 비경쟁적 학습상황의 선택 가능 　• 협동적 상호학습상황 제시
자신감(C)	만족감(S)
1. 학습의 필요조건 제시 전략 　• 수업의 목표와 구조 제시 　• 평가기준 및 피드백 제시 　• 선수학습 능력의 판단 　• 시험의 조건 확인 2. 성공의 기회제시 전략	1. 자연적 결과 강조 전략 　• 연습문제를 통한 적용 기회 제공 　• 후속 학습상황 적용 기회 제공 　• 모의 상황을 통한 적용 기회 제공 2. 긍정적 결과 강조 전략 　• 적절한 강화계획 활용

- 쉬운 것에서 어려운 과제 제시
- 난이도의 적정성
- 다양한 수준의 시작점 제공
- 무작위의 다양한 사건 제시
- 다양한 수준의 난이도 제공
3. 개인적 조절감 증대 전략
- 학습의 끝을 조절할 수 있는 기회 제시
- 학습 속도 조절 가능
- 원하는 학습부분으로 빠른 회귀 가능
- 선택 가능한 다양한 과제와 난이도
- 노력이나 능력에 성공귀착

- 의미 있는 강화 제공
- 정답을 위한 보상 강조
- 외적보상의 사려 깊은 사용
- 선택적 보상체제 활용
3. 공정성 강조 전략
- 수업목표와 내용의 일관성 유지
- 연습과 시험내용의 일치

다. 효과적인 동기부여 지표

〈주의집중(A) 지표〉

- ✔ 지각적 각성: 비일상적이고 새로운 내용을 제시하여 지각적인 주의환기와 관심 집중
- ✔ 인식(탐구)적 각성: 학생의 호기심과 탐구심을 자극하여 주의환기와 관심 집중
- ✔ 다양성(변화성): 주의집중 유지를 위해 적절한 변화 제공

〈관련성 증진(R) 지표〉

- ✔ 목적 지향성: 학생의 요구가 해결되고 충족됨.
- ✔ 모티브 일치: 최적의 선택, 책임감, 영향을 제공할 시간과 방법이 적절함.
- ✔ 친밀성: 수업 내용과 학생의 경험이 잘 연결됨.

〈자신감 증진(C) 지표〉

- ✔ 학습요건: 학습 성공에 대한 기대감이 있음.
- ✔ 성공기회: 학습 성공에 대한 학습경험을 제공함.
- ✔ 개인적 통제: 학습 성공이 개인의 노력과 능력에 의한 것임을 앎.

〈만족감 증진(S) 지표〉

- ✔ 내재적 강화: 새롭게 학습한 지식, 기능, 태도를 활용할 기회를 제공함.
- ✔ 외재적 보상: 학습 성공에 대한 외적 강화가 제공됨.
- ✔ 공정성: 학습 성공에 대해 긍정적인 정서를 가짐.

라. 효과적인 동기부여 관련 이론

학생의 수업동기를 유발시키기 위해 교사가 취할 수 있는 전문적인 활동은 동기부여와 관련된 교사 변인을 개관한 Brophy의 연구[48]가 도움이 된다. 그의 연구에 의하면, 동기를 유발시키는 교사의 중요한 전문성을 9가지로 정리한다. ① 학습 주제와 내용을 삶과 연관시킴으로써 학생의 흥미와 관심을 유발시킨다. ② 학습 활동이 인간의 기본적인 욕구의 일부를 만족시키는 기회를 제공한다. ③ 참신한 사건, 상황, 재료가 포함된 학습 활동을 계획한다. ④ 학생의 동기부여 및 집중의 시간이 길지 않기 때문에 다양한 방법으로 흥미를 유지하여 매력적인 수업을 만든다. ⑤ 학생이 도전적이라고 느끼는 과제를 제시하면서 성공 경험을 가질 수 있도록 한다. ⑥ 교사는 학생들이 적당한 수준의 긴장을 유지하도록 해야 한다. ⑦ 적당히 긍정적이며 즐겁고 우호적이나 주어진 학습 활동에 초점을 유지한다. ⑧ 효과적으로 구성된 형성평가는 학습 목표와 평가 준거에 대한 명확한 이해를 돕는 동시에 동기부여에 기여한다. ⑨ 행동의 긍정적인 측면을 강조하고, 노력을 인정하고 미래의 행동에 대한 교사의 기대를 인식시키고, 학생에 대한 교사의 신뢰, 존경, 믿음은 격려를 통해 이루어진다. 그리고 이 격려는 좋은 수업을 만드는 동기부여의 방법이다. 이런 연구 결과를 토대로 동기부여를 위한 다음의 9가지 질문이 가능하다.[49]

① 학생의 흥미와 관심을 어떻게 학습 내용(활동)에 자연스럽게 활용할 것인가?
② 학생의 욕구를 어떻게 학습 내용(활동)과 연결시켜 만족을 도울 것인가?
③ 참신한 사건이나 자료를 어떻게 학습 내용(활동)에 사용할 것인가?
④ 학습 내용(활동)의 다양성을 어떻게 부여할 것인가?
⑤ 학생들이 어떻게 성공을 경험하도록 할 것인가?
⑥ 적정한 수준의 수업 긴장감을 어떻게 만들고 유지할 것인가?
⑦ 긍정적이며 우호적인 수업분위기를 어떻게 만들 것인가?
⑧ 효과적인 평가와 피드백을 어떻게 제공할 것인가?
⑨ 학생들을 격려할 방법은 무엇인가?

학생이 인지할 수 있는 동기부여 이론으로는 사회적 학습이론, 자기효능감이론, 귀인이론, 기대가치이론이 대표적이며,[50] 심리학자들은 **학습적인 측면에서 귀인**

(attribution)이론, 자기효능감(self-efficacy)이론, 목표(goal)설정이론을 중요한 동기부여 이론으로 구분한다.[51]

Hoy와 Miskel[52]은 **동기를 유발시키는 요인으로 욕구, 신념, 목표를 중심으로** 다양한 이론들을 체계적으로 제시하고 있다.

① 욕구에 기반을 둔 동기유발 이론에는 Maslow의 욕구이론, Herzberg의 동기위생 이론, McClelland의 성취동기 이론, Deci와 Ryan의 자율이론이 있다.

② 신념에 근거한 동기유발 이론에는 Weiner의 귀인신념 이론, Vroom의 기대신념 이론, Bandura의 자아효능감신념 이론, Greenberg의 공정성신념 이론이 있다.

③ 목표에 근거한 동기유발 이론은 Locke와 Latham의 목표설정 이론이 대표적이다.

Hoy와 Miskel이 정리한 대표적인 동기유발 이론은 학습자의 동기부여나 동기유발을 이해하는 데 도움이 된다. 이들 이론을 표로 정리하면 아래와 같다.

〈표 11-2〉 욕구, 신념, 목표에 따른 동기유발(부여) 이론 비교

영역	이론	내용	비고
욕구	욕구 이론 (욕구위계모형)	• 생리-안전과 보호-소속, 사랑, 사회적 활동- 존경과 지위-자아실현(성취)	Maslow
	동기위생 이론	• 동기요인(성취, 인정, 일 그 자체, 책임, 승진): 충족 → 만족; 미충족 → 최소한의 불만족 • 위생요인(대인관계, 감독, 정책 및 행정, 근무조건, 사생활, 직업 안정과 보수 등): 충족 → 최소한의 직무만족; 미충족 → 부정적 태도 → 직무 불만족	Herzberg
	성취동기 이론	• 욕구성취 이론 n-성취 이론 • 동기는 학습, 행동에 영향을 주는 잠재적 위계, 사람에 따라 차이 • 수월성 기준, 경쟁 기회, 긍정적 성과 → 성취 가치의 학습 • 성취동기 이용뿐만 아니라 성취동기 개발과 훈련도 중요	McClelland

영역	이론	내용	비고
	자율 (=자기결정) 이론	• 독립적인 행동 욕구 • 향상 작인: 스스로 선택, 스스로 계획, 결과에 대한 책임	Deci & Ryan
신념	귀인신념 이론	• 통제의 소재: 내적요인(능력, 노력), 외적요인(어려움, 행운) • 안정성: 능력(안정적), 노력(불안정적) • 책임성: 노력(통제가능), 능력과 행운(통제 밖)	Weiner

	기대신념 이론	• 생각, 추론, 예측 능력 사용 → 조직 내 행동 결정
		• 개인의 가치 태도: 역할기대와 환경적 요인들과 상호작용
		• 3개념: 기대, 도구성, 유인가
		   – 기대: 과업 달성 신념
		   – 도구성: 좋은 성과와 보상 예견
		   – 유인가: 보상의 가치나 매력 평가
		• 동기＝f(기대×도구성×유인가)
			Vroom

	자아효능감신념 이론	• 자신의 능력에 대한 강한 믿음 • 숙련경험 • 모델링과 대행적 경험 • 언어적 설득 • 생리적 자극	Bandura

	공정성신념이론	• 공평성 이론: 자신과 동료의 투입 대 산출 비율
		   – 균형(공정한 대우): 만족/동기화
		   – 긍정적 균형(과한 보상): 동기감소
		   – 부정적 균형(불공정 대우): 동기감소, 노력 감소, 과업이탈
			Greenberg

목표	목표설정 이론	• 4가지 성공적 목표의 조건
		   – 구체적 목표
		   – 도전적 목표
		   – 달성 가능한 목표
		   – 목표에 대한 개인들의 헌신
		• 높은 수준의 과업 수행 연구
		   – 어려운 목표라도 수용되면
		   – 구체적 목표
		   – 목표의 수용 여부가 중요
			Locke &
			Latham

가. 다양한 동기유발

사례 135 학생의 기분을 상하게 하지 않는 부드러운 방식으로 동기유발, 이해하기 쉬운 일상의 예로 설명, 학생들이 관심하는 것을 소재로 대화함(영어)

고등학교 입학 후 첫 모의고사에서 장황하게 긴 지문에다가 부족한 시간에 쫓겨서 급하게 문제를 풀다가 몇 문제는 찍어서 답안지를 제출하였다. 이후로 치른 몇 번의 모의고사도 비슷한 상황이었다. 나중에는 길고 긴 영어지문을 보면 머리가 지끈거리고 울렁증이 생겼다. 성적도 낮아서 낙담하였다.

그러다가 2학년 때 만난 선생님은 내 **영어 울렁증을 극복해 주었고** 지나치게 긴 수능 영어지문에 질려버린 아이들에게 **흥미를 일깨워주었다.** 선생님의 수업방식은 독특하였다. 매 시간마다 당번에게 당일 배울 첫 번째 지문을 적게 하였고 선생님은 복도 저 멀리서부터 지문을 **큰소리로 읽으면서** 교실에 들어왔다. 교실 밖에서 들려오는 큰 목소리에 자고 있던 아이들도 웃으며 잠에서 깨어났다. 잠을 깨울 때 큰소리로 주의를 주거나 책상을 탁탁 치거나 자는 아이의 어깨를 두드리는 것은 봤어도 이런 참신한 방식으로 잠을 깨우는 것은 처음이었다. 아이의 **기분을 상하지 않고 부드럽게 깨우는 방식이 참신하고 좋았다.**

기분 상하지 않고 부드러운 방식으로 동기유발

수능 지문들은 답지 해석을 읽어봐도 이해가 어려운 경우가 많다. 선생님은 **일상 속 작고 가벼운 소재를 포함하는 예시를 들어가며 지문을 설명하였다.** 어려운 지문을 이해하게 되니 퍼즐을 맞추는 것처럼 수업이 재미가 있었다. 이후 일부러 많은 지문을 접하면서 국어지문을 보듯이 차근차근 해석을 하였다. 마지막 모의고사를 볼 때 더욱 길어진 지문에도 더 이상 불안하지 않았고 차분히 읽으면서 해석을 하였다.

또한 수업에서 선생님은 마치 **아이들이 무엇을 좋아하는지 다 알고 있는 것처럼** 질문을 하였다. 최신 아이돌이나 음악, 드라마, 영화까지 다 꿰고 있어서 이야기를 나눌 때 아이들을 단번에 집중시키고 대화를 이끌어냈다. 다른 수업에서 침묵하던 아이들도 하나둘씩 대답을 하였고, 아이들의 참여가 활발해지면 선생님은 **말을 서서히 줄이면서** 수업을 진행하였다. **활발한** 분위기는 수업 끝까지 계속되었다. 수업 중

학생의 관심, 선호 파악

에도 크게 **미소를 지어서 보는 우리들도 덩달아 기분이 좋았다.** 아침 일찍 집에서 나와 밤에 별을 보면서 집에 가는 아이들에게 **선생님은 지친 삶의 활력을 불어 넣어 주었다.**

<〈질책과 격려의 2:8 법칙〉>

아침 일찍부터 밤늦게까지 학교생활로 인해 아이들은 지친다. 지친 아이들에게 삶의 활력을 불어넣어 주는 것이 필요하다. 물론 현실적인 충고나 긴장감을 유발하는, 미래에 대한 조언도 필요하다. 하지만 긴장을 유발하는 조언을 따뜻한 격려보다 자주하거나 강도가 지나쳐서는 안 된다. 2 : 8의 비율로 하는 것이 적당하다. 즉, 아이에게 생기를 불어 주는 따뜻한 격려를 8번할 때, 긴장을 유발하는 질책이나 냉정하고 이성적인 충고는 2번으로 족하다. 이유는 질책이나 이성적 충고는 매우 **무거운** 반면, 위트, 칭찬, 격려는 **가볍기** 때문이다. 양자가 밸런스를 맞추기 위해서는 2 : 8의 비율이 적절하다. 무거운 질책과 가벼운 칭찬 및 격려가 2:8의 비율로 **밸런스**를 갖출 때 아이는 건강하게 성장한다.

사례 136 재치 있게 자는 학생을 깨우고 수업에 집중시켜서 모두가 유쾌하게 공부한 수업

고등학교 때 겨울에 히터를 틀어서 교실 안은 따뜻했고 그래서 졸기 좋은 온도였다. 선생님은 열심히 강의를 하였지만, 졸거나 자는 아이들이 많았다. 베르나르 베르베르의 책 '잠'을 읽는 아이도 있었다. 선생님은 수업을 하다가 말고 갑자기 잠이라고 나지막하게 말하였다. 선생님은 "잠, 잠, 잠, 잠!"을 여러 번 말하였다. 아마도 '잠'이라는 책을 읽는 아이를 부르기 위해서 잠이라고 말한 것 같지만 의외의 반응이 나왔다. 졸고 있던 아이들이 선생님의 "잠!" 소리를 의식해서 깨어났고 계속 "잠"이라고 말하니 대놓고 자는 아이들도 일어났다. 그런데도 계속 "잠" 소리가 들리자 아이들은 주위를 둘러보았고 책 읽는 아이를 부르려고 하였다는 것을 알았다. 재미있는 것은 '잠'을 읽던 아이는 초집중을 하여서 정작 선생님의 "잠" 소리를 듣지 못하고 옆 친구가 툭 치니 그제서야 정신을 차리고 선생님께 죄송하다고 하며 책을 덮었다.

의도한 것은 아니지만 "잠" 소리의 반복이 아이들을 깨웠고 모두가 유쾌하게 집중하면서 수업을 듣게 하였다. 아이가 수업시간에 잠을 자거나 다른 공부를 하면 선생님은 아이를 꾸짖거나 책을 압수하는 경우가 보통이다. 하지만 선생님의 재치 있는 **방식이 험악한 분위기를 만들지 않고 모든 아이들을 수업에 집중하게 하였다.**

사례 137 교사의 긍정적 에너지와 독특한 억양, 스토리텔링과 영상을 활용한
수업(역사)

고등학교 때 선생님은 수업에 들어올 때 **항상 "굿모닝!"이라는 멘트를 하며 밝게
웃으면서 들어왔다.** 열정이 많아서 큰 목소리로 수업을 하여서 모두가 졸지 않고 수
업을 들었다. 또 선생님 **특유의 말투가 아직까지도 생생하게 기억이 난다.** 선생님은
꼭 알아야 되는 부분에 "동그╲~라╱미~"라고 하면서, 빨간 펜으로 "밑줄 쫙" 하
였다. 선생님의 말투는 부드러우면서도 카리스마 있었고 음의 높낮이가 확실하였
다. 나중에 우리도 "동~그~라~미~"라고 외치며 선생님의 말투를 재미있게 따라
하였다.

교사의 수업행동
(퍼포먼스)

선생님은 아이들이 지루하지 않도록 매 시간마다 그 **시대에 맞는 한 편의 역사
이야기를 생동감 있고 흥미진진하게 풀어주었고, 감성을 자극하는 다양한 영상을 준비
하여 아이들을 몰입시켰다.** 조별로 역사 사건을 골라 대본을 만들고 **영상을 찍고 발
표하기도 하였다.** 당시에 '갑오개혁'을 주제로 영상을 찍었고, 아직도 갑오개혁 '홍
범 14조'가 기억난다. 또 갑오개혁 관련 사극 드라마나 영화를 볼 때면 역사 수업이
떠오르곤 한다.

스토리텔링

영상 만들기(모둠
활동)

사례 138 작품 하나를 깊게 학습함: 모둠별로 작품을 읽고 역할극 연습 후
발표함. 이후 교사의 작품설명이 잘 이해가 됨(국어)

선생님은 '많은 것을 다 다룰 수 없으니 **진도를 못 나가더라도 작품을 자세히
보자**'라고 하며 모둠별로 작품에 관해 이야기한 후, 학생들과 함께 작품을 해설하며
느리지만, 꼼꼼하게 수업을 하였다. 좋았던 수업은 '양주별산대놀이'이었다.

수업 시작 전 잠을 자거나 수다를 떠는 등 어수선한 분위기에서 선생님은 우리
를 보고 "공부하기 힘들지? 오늘따라 축 처져 있네. 일어나서 선생님 따라 해 봐.
너희 계속 앉아만 있잖아. 스트레칭 자주 해야 돼."라고 하며 학생들에게 스트레칭
동작을 시켰다. 몇 분 동안 선생님을 따라 짝꿍이랑 도와가며 스트레칭을 하고 나니
잠이 깨었다.

수업 시작 전 스트
레칭으로 동기유발

선생님은 "공부하기 싫은 티가 팍팍 나는데. 아예 안 하긴 그러니까 극을 하자.
양주별산대놀이 펴봐. 재밌는 거니까 힘 내봐. 이것만 하면 쉴 테니까."라고 말하였
다. 또한 "고전 작품은 그 시대의 정서와 문화를 알 수 있어서 중요한데 극은 쉬워서

너희가 알아서 하게 하려다 **공부하기 싫어서 하는 거니까** 집중해서 **빨리 끝내고 쉬자.**

모둠별로 대본 읽고 역할극

모둠으로 모여서 대본 읽고 역할 나누고, 각 모둠에서 잘하는 사람 뽑아서 앞에서 시킬 거니까. 잘해."라고 말하였다.

모둠별 대본 연습

양주별산대놀이 8과장 '신할아비와 미얄할미'에서 역할을 정해 대본을 읽었다. 나는 미얄할미 역할을 맡아 신할아비가 대사를 하면 몸동작만 했는데, 신할아비 역할을 맡은 친구가 할아버지처럼 말끝을 늘이면서 잘해서 자꾸만 웃음이 나왔다. 말하는 것과 행동이 웃겨서 웃다가 나중엔 얼굴만 봐도 웃겨서 겨우 끝낼 수 있었다. 중간마다 선생님이 오시면서 '미얄할미는 대사 없이 몸으로만 표현해야 하니까 몸짓 크게 해'라고 피드백을 주었다. 서로 대사를 주고받고 웃다 보니 졸음이 싹 가셨다. 여기저기서 야유와 웃음소리가 들렸다.

역할극 발표

모둠별로 연습을 마친 후 교실 앞에서 극을 할 학생을 뽑았다. 여기저기서 추천하는 목소리가 들렸고, 논의를 통해 극을 할 아이들을 정하였다. 선생님은 대사를 못 외운 아이들을 위해 TV에 대본을 띄웠다. 역을 맡지 않은 나머지 아이들은 극하는 아이들의 소품을 챙겨주거나 맞장구를 쳤다. 우리는 도포를 입고 꽃이 그려진 부채를 들고 등장하는 신할아비 역을 맡은 아이에게 담요를 둘러주고 종이로 부채를 접어서 꽃을 그려 줘여 주거나 미얄할미의 지팡이 대신 우산을 구해 오는 등 소품을 챙겼다. 선생님은 신할아비는 권위적이고 당당하게 하라는 지도를 하였다. 극이 시작되자 선생님은 무대 옆에서 해설을 하고 아이들은 몸을 던져가며 열심히 극을 하였다. 신할아비가 부채를 흔들며 미얄할미에게 대사를 하면 미얄할미가 마임을 하고, 둘이 싸우다 미얄할미가 죽자 아들과 딸이 와서 지노귀굿을 하는 것으로 끝을 맺었다. 관람꾼들은 맞장구와 손뼉을 쳤다.

작품 설명과 문제 풀이

이후 작품에 대한 설명을 듣고 문제를 풀 때 직접 그 대사를 해보니 **인물들을 파악하기가 쉬웠고, 문제를 풀 때도 아이들의 행동과 말이 떠올라 금방 풀 수 있었다. 또한 다 같이 웃고 떠들고 맞장구치면서 극을 하며 그 시대 사람들이 왜 그렇게 극을 즐겼는지 이해가 갔다.** 많은 것을 학습하는 대신 교사와 학생들이 소통하며 **작품 하나하나를 진득하게 학습하는 것이 좋았다.** 또한 선생님이 우리를 위해 많이 고민하고 노력한다는 것을 느낄 수 있었다.

사례 139 도입에서 본시학습내용과 관련된 활동을 하여 아이들의 흥미를 유
발하고 몰입시킴(국어)

고등학교 국어시간에 선생님이 작은 종이를 한 장씩 나눠주었다. '갑자기 무슨
종이지' 하고 모두 어리둥절하였다. 모두에게 종이를 나눠준 선생님은 '지금 부모님
한테서 받고 싶은 선물 3가지'를 적어보라고 하였다. 수업이 시작되자마자 교과서도
펼치기 전에 받고 싶은 선물을 적으라고 하니 모두 떨떠름하면서도 수업을 하지 않
는 것이 좋아서 신나게 적기 시작하였다. 만약 세상에서 제일가는 부자가 선물을 준
다면 비싼 선물을 적겠지만, 부모님이 주시는 선물이라고 하니 현실적으로 부모님께
서 주실 수 있는 것을 적었다. 나는 옷, 귤, 편지라고 적었다.

도입: 학습내용과
관련된 활동 및 발
표하기

모두의 발표가 끝난 후에 선생님은 오늘 배울 부분을 펼쳐보라고 하였다. 책을
펼친 순간 나는 감탄을 하였다. 오늘 배울 문학작품의 제목이 '선물'이었기 때문이다.
나는 그제서야 선생님이 받고 싶은 선물을 적어보라는 활동이 단순히 잠을 깨우려
고 했던 것이 아니라 자연스럽게 몰입시키면서 수업의 도입 활동을 하였다는 것을 알
았다. 아이의 흥미를 불러일으키면서 자연스럽게 몰입시키는 수업은 정말 잊을 수 없
는 인상깊은 장면이었다.

본시학습

사례 140 추상적이고 모호한 시를 그림으로 표현하면서 상상력이 자극되고
기억과 이해가 잘됨(국어)

고등학교 국어 시간에 **시화 그리기** 수업을 하였다. 학생들을 모둠별로 상의해
서 지금까지 배웠던 것에서 좋아하는 **시 한 편을 선정**한 후, **판넬에 파스텔 등을 이용
하여 시를 읽고 연상되는 것을 그림으로 표현**하였다. 우리 조는 백석 시인의 '수라'를
표현하였다. '수라'는 화자가 방에서 큰 거미, 중간 거미, 새끼 거미를 차례대로 발견
하곤 큰 거미와 중간 거미는 매몰차게 방 밖으로 쓸어버렸지만 새끼 거미는 측은함
이 들어 종이에 올려 밖으로 고이 보냈다는 내용이다.

모둠별 시 선정

우리는 오른쪽에 집 한 채와 방 한 칸과 방 안에서 새끼거미를 종이에 올려
고이 밖으로 보내주는 그림을 그렸다. 시에서는 거미들이 다시 만났는지 표현되지
않았지만 다시 만나기를 바라는 마음을 밖에서 큰 거미와 중간 거미가 기다리는 것
으로 표현하였다. 왼쪽에는 시를 크게 적었다. 마지막으로 시의 간략한 소개, 시에
대한 느낌과 그리기 활동을 하며 느낀 점을 각자 쓴 후 판넬 뒤에 붙였다. **시화를**

연상되는 것을 그
림으로 표현

완성 후 조별로 시화를 발표·전시하고 다른 조의 시화를 감상하는 활동을 하였다. 이후 복도에 시화 전시회를 열어 다른 반의 시화 작품도 같이 구경하였다.

설명만으로 배우면 지루할 내용을 그림으로 표현하니 재미가 있었다. 전시회를 열어 동료들의 작품을 보면서 이미 배웠던 시는 그림으로 다시 기억할 수 있었고, 모르는 시는 간략한 설명이 있기 때문에 그림과 함께 연관하여 공부할 수 있어서 좋았다. 나중에 전시회 때 봤던 시를 배우게 되었을 때 그림이 떠오르면서 더 잘 이해할 수 있었다. 하나의 시를 다른 그림으로 표현함으로써 같은 시를 다양하게 해석할 수 있었다.

사례 141 시 낭송, 시상(시 장면) 떠올리기, 그림으로 표현하기, 짝과 토의하기 수업(국어)

고등학교 때 시를 읽고 떠오르는 시상을 그림으로 표현하였다. 그리고 이것을 **짝과 토론하는 수업**을 하였다. 선생님은 먼저 시를 낭송하자고 하여 모두 한 목소리로 시를 낭송하였다. 낭송이 끝나고 시의 내용을 설명할 것으로 예상하였는데 선생님은 "여러분, 시를 읽고 어떤 장면이 떠오르나요? 간단하게라도 좋아요! 말해보아요!"라고 말하였다. 학생들은 읽는 데 집중하여 다른 생각을 못하였는지 아무런 대답을 하지 못하였다. 선생님은 시에는 대상물이 있고 그것을 아름답게 표현하는 다양한 방식이 있기 때문에 시를 읽으면 머릿속에 그림이 그려지는 시상이 떠오른다고 하였다. 이후 **시를 다시 읽으면서 시상을 떠올리고 그것을 그림으로 표현한 후 짝과 토의를 하였다.** 짝과 함께 각자가 어떤 그림을 그렸는지 무엇이 시의 주인공 같은지 등에 관해 의견을 주고 받았다. 대부분의 시 수업이 시를 읽고 내용 설명을 하는 방식이어서 시상을 떠올리고 그것을 짝과 공유하는 경험은 특별하였다.

사례 142 역사적 사건을 실제적으로 재현함으로써 학생들이 당시의 생각과 감정을 생생하게 느끼도록 함(역사)

삼전도의 굴욕은 조선시대 인조가 청나라에게 당한 굴욕이다. 교과서에는 아주 짧게 기술되어 있지만 나는 수업을 통해 그 어떤 글이나 그림보다 생생하게 삼전도의 굴욕을 경험하였다. 평소와 다름없이 칠판에 필기하면서 강의하던 선생님은 갑자기 교과서와 분필을 교탁위에 내려놓고는 앞으로 나와서 분단과 분단 사이 통로로 발걸음을 옮겼다. 순간 졸거나 딴 짓을 하던 학생까지 모두 선생님에게 집중하였다. '삼배구고두례'는 세 번 절하고 아홉 번 조아린다는 뜻으로 청나라에 신하로서 충성을 다한다는 의미의 의식이다. 선생님은 **실제로 삼배구고두례를 재현하였다.** 선생님은 **바닥에 절하고 머리를 조아리며 두 번에 걸쳐 분단 사이를 지나가며 재현하였다.** 순간 정적이 흘렀고, 삼배구고두례가 끝난 후에 여기저기서 "아!" 하는 감탄사와 함께 박수, 웃음 또한 터져 나왔다. 선생님은 힘들어 보였지만 표정에는 웃음이 보였다.

교사가 실제로 재현

　　실제 역사 속에서 받았을 인조의 수치와 더불어 우리 민족이 받았을 **굴욕과 수치를 더 생생히 전달받은 느낌이었다.** 수업을 들은 모두가 같은 느낌을 받았을 것으로 생각한다. 선생님의 노력이 전해지는 수업이었다. 그동안 들은 역사수업은 지루하고 졸린 수업들이 전부였는데 이 수업을 통해 단지 역사를 보고 듣고 외우는 것이 아닌, **몸과 마음으로 그때의 감정을 느낄 수 있었다.** 초, 중, 고 12년의 많은 수업 중에서 **가장 기억에 남는 수업이다.**

생생한 느낌과 감정 이입

사례 143 동영상, PPT, 사진, 모형을 활용하여 직접 만지고 관찰하는 경험을 함(지리)

고등학교 지리에 흥미를 느끼지 못하였다. 특히 지형단원에 관심이 없었다. 지형 단원의 특성상 자연의 여러 현상을 눈으로 직접 볼 수 없는 한계로 인해 이해하기 어려웠다. 해안지형은 더욱 그러하였다. 이해 없이 암기를 하였고 그래서 수업시간이 지루하였다.

하지만 선생님은 방송 프로그램에서 갯벌편 **영상을 통해 동기유발을 하였으며** 해안지형을 설명하기 위해 PPT, 애니메이션을 활용하였고, 실제 사진을 통해 지형의 **실제모습을 충분히 파악할 수 있도록 설명하였다.** 또한 입체적인 지형모형을 손으로 만지고 관찰하는 실험도 하였다.

지형에 흥미를 느끼면서 수업에 대한 관심과 흥미는 지형 단원에만 국한되지 않고 지리 교과 전체에 대한 관심과 흥미를 가지게 되었다. 그러면서 성적이 점점 향상되었다. **다양한 자료 활용과 설명은 암기에서 벗어나 교과내용을 심도 있게 이해**하여 자신만의 지식을 형성할 수 있게 하였다.

사례 144 수업 전 국내외 이슈를 담은 시청각 자료를 토대로 학생들과 토론을 함(사회)

고등학교 사회 수업에서 선생님은 항상 **본시 학습 전에 금주에 있었던 국내외 이슈를 시청각 자료로 소개하고 학생들과 토론하는 시간을 가졌다.** 이슈는 정치, 사회, 스포츠 등으로 다양하였다. 선생님은 교탁 위에 걸터앉은 편안한 자세로 학생들과 격의 없이 이야기를 나누었는데 마치 영화 '죽은 시인의 사회'에서 키팅 선생님이 학생들에게 책상 위에 서서 경직된 사고의 틀을 깨고 세상을 새로운 시각으로 바라보라고 하는 것 같았다.

수업 전에 자유로운 형식의 토론과 대화를 가짐으로써 사고의 확장은 물론 즐거운 학습 분위기가 형성되었고 이후에 수업에서 집중도 잘되었다. 나는 항상 사회 수업이 기다려졌고 집에서 뉴스를 챙겨보는 습관도 생겼다. 동료들 역시 사회시간이 제일 기다려진다고 하였다.

> 이 수업 사례에서 교사의 개방적이고 격의 없는 대화가 학생들에게 긍정적 인상을 주어 좋은 수업분위기 형성에 영향을 준 것으로 보인다. 자유로운 형식의 토론, 교과서 밖의 국내외 이슈에 대한 토론을 하면서 학생은 사고가 확장되는 것으로 생각하는 것 같다. 그러나 본시학습내용 혹은 수업목표와 관련이 없는 토론이 이후의 본시학습에 어떠한 영향을 미치는지를 고려해야 할 것이다.

사례 145 관심사나 자신을 소개하는 3분 스피치 활동을 통해 말하는 연습을 함(국어)

고등학교 국어시간에 '3분 스피치' 수업을 하였다. 사실 국어는 말하기보다 읽기, 즉 독해의 비중이 큰 편인데, '3분 스피치'는 말하기 수업이었다. **'3분 스피치' 시간에는 돌아가면서 동료들 앞에서 자유롭게 다양한 것을 발표하였다. 어떤 주제든 가능하며 원하는 것을 자유로운 형식으로 앞에서 말하면 되었다.** 자신을 소개하거나 퀴즈나 간단한 심리테스트를 준비해서 실시하는 경우, 자신이 관심 있는 노래를 소개하고 뮤직비디오를 보여주는 경우도 있었다. 나는 당시 한창 유행하던 드라마의 한 장면을 보여주며 "여러분들도 다 알다시피 굉장히 유명한 드라마이고, 재밌는 드라마입니다. 나는 지금이 졸리는 시간이기 때문에 비록 짧은 장면이지만 같이 보고 잠을 깨면 좋을 것 같아서 이 영상을 준비했습니다. 다 같이 즐겨주세요!"라고 말하며 3분 스피치를 하였다.

3분을 다 쓰면서까지 '말하기'를 하는 경우는 많지 않았지만, 모두가 보는 앞에 나가서 말을 하는 것을 쉬운 일이 아니었다. 비록 짧은 시간이더라도 모두가 보는 앞에서 자신을 소개하고 관심사를 공유하며 준비한 것을 실행한 **3분 스피치 경험**은 일상적인 '말하기'가 아닌 '말하기'에 대한 도전이었다.

나. 게임과 보상

사례 146 사자성어를 이야기 만화와 스피드 게임을 활용하여 학습함(한문)

고등학교 때 **스토리텔링**과 퀴즈 **게임**을 활용하여 한문을 재미있게 배웠다. 우리는 사자성어의 유래가 되는 이야기 속 주인공들의 그림과 말풍선 대사가 있는 학습지를 읽으며 사자성어가 유래된 배경과 상황을 엮은 이야기와 함께 사자성어의 뜻을 하나하나 풀어가며 학습하였다.

만화를 이용

또한 당시 유행하던 신서유기 퀴즈 게임을 이용해서 수업을 진행하였다. 한 달에 한 번 그 달에 배웠던 사자성어를 스피드 퀴즈로 진행하였는데, 퀴즈는 두 명이 한 조가 되어 제한시간 내에 10문제 이상 번갈아 맞추면 통과하는 식이었다. 조원과 같이 게임 연습을 하면서 재미있게 한자성어를 익혔다. 선생님은 모든 학생들이 퀴즈에 통과할 때까지 기회를 주어 통과에 대한 부담도 적었다.

스피드 퀴즈 게임

한문은 주요 교과목이 아니어서 흥미가 없었고 그래서 수업에 적극적이지 않았다. 그러나 이야기와 퀴즈 게임을 활용하여 지루한 한자를 재미있게 배웠고 그러면서 한문에 대한 자신감도 생겼다.

사례 147 보드게임 할리갈리를 활용하여 고유어, 외래어, 한자어의 개념과 실제를 익힘(국어)

중학교 국어시간에 **고유어, 외래어, 한자어를 보드게임 '할리갈리'를 이용하여 학습하였다.** 먼저 고유어, 외래어, 한자어의 개념을 학습한 후 보드게임 활동을 하였다. 방법은 카드의 그림면에 고유어, 외래어, 한자어 단어를 각각 개수를 달리하여 붙인 다음 기존의 보드게임 방식으로 진행하였다.

개념과 게임 방법을 이해시키기 위하여 선생님이 먼저 아이들과 시범을 보여주면서 고유어, 외래어, 한자어의 개념을 설명하였다. 고유어, 외래어, 한자어의 개념과 실제를 익힌 학생은 게임에서 계속 이겼으나 아직 개념을 이해하지 못한 학생은 시행착오를 겪었다. 하지만 차츰 게임을 계속하면서 개념을 이해하였다. 게임이 진행될수록 아이들은 흥미를 가지고 게임활동에 적극적으로 참여하였고, 고유어, 외래어, 한자어의 개념을 이해하였다. 대부분의 학생들이 고유어, 외래어, 한자어의 개념을 익히는 것을 보면서 선생님은 뿌듯해하였다.

사례 148 돌아가며 뜨거운 의자에 앉아 문제를 빨리 맞히는 게임을 통하여 재미있게 학습함

중학교 수업 시간에 'hot seat'(뜨거운 의자) 게임을 하였다. 이것은 교단에 놓인 **의자에 아이들이 한명씩 돌아가며 앉아서 선생님이 내는 퀴즈를 맞추는 게임**이었다. 의자가 불이 나도록 뜨겁다는 가정을 하고 엉덩이가 타지 않도록 문제를 빨리 맞혀야 자기 자리로 돌아갈 수 있는 게임이었다. 의자에 불이 나고 있다는 상황이 재미있어서 아이들은 **즐겁고 적극적으로** 게임활동에 참여하였다.

사례 149 휴대폰 앱을 활용한 게임으로 흥미와 승부욕을 자극하는 수업(영어)

고등학교 영어 선생님은 배울 부분을 알려주고 지문을 해석할 시간을 주었고, 학생들은 각자의 방법으로 해석을 하였다. 학생들은 해석이 끝나면 자신이 해석한 지문을 짝에게 설명하였다. 막힘없이 술술 해석하며 설명하는 학생이 있는 반면, 힘겨워하는 학생도 있었다. 평범한 이 수업에서 영어를 잘하든 못하든 모두 수업에 열심히 참여하였다. 이유는 **휴대폰 어플을 활용한 게임수업**을 하였기 때문이다.

개인별 지문 해석 → 짝에게 지문 설명

학생들이 만든 문제를 교실 앞 컴퓨터에 입력하면 휴대폰 담당 학생은 휴대폰을 가져왔다. 2인 1조로 1개의 휴대폰으로 사이트에 접속하면 조금 전 학생들이 만든 문제가 나타났다. 교실 앞 큰 모니터로 문제가 제시되면 먼저 맞힐수록 점수를 부여받는 방식이었다. 문제는 객관식이었고, 문제 유형이나 선택지 수는 학생들이 원하는 대로 자유롭게 낼 수 있었다. 선생님은 답을 확인하면서 보충설명을 하였다.

휴대폰 어플을 활용하여 문제맞히기 게임

강화 제공

학생들은 **게임이 재미있고 승부욕도 자극되어 수업에 열심히 참여**하였다. 수능공부를 할 때나 모의고사에 지문이 나왔을 때 **수업내용(문제)이 기억날 정도로** 수업효과도 좋았다. 강의식 수업달리 게임수업이라는 색다른 수업방식이 신기하였고, 발달한 통신기술을 잘 활용하는 것이 좋았다.

흥미와 승부욕을 자극

사례 150   한자 활쏘기 게임과 보상을 활용한 수업(한문)

중학교 한문 선생님은 종이컵과 쇼핑백을 들고 교실에 들어왔다. 선생님은 쇼핑백에서 문구용 활, 화살, 젤리가 가득 담긴 통도 함께 꺼냈다. 선생님은 이전 차시에서 숫자 한자를 배운 것에 이어 오늘은 '**한자 활쏘기**' **수업**을 할 것이라고 말하며 과녁판을 칠판에 크게 그렸다. 이 후 'ㅁ－ㅁ＝ㅁ' 또는 'ㅁ＋ㅁ＝ㅁ' 등 여러 네모 빈칸들과 사칙연산 부호가 적힌 **학습지**를 한 장씩 나눠줬다. 그리고 한명씩 **활을 쏴서 나온 숫자점수와 그 값을 계산한 답을 빈칸에 한자로 쓰는 게임**을 하였다. 종이컵 물을 고무로 된 화살 끝에 적셔 칠판에 쏘면 착 달라붙었다. 아이들은 **환호성을 지르면서 자기 차례를 기다렸다.** 나 역시 몇 번째로 활을 쏠 수 있는지 계산하면서 설레는 마음으로 차례를 기다렸다.

보상과 강화 제공

활을 쏘는 순간에는 다소 소란스러웠지만 활을 쏘고 나온 점수를 한자로 적고 계산을 해야하는 동안 아이들은 **집중하였다.** 선생님은 프린트를 다 채운 학생 이외에도 7점 이상 쏘면 젤리를 주었다. 친구들은 높은 점수를 맞추기 위해서 활쏘기에 집중하였다. 그렇게 차례가 지나가며 프린트의 빈칸도 채워지고 수업시간도 마무리되었다. 선생님은 답을 다음 시간에 같이 맞춰보자고 하면서 수업을 마무리하였다. 이 수업으로 한자 숫자를 **완전히 익힐 수 있었다.** 강의식으로 배운 것을 게임 활동에 적용한 이 수업을 잊을 수 없다.

아는 한자를
맞춰야 하는데~~~

사례 151 사다리타기를 통하여 한자로 쓰고 맞추기 게임과 보상을 활용하여
교과에 대한 흥미와 자신감이 향상됨(한문)

고등학교 한문 수업은 **발표와 게임을 통한 복습과 적절한 보상으로** 학생들의 관심을 끌고 자연스럽게 학습을 유도하였다. 매주 한 명씩 돌아가며 한문에 대한 자신의 생각과 견해를 다양한 관점에서 **발표**하였다. 동료가 발표한 주제에 대하여 궁금한 사항을 **질문**하는 방식으로 수업이 이루어졌다. 수업 마지막에 선생님은 질문에 대하여 답변을 들은 뒤 발표에 대한 **피드백**을 설문지를 통해 작성하고 발표자에게 전달해주었다.

학생 발표 → 학생 질문 → 교사 피드백

시험 기간에는 발표를 하지 않고 게임을 하여 그 동안의 내용을 정리하고 생각하는 시간을 가졌다. 중간고사 때 게임은 사다리타기를 통하여 그동안 발표하면서 나온 단어를 한자로 쓰고 맞추기였다. 맞춘 학생에게 선생님은 아이스크림을 제공하였다. 처음에 학생들은 사다리타기에 걸리지 않기를 원하였다. 하지만 아이스크림이라는 당근은 동기유발로 충분하였다. **학생들이 적극적으로 자신을 추천하고 앞에 나가 이야기하는 모습을 보면서 보상은 필요한 것임을 깨닫게 되었다.** 이후 **발표의 두려움**, '틀리면 어쩌지'라는 걱정이 '조금 틀리면 어때'라는 자신감으로 변하게 되었다.

보상 제공

사례 152 소설 릴레이 읽기 게임 수업(국어)

중학교 국어시간에 소설을 릴레이 게임으로 읽는 수업을 하였다. **한 명이 소설을 읽어나가다가 틀리게 읽으면 다음 학생이 그 틀리게 읽은 부분부터 이어서 읽어나갔다. 그러다가 마지막 부분을 읽고 마친 학생은 선생님한테서 보상을 받았다.** 우리들은 모두 이 시간을 기다리며 본문을 틀리지 않고 잘 읽기 위해서 수업 전에 한번 더 읽어보기도 하였다. 많은 학생들이 활동적으로 참여하는 수업은 체육 같은 신체를 움직이는 교과만 가능한 줄 알았는데 국어와 같은 정적이라고 생각한 교과목도 활동적이고 재미있게 수업을 할 수 있다는 것을 알았다.

보상 제공

사례 153 게임과 보상을 활용한 수업에 모든 학생이 적극적으로 참여함(영어)

중학교 수업시간에 **타이푼(Typhoon) 게임**을 활용한 수업을 하였다. 타이푼 게임은 학생이 주어진 PPT에서 알파벳 하나를 고르면 그에 해당하는 문제를 내고, 정답을 맞히면 1점 2점 3점 얻기, 다른 팀에서 점수 **뺏기**, 점수 전부 잃기, 점수교환

등을 하고 최종적으로 점수가 제일 높은 조가 승리하는 게임이다.

보상 제공

　　선생님은 한 단원이 끝날 때마다 게임을 하고 우승 팀에게 약간의 **보상을 주었다.** 그런데 **놀라운 것은** 아이들이 수업 전 쉬는 시간만 되면 **교과서를 붙들고 스스로 공부하는 모습이었다.** '1등하면 대학 좋은 데 간다.'라는 말보다 '게임에서 1등하면 **초코파이 줄게.**'가 학생들의 마음에 더 깊게 다가왔던 것이다. 심지어 공부에 무관심한 학생도 동료에게 물어가며 수업시간에 채우지 못했던 빈칸에 답을 채워나갔다.

　　게임(퀴즈)이 시작되면 학생들은 수업 내내 모든 퀴즈에 손을 번쩍번쩍 들면서 적극적으로 참여하였다. 일반적인 수업이 공부를 잘하는 학생들 몇 명만 참여하는 수업이었다면, 이 수업은 **모두가 참여하는 수업**이었다.

> 　　이 수업은 게임으로 언어를 쉽고 재미있게 학습하는 '영어 PPT 게임'을 변형한 형태로 보인다. 타이푼 게임은 퀴즈 게임으로 게임진행 순서는 먼저 팀 구성 → 게임 순서 선정 → A~P까지의 알파벳 중 하나 선택하고 문제 풀기 → 정답 제시와 점수 획득(1~5점)(오답을 제시하면, 다른 팀에게 정답을 맞출 수 있는 기회가 넘어감) → 높은 점수를 얻은 팀이 우승한다. 2~4명이 한 팀으로 구성하며 3~5개 정도의 팀으로 구성해서 진행한다. 교사가 교과 내용을 효율적으로 소개 및 정리한 PPT를 제작하는 것이 필수적이다. 중요한 규칙이 있는데 정답을 맞히고 토네이도가 나오면 자신의 팀의 점수가 0점이 되고 타이푼이 나오면 모든 팀의 점수가 0점이 된다. 타이푼 게임을 활용한 학습은 학습한 내용을 정리하고 복습할 때는 물론, 사전에 학생들이 가진 정보를 활용해서 새로운 내용을 배울 때에도 활용할 수 있다.

사례 154　우연한 1등 경험에 신기해하고 공부에 자신감을 가짐

　　운동부였던 나는 공부에는 별 흥미를 갖지 못하였다. 그러나 고등학교 때 수업을 들으며 달라졌다. 선생님은 항상 수업 시작 전, 전 날 배운 내용을 도전골든벨처럼 **30문제의 ○× 퀴즈**를 내고 1등 학생에게 작은 보상(상품)을 주었다. 우리 반 40명의 아이들은 이 시간만 되면 **누구나 교과서의 내용을 스스로 읽으며 수업을 준비하였다.**

도입: 보상 제공

　　한번은 운이 좋아서 ○× 퀴즈 끝까지 살아남아 1등을 하였다. 나에겐 정말 뜻깊은 날이었다. 공부로 1등 한 것은 처음이었다. 공부 잘하는 동료들과 경쟁을 해서 1등을 한 것이라 더욱 의미가 있었다. 수업시간에 늘 자던 내가 달라진 게 **신기하였다.** 선생님은 상품을 주며 나에게 "지금 이 마음이라면 뭐든지 할 수 있다. 뭐든지 즐겨라."라고 하였는데, 아직까지 잊혀지지 않는다. 그 후 **다른 과목도 잘할 수 있을**

것 같은 자신감이 생겼다. 그 날 이후 친구들이 "너는 운동도 잘하고 공부도 잘한다." 며 나를 볼 때마다 얘기하던 기억이 난다. 선생님은 내가 스스로 공부하도록 동기유 발하였고 이후로 운동만 하던 나는 공부에도 흥미를 느꼈다.

사례 155 　초성 퀴즈와 보상을 통해 학습동기가 유발되고 수업에 집중하게 됨

　　중학교 3학년 때 선생님은 항상 팝콘 통에 **초콜릿**을 넣고 퀴즈의 정답을 맞힌 학생에게는 보상을 제공하였다. 그날도 평소와 마찬가지로 초콜릿을 한가득 들고 오 셨는데, 아이들은 초콜릿을 받으려고 수업에 집중하였다.　　　　　　　　　　보상 제공

　　선생님은 유럽의 산업혁명 과정에서 산업의 방식이 바뀐 것을 설명하면서 칠판 에 "ㄱㄴㅅㄱㅇ → ㄱㅈㅈ ㄱㄱㄱㅇ"이라고 초성만 쓰고 무슨 내용인지 맞추어 보라고 **퀴즈를 냈다.** 동료들이 감을 못 잡고 있을 때 나는 먼 나라 이웃나라에서 본 대목이 생각나서 가내수공업에서 공장제 기계공업으로 바뀐 것이라고 답하자 선생 님이 "맞아!" 하면서 초콜릿을 주었다. 그 뒤로도 퀴즈는 계속되었다. 여러 번 맞출 수록 **초콜릿이라는 보상이 주어졌기** 때문에 학생들은 수업에 집중하면서 문제의 정답 을 맞히려고 노력하였다. 평소 수업에 집중하지 않는 학생들도 보상을 받기 위해 수 업에 **집중하였다.** 선생님이 재미있게 설명한 이유도 있지만 **초콜릿을 통한 보상이 학 습동기를 유발하였다.**

12 　인지·정서통합계발 수업[1]

1 　정서와 기억

(1) 정서와 기억의 삼원구조

정서와 기억의 관계에 대한 관심은 1980년대에 시작되었다. Parrott과 Spackman (2000)은 다음의 세 가지 측면에서 **정서와 기억의 삼원구조**(emotion & memory triangle)를 설명하였다.

① 기억이 형성될 때 즉, 정보를 입력할 때

② 정보를 회상할 때(인출할 때)

③ 입력과 인출 사이인 저장시 정보와 정서의 관계를 연구하였다.

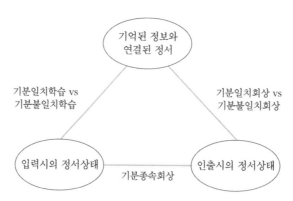

[그림 12-1] 정서와 기억의 삼원구조

---

1 본 장의 이론부분은 김대석·성정민(2017). 인지·정서통합계발 수업의 설계원리 및 방법 탐구: 교과기반 인지·정서통합수업모형을 중심으로. 교육과정연구, 35(4). pp. 99~123에서 부분 발췌하여 수정하였음.

삼원구조는 ① 정보를 입력할 때의 정서상태, ② 정보를 회상할 때의 정서상태, ③ 기억된 정보(내용)와 관련된 정서가 기억에 영향을 미친다. 각각을 설명하면 다음과 같다.

① 기분일치학습 vs 기분불일치학습

제시된 자극의 내용이 학습시(입력시) 정서와 일치하면 기억이 잘되며(기분일치학습, mood−congruent learning), 제시된 자극의 내용이 학습시 정서와 불일치하면 기억이 잘되지 않는다(기분불일치학습, mood−incongruent learning).

〈표 12−1〉 기분일치학습, 기분불일치학습

	학습시(입력시) 정서상태	
	쾌 정서 상태	불쾌 정서 상태
긍정적(유쾌한) 정보(내용) ex) 살수대첩	기억이 잘됨	기억이 잘 안됨
부정적(불쾌한) 정보(내용) ex) 명성황후 시해사건	기억이 잘 안됨	기억이 잘됨

② 기분일치회상 vs 기분불일치회상

기억된 정보의 정서가 회상시 정보와 일치하면 회상이 잘 되고(기분일치회상, mood−congruent recall), 기억된 정보의 정서가 회상시 정보와 불일치하면 회상이 잘 되지 않는다(기분불일치회상, mood−incongruent recall).

〈표 12−2〉 기분일치회상, 기분불일치회상

기억된 자극의 정서	회상시(인출시) 정서상태	
	쾌 정서 상태	불쾌 정서 상태
기억된 정보의 정서가 긍정적(유쾌한) 경우: ex) 살수대첩	회상이 잘됨	회상이 잘 안됨
기억된 정보의 정서가 부정적(불쾌한) 경우: ex) 명성황후 시해사건	회상이 잘 안됨	회상이 잘됨

③ 기분종속회상(mood−dependent recall)

인출시 정서와 입력시 정보가 일치하면 회상이 잘 된다. 즉 현재 인출시 정서와 일치하는 과거 입력시 정보를 주로 회상하는 경향이 말한다. 이것은 현재 기분이 좋으면 과거 좋았을 때의 경험을 회상하고 현재 기분이 나쁘면 과거 좋지 않았을 때의 경험을 주로 회상하는 경향을 설명한다. 반면, 현재 기분이 좋은데 과거 좋지 않았을 때의 경험을 회상하지 않으며, 현재 기분이 나쁜데 과거 좋았을 때의 경험을 회상하지 않는다.

〈표 12-3〉 기분종속회상

(현재) 인출시 정서상태	(과거) 입력시 정서상태
인출시 정서상태가 쾌한 경우	과거 유쾌했을 때의 경험을 많이 회상
	과거 불쾌했을 때의 경험을 크게 회상하지 않음
인출시 정서상태가 불쾌한 경우	과거 유쾌했을 때의 경험을 크게 회상하지 않음
	과거 불쾌했을 때의 경험을 많이 회상

(2) 상태의존적 기억모델(state-dependent memory model)

정서와 기억의 일치 혹은 불일치는 상태의존적 기억모델로도 설명할 수 있다. 정서와 기억의 관계에 관한 학자 중 Bower는 인지와 정서가 상호작용하므로 **정서가 인지과정에 영향을 준다**고 주장하였다(Bower & Cohen, 1982). 정서가 지각, 판단, 사고, 기억에 영향을 준다는 것이다. 이것을 Bower는 상태의존적 기억모델로 설명하였다. 실험에서 기쁜 상태와 슬픈 상태의 참가자들이 각각 동일한 소설을 읽었는데, 기쁜 상태의 참가자는 행복한 내용을 더 잘 기억하고 행복한 등장인물을 더 동일시하였다. 반면, 슬픈 상태의 참가자는 비극적 내용을 더 잘 기억하고 비련의 등장인물을 더 동일시하는 것으로 나타났다. 즉, 자신의 정서상태와 유사한 내용을 더 잘 기억하고, 유사한 성격의 주인공을 더 동일시하는 것이다. 이것은 자신의 정서상태와 유사한 사건이나 정보를 선택적으로 기억한다는 것을 말한다.

또한 상태의존적 기억모델은 특정 정서적 상태에서 얻은 정보는 그 정서와 유사한 정서상태에서 회상을 쉽게 하는 것을 설명한다. 우리는 행복할 때, 행복했던 순간을 더 잘 기억(회상)하며, 힘들 때 힘든 사건을 더 잘 기억(회상)한다. 대학생 대상 실험에서 행복감과 불행감을 느끼게 한 후 단어과제를 실시(학습)하였다. 학습 후 이전에 학습할 때와 동일한 정서상태에서 단어를 회상할 것과, 이전에 학습할 때와 다른 정서상태에서 단어를 회상할 것을 각각 요구하였다. 실험결과 이전에 학습할 때 정서상태와 동일한 정서상태에서 단어회상이 더 많은 것으로 나타났다. 판단 역시 정서에 영향을 받는다. 실험에서 피험자는 자신의 정서상태에 따라 다른 판단을 하였다. 따라서 정서는 기억, 회상, 판단 등의 인지처리과정에 영향을 주는 것이다.

(3) 연상의미망모형(associative semantic network model)

Bower(1981, 1982)는 연상의미망형으로 정서와 기억의 관계를 설명하였다. 이 모형에서 기억은 연상작용으로 연결된 노드(개념이나 사건의 세트임)들로 구성이 된다. 연상작용으로 연결된 노드의 하위집합들이 명제를 구성하고, 이 명제가 활성화되면 사건이 생각이 나게 된다. 또한 특정 노드가 활성화되면 연결된 노드가 활성화되면서 과거 경험에 대한 기억이 활성화된다(회상된다). 연상의미망형으로 기분일치학습과 기분일치회상을 설명하면 다음과 같다.

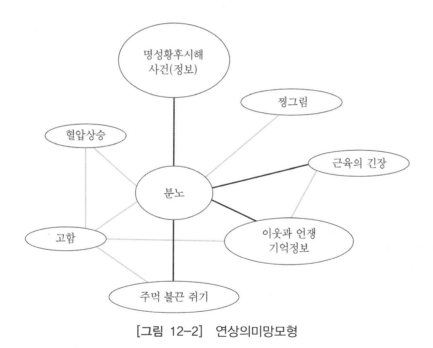

[그림 12-2] 연상의미망모형

• **기분일치학습**: 특정정서를 포함한 정보(명성황후시해정보)는 그것에 상응하는 정서노드를 활성화시킨다. 만약 학생의 (학습시) 정서노드가 이미 활성화된 상태라면(분노상태라면) 이 정서노드는 명성황후시해정보에 의해 더 강하게

활성화된다. 그래서 명성황후시행정보를 강하게 기억(입력)하게 된다.

- **기분일치회상**: 입력된 정보(명성황후시행정보)는 입력시 활성화된 정서노드(분노노드)와 연결되어 있다. 기억 안에는 입력당시 정서노드가 다른 정보와 연결된 채로 기억된다. 이후 명서황후 시해정보를 인출(회상)할 때, 기분이 분노 상태인 경우, 이것은 연결된 명성황후시행정보를 인출하는 단서가 된다. 그래서 명성황후시행정보가 더 잘 회상되는 것이다.

(4) 정서와 인지의 관계

정서와 인지의 관계를 설명하는 많은 연구가 시도되었으나 아직까지 어떤 것도 양자의 관계를 명쾌하게 설명하지 못하고 있다. 그만큼 인지와 정서가 구분되기 어려운 것이다. 그러나 분명한 것은 양자가 통합적으로 작용하여 행동, 태도 등에 영향을 준다는 것이다. 예를 들어 같은 대상에 대해 다른 정서반응이 나타나는 것은 정서가 민감하고 분화가 잘 되기 때문이다(강신원, 1990). 그런데 정서의 민감성과 분화성은 정서 자체의 특성이 아니라 인지작용의 영향 때문이다. 즉, 분화된 정서반응은 논리적 사고가 나타난 이후에 발생이 가능하다. 다시 말해, 동일 대상에 대해 다른 정서반응은 인지적 해석이 개입되었기 때문이다. 정서반응 이전에 인지적 해석이 개입된다는 것은 인지와 정서가 통합적으로 작용한다는 것을 의미한다(정명화 외, 2005).

정서작용에서 인지작용의 중요성을 강조하는 대부분의 학자들이 정서반응이 인지적 평가 이후에 발생하고 정서를 느끼기 전에 정보처리과정이 일어난다고 주장한다. 그러나 정서를 인지적 측면에서 접근하는 학자들조차도 인지보다 정서가 행동에 더 큰 영향을 미친다고 주장한다. Zajonc가 대표적이다. Zajonc는 무엇을 이해하기 위해 정보를 처리하는 것은 즉각적으로 발생하지 않기 때문에 정서경험이 정서반응에 즉각적이고 더 큰 영향을 미친다고 주장하였다. 예를 들어, 뱀을 만난 토끼는 도망을 가야할지 말지를 생각하지 않고 즉각 도망을 간다. 이것은 정서반응이 인지적 평가 없이 즉각적으로 발생하기 때문이다(정명화 외, 2005).

2 정서통합수업의 설계원리

교과기반 정서통합수업 설계의 **일반적** 원리는 다음과 같다(정옥분 외, 2008).

첫째, **관심의 원리**이다. 정서는 그것이 나에게 중요한 의미를 갖는 경우 더 강하게 유발된다. 나에게 중요한 의미가 있으면 더 관심을 가지게 되고 그래서 더 강하게 정서가 유발되는 것이다. 내가 사랑하는 사람이 힘들면 나도 힘들고 그가 즐거워하면 나도 즐겁다. 이것은 정서가 관심에 기초하여 유발되기 때문이다. 따라서 학습자가 관심을 갖는 내용, 소재, 주제를 선택하여 정서를 유발하는 것이 필요하다.

둘째, **실제 상황의 원리**이다. 정서유발은 내가 상황을 지각하는 방식에 크게 좌우된다. 가상의 상황이 아닌, 실제상황으로 지각할 때 더 강한 정서가 유발된다. 물론 반드시 실제상황일 필요는 없다. 실제상황으로 간주하면 동일한 효과가 나타난다. 특히 사건의 결과가 실제로 생생하게 드러날 경우 정서유발 효과는 더욱 크다(Fiske & Tayler, 1984). 단순히 아는 것은 실제로 경험하거나 실제라고 인식하는 것보다 정서유발 효과가 적다. 수업에서 엄마한테 고마움의 편지를 쓰는 것보다 직접 통화하면서 고마움을 표현하는 것은 실제상황이 되기 때문에 더 강한 정서가 유발된다.

셋째, **직접 경험의 원리**이다. 정서는 생리적이고 생물학적 측면과 밀접하다. 초기 정서이론에서 다윈의 진화론적 접근, James-Langs의 심리행리학적 접근, Cannon의 신경생리학적 접근 등 생리적 접근이 많았던 것은 정서가 생리적 측면과 밀접하기 때문이다. 따라서 실제로 몸으로 해보고 느끼는 것이 정서유발의 효과가 크다. 환경오염의 심각함을 말, 글, 사진, 동영상으로 보거나 듣는 것보다 쓰레기 창고를 방문하거나 쓰레기를 줍기를 직접 할 때 더 강한 정서가 유발된다.

넷째, **변화의 원리**이다. 정서는 좋아하거나 싫어하는 상태가 지속될 때는 크게 유발되지 않는다. 즐거움이 계속되면 강도가 약해지며, 사랑도 계속되면 세기가 약해진다. 그러나 정서는 상황이 변하거나 변화가 예상될 때 유발된다. 특히, 변화의 정도가 클 때, 예측할 수 있는 상황보다 예측할 수 없을 때, 강한 정서가 유발된다.

다섯째, **비교의 원리**이다. 정서는 인지적 평가에 의해 영향을 받는다. 그래서 나보다 힘든 사람을 보게 되면 그와의 비교를 통해 나의 힘듦은 상대적으로 약해진다. 실제 상황에서 느끼는 정서가 기대했던 상황과 비교하여 달라지기도 한다. 매우 무서운 것으로 기대하고 영화를 감상하는데 기대 이하이어서 무서움을 덜 느끼는 경우, 평범한 영화로 기대하고 감상하였는데 기대 이상의 무서움을 느끼는 경우 등이 여기에 해당된다.

여섯째, **쾌정서와 불쾌정서의 불균형 원리**이다. 변화와 비교의 원리는 쾌정서와 불쾌정서에 동일하게 작용하지 않고 다르게 작용한다. 즐거움 같은 쾌정서가 계속되면 강도가 약해지나, 괴로움 같은 불쾌정서는 지속되더라도 약해지지 않고 강도가 유지되거나 심해지기도 한다. 또한 희망은 그 지속성에 한계가 있으나 공포는 지속적으로 경험할 수 있다.

이상의 일반적 설계원리 기반한 정서통합수업의 **구체적** 설계원리는 다음과 같다. 첫째, **학습자의 정서발달수준을 고려**해야 한다. 정서통합수업에서 교수자는 다루고자 하는 목표정서(혹은 타깃정서)를 선정한다. 이때 학습자의 정서발달수준을 고려하여 타깃정서를 선정해야 한다. 예를 들어, 상실감이나 이별의 슬픔은 초중고 학생들이 느끼기 어려운 정서이다. 상실감은 아직 대학생도 느끼기 어려운 정서이다. 따라서 교수자는 학습자의 정서 이해능력의 발달, 표현능력의 발달, 규제능력의 발달 등을 고려하여 수업을 설계해야 한다.

둘째, **1차정서를 먼저 다룬 후 2차정서를 다룬다**. 정서의 구조는 위계적이다 (Shaver et al, 2001). 하위수준에 애정, 기쁨, 분노, 슬픔, 공포 등의 **기본정서**가 있으며 기본정서를 기반으로 하여 상위수준에 만족, 괴로움, 원한, 애통, 근심 등의 정서가 존재한다. 기본정서는 생리적으로 타고난 것이며, 연령이나 문화권과 상관없이 모든 사람에게 유발되며, 얼굴표정을 통해 보통 변별이 가능하다(Ekman & Davidson, 1994). 기본정서는 상대적으로 단순하고 분명하다. 영유아기 아이도 이해와 표현이 가능한 정서이다. 기본정서는 1차정서와 많이 일치한다. 기본정서 이외의 정서는 2차정서이고 이것은 1차정서가 혼합된 복잡한 정서이다. 2차정서는 상대적으로 복잡하여 모호하다. 그래서 이해와 표현이 어렵다. 상실감은 매우 복잡한 2차정서이다. 따라서 단순하고 분명한 1차정서를 이해, 표현, 규제, 공감하는 수업을 먼저 하여 학습자가 정서에 대한 민감성을 높인 후, 복잡하고 어렵고 모호한 2차정서를 다루는 것이 필요하다.

셋째, **강한 정서를 먼저 다룬 후 약한 정서를 다룬다**. 정서분류에서 차원구조를 주장하는 학자들은 정서를 몇 가지 차원을 기준으로 분류하는데, 그 가운데 하나가 정서의 활성화나 각성, 강도와 관련된 차원이다. 즉, 정서는 높은 강도에서부터 낮은 강도로 분류가 된다(Plutchik, 2000). 성가심보다 분노가, 분노보다 격분이 강한 정서이다. 권태보다 지겨움이, 지겨움보다 혐오가 강한 정서이다. 시름보다 슬픔이, 슬픔보다 비탄이 강한 정서이다. 심란보다 놀람이, 놀람보다 경악이 강한 정서이다. 걱정보다 두려움이, 두려움보다 공포가 강한 정서이다. 강한 정서는 약한 정서보다 상대적으로 분명하다. 반대로 약한 정서는 모호하고 밋밋한 정서이다. 그래서 강한 정서는 이해, 표현, 공감하기가 상대적으로 쉽다.

넷째, **신체감각을 자극하여 정서를 유발**한다. 정서를 신경생리학적으로 접근하는 학자들에 의하면 정서유발은 신경계통과 밀접하다. 따라서 신체감각 자극 없이 무미건조하게 듣고, 보고, 말하는 것보다 신체감각을 자극하는 활동을 할 때 정서가 강하게 유발된다. 예를 들어, 감미로운 음악을 들으면서 활동을 할 때 편안함이 유발되며, 잔잔한 음악을 들을 때는 슬프거나 우울한 정서가, 경쾌한 음악을 들을 때는 즐거운 감정이 유발된다. 설명을 듣는 것보다 직접 보거나 동영상을 시청할 때 더 정서가 유발되며, 보는 것보다 직접 해보거나 체험을 할 때 더 강하게 정서가 유발된다.

다섯째, 나와 거리가 먼 것보다 **가까운 것**을, 추상적이고 모호한 것보다 **구체적인 것**을 소재로 활용하여 정서를 유발한다. 관심의 원리에 의하면 정서는 그것이 나에게 중요한 의미를 갖는 경우 더 강하게 유발된다. 따라서 나와 거리가 먼 것보다 가까운 내용이나 스토리를 소재로 삼을 때 더 강하게 정서가 유발된다. 분단의 현실과 통일 단원에서 이념적, 경제적, 국가 생존적 관점에서 통일의 필요성을 접근하는 것보다, 내 주위에 있는 이산가족의 애환, 슬픔을 정서적으로 느낄 때 더 절실히 통일의 필요성을 생각하게 된다.

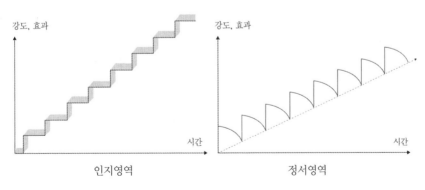

[그림 12-3] 시간에 따른 강도, 효과의 지속성

여섯째, **짧게 그러나 반복적으로** 정서를 유발하는 수업을 한다. 정서는 인지보다 상대적으로 지속성이 약하다. 따라서 정서는 오래 지속되기 어려우며 시간이 지날수록 강도가 약해지고 무뎌진다. 반면 인지영역의 변화는 정서보다 오래 지속된다.

따라서 수업목표(타깃정서)를 중심으로 수업을 짧게하는 것이 효과적이다. 한 개 차시당 30~50분 정도가 적당하며 이보다 길게 하는 것은 효과적이지 않다. 대신 일정한 기간을 두고 드문드문 반복적으로 하는 것이 효과적이다. 1~2주일에 한 번 정도 수업을 하는 것이 효과적이며 너무 자주 하면 효과성이 떨어진다. 결론적으로 정서통합수업은 짧은 시간에 많은 내용을 하기보다 한번에는 적은 내용을 그러나 오랜 기간 반복적으로 연습하는 것이 효과적이다.

3 교과기반 인지·정서통합수업의 설계방법

교과기반 인지·정서통합수업(이하 정서통합수업)은 교과에 기반을 두고 인지영역과 정서영역을 통합적으로 계발하는 것을 목표로 한다. 정서통합수업은 교과목의 내용을 학습함(인지영역)과 동시에 학습내용과 관련되는 정서를 통합적으로 다루고 계발하는 수업모형이다. 기존의 교과기반 수업모형이 교과내용을 토대로 주로 인지영역계발만을 목표로 하였기 때문에 상대적으로 정서영역계발을 다루는 수업모형은 찾기 어렵다. 그래서 정서통합수업은 교과에 기반을 두어 인지영역계발을 소홀히 하지 않으면서 동시에 정서계발도 추구한다.

정서통합수업은 교과지식을 중심으로 인지영역만을 다루는 수업보다 설계하기가 어렵다. 교수자는 물론 학습자도 어려워한다. 예를 들어, 생명의 존엄함을 단지 인지적으로 아는 것을 넘어 어떻게 하면 학습자로 하여금 정서적으로 느끼게 할 것인가? 이것은 쉽지 않은 수업이다. 그래서 정서통합수업은 설계와 운영에 준비와 노력이 많이 요구되는 수업모형이다. 정서통합수업의 목표선정 및 진술, 몰입을 유발시키는 교수학습방법, 수업절차, 수업의 실제는 다음과 같다.

(1) 학습목표 선정 및 진술

정서통합수업에서는 학습자가 **목표정서를 강하게 느끼는 것이 중요**하다. 그냥 그런, 밋밋하게 정서를 느끼는 것보다 강하게 느끼는 것이 학습효과가 높다. 즉, 목표정서를 강하게 느낄 때 학습의 결과는 오래 지속되고, 추구하는 행동과 태도 변화가 많이 일어난다. 목표정서를 강하게 느끼기 위해서는 목표정서를 명확하게 선정하고 진술하는 것이 중요하다.

먼저 해당 단원(혹은 차시)의 학습내용과 관련되는 정서를 추출하고 목표정서를 선정한 후, 학습목표로 진술한다. 물론 목표정서는 단원에서 중요한 것이어야 하며 동시에 교육적으로 가치가 있어야 한다. **목표정서는 분명하고 구체적**이어야 한다. 그래야 동일하거나 비슷한 학습결과를 보장할 수 있다. 인지영역보다 정서영역은 학습결과로 나타나는 것들이 통일적이지 못하고 다양하다. 이러한 문제를 해결하기 위해서 설계단계에서 목표정서를 분명하게 구체적으로 잡는 것이 필요하다.

목표진술방식에 있어서 추상적, 일반적, 문어체적 진술보다 **나를 중심으로 구체적인 정서를 구어체로 진술하는 것이 효과적**이다. 특히 정서영역의 목표를 진술할 때, 교사가 수업 종료 시 학습자가 갖기를 원하는 생각이나 감정, 느낌을 구어체로 구체적으로 진술하는 것이 좋다. 수업 종료 시 학습자가 갖기를 원하는 생각이나 감정을 분명하게 진술하는 것은 교수자 및 학습자 모두에게 분명한 방향을 안내하기 때문에 효과적이다.

예를 들어, '엄마에 대하여 감사한 마음을 표현할 수 있다'보다 '엄마 정말 고마워 그리고 사랑해'라고 진술하는 것이 목표달성과 정서유발 측면에서 효과적이다. '독립운동가의 애환을 느낄 수 있다'보다 '독립운동가분들 참 많이 힘들었구나, 고마운 분들 감사해요'라고 진술하는 것이 더 분명하다. '생명의 소중함을 느끼고 생명을 존중하는 태도나 마음을 가질 수 있다'보다 '생명은 소중한 것이구나. 생명을 존중하는 마음을 가져야지'라고 진술하는 것이 더 구체적이고 그래서 목표달성 측면에서 효과적이다. '상대의 입장이나 처지를 이해하는 마음과 태도를 가질 수 있다'보다 '그래 너도 살려고 거짓말을 하는구나, 이해한다'라고 진술하는 것이 더 효과적이다. '좋은 말 한마디가 주는 감정효과를 느낄 수 있다'보다 '좋은 말이 이렇게 내 마음을 좋게 하는구나, 칭찬의 말 한마디가 이렇게 나를 즐겁게 하는구나, 위로의 말 한마디기 이렇게 큰 힘이 되는구나'라고 진술하는 것이 목표달성과 정서유발 측면에서 더 효과적이다. '건강관리의 중요함을 이해하고 실천할 수 있다'보다 '건강관리가 정말 중요한 것이구나. 앞으로 건강관리에 관심 가져야지'라고 진술하는 것이 더 분명하고 구체적이다. '이산가족의 아픔을 이해하고 분단극복의 의지를 가진다'보다 '그분들 참 안됐구나. 많이 힘들겠다.

어서 빨리 통일이 되어야 할 텐데'라고 진술할 때 목표정서가 더 구체적이고 분명해진다. 이것은 또한 교육의 궁극적 목적인 학습자의 행동변화에 보다 효과적인 목표 진술이다.

(2) 몰입

정서가 유발되기 위해서는 상황이나 이야기에 학습자가 몰입되어야 한다. 그래야 대상이나 극중 인물에 감정이입이 되어서 정서가 유발되기 때문이다. 몰입되지 않으면 아무런 정서가 유발되지 않거나, 그저 그런 밋밋한 정서만 일어날 뿐이다. 이것은 과거 인지영역 계발 중심의 수업모형에서 다루어 왔던 것이다. 학습자들은 그것이(예, 자연보호) 무엇인지, 왜 해야 되는지, 안하면 어떤 결과를 초래하는지를 그저 인지적으로만 받아들였다. 왜 해야 되는지를 알지만, 정서가 유발되지 않기에 정작 하고 싶은 동기가 유발되지 않는 것이다. 동기는 실행의 동력 역할을 한다.

몰입을 하고 목표정서를 강하게 느끼기 위해서는 분위기 조성이 절대적으로 필요하다. 몰입을 위한 수업분위기를 조성하기 위해서는 교사-학생, 학생-학생의 정서적 유대관계 형성하기, 구체적으로 학생의 정서를 자극하는 교사의 좋은 표정, 미소, 태도, 언어적 반응 등이 요구된다. 교사의 부드럽고 따뜻한 표정, 미소, 말투, 태도, 몸짓, 반응은 좋은 수업분위기를 조성하여 학습자의 긍정적 정서를 자극한다. 교사의 미묘하지만 부드럽고 따뜻한 표정, 미소, 태도, 언어 등은 잘 보이지 않고 작은 것처럼 보이지만 굉장히 크게 학습자의 정서에 영향을 미치는 요소이다. 이러한 요소들이 서로 관련되어 학습자는 수업에 몰입하고 정서가 유발된다.

특히, 비밀보장, 안전함, 편안함, 신뢰의 분위기, 협력적 분위기, 타인을 생각과 가치관 등을 존중하는 분위기, 비판하지 않는 분위기 등을 조성하는 것은 필수조건이다. 민감한 주제일수록 사람들은 속내를 드러내는 것을 꺼려한다. 이 경우 진솔한 속감정과 의견을 교환하기 위해서 분위기 조성이 필요하다. **비밀보장, 안전하고 편안한 분위기** 속에서 학습자는 내가 여기서 무엇을 얘기해도 수용되고, 비밀보장이 된다는 믿음이 생긴다. 이러한 분위기에서 학습자는 자신의 속얘기를 털어 놓는다. 이러한 조건을 바탕으로 학습자가 몰입하고 감정이입하는 적절한 분위기를 조성한다면 목표정서가 유발되게 된다. 유의할 것은 **프라이버시를 존중**하는 것이다. 수업의 과정에서 학습자가 자신의 속감정을 말할 것을 강요해서는 안 된다. 개인적인 사항을 말하기를 꺼려하면 강요하지 않고 통과(pass)시킨다. 참여하지 않고, 동료들의 대화나 과정을 지켜보는 것으로도 도움이 된다.

학습자가 몰입하고 정서가 유발되기 위해서는 적절한 소재나 내용이 필요하다. 일반적, 추상적, 모호한, 나와 거리가 먼, 관련이 적은 소재나 내용보다는 **작고 구체적이고 특수하며, 나와 가깝고 관련이 깊은 이야기나 소재**를 이용하는 것이 몰입과 정서유발에 효과적이다. 특히 타인의 이야기를 하는 것보다 **내 이야기, 내 경험담을 얘기**하는 것이 나는 물론 듣는 이의 감정을 유발하는 데 효과적이다. 내 이야기를 할 때 진솔한 의견과 느낌의 교환이 일어난다. 여기서 유의할 것은 해당 소재나 이야기는 학습내용에 기반을 두거나 관련되어야 한다는 것이다.

또한 몰입과 정서를 유발하기 위해서는 적절한 교수학습활동이 필요하다. 예를 들어, 자연보존을 주제로 하는 수업에서 자연보존의 필요성이나 자연개발과 보존에 관하여 찬반양론토론을 하는 것은 인지영역 계발에 효과적이지만 정서유발이 약하다. 이것보다 다음과 같은 활동이 강한 정서유발을 통하여 학습자의 마음과 태도 및 행동을 더 많이 변화시킬 것이다.

> '내가 파괴되는 자연(나무나 숲, 동물 등)의 입장이 되어 인간개발자에게 감정의 호소문이나 편지를 쓰는 활동하기: 삶의 터전을 잃고 가족과 헤어지게 되어서 힘들고 고통스러운 감정을 호소하기, 생명이 위협받는 느낌을 표현하기 등'은 내가 파괴되는 자연의 입장이 되어서 인간개발자에게 내 감정을 표현하는 역할극 혹은 짝 활동 등을 통해 학습 가능한 예이다.

목표정서를 말이나 글로 설명하는 것보다는 **그림이나 동영상**으로 보여주는 것이 몰입과 정서유발에 효과적이다. **시청각이나 오감을 자극**하는 매체를 사용하는 것이 몰입과 정서유발에 효과적이다. 자신의 감정을 드러내는 글쓰기 활동을 음악이 없는 밋밋한 상태에서 하는 것보다, 잔잔한 **배경음악을 들으면서** 수행하는 것이 훨씬 더 몰입과 정서유발에 효과적이다. 또한 **실물, 동영상, 현장견학, 대상과의 직접적인 만남** 등의 교수학습방법을 이용하는 것이 효과적이다. 학습지, PPT, 게임도구, 역할놀이 등의 매체와 방법을 활용하는 것이 몰입과 정서유발에 효과적이다.

실제 상황처럼 수업하는 것이 몰입과 정서유발에 효과적이다. '**실제 상황의 원리**'와 '**직접 경험의 원리**'에 따르면 신체활동을 통하여 직접 해볼 때 몰입이 잘되고 강한 정서가 유발된다. 물론 가상의 상황보다 실제상황이거나 그렇게 인식할 때 몰입이 잘된다.

예를 들어, 공기오염의 심각함을 말로 설명하는 것보다 1분 동안 숨을 참거나 먼지가 있는 방에서 잠시 숨 쉬는 활동을 할 때, 공기 오염의 심각함을 절실히 느낄 수 있다. 물 오염의 심각함과 물을 아껴야 한다는 것을 말로 듣거나 사진으로 보는 것보다 한 병의 물로만 하루를 지내는 활동을 수행할 때, 학습자는 물의 소중함을 더 절실히 느끼게 된다. 물의 소중함이 학습자의 뇌에 깊이 각인되는 것이다.

(3) 수업운영 절차

수업에서 준비, 도입, 전개, 마무리 단계에 따른 설계 방법은 다음과 같다. 첫째, **준비** 단계에서는 교재연구를 통하여 해당 차시 학습내용과 관련되는 정서를 추출(선택)하고 **타깃정서(목표정서)로 진술**한다. 물론 이 정서는 교육적으로 가치가 있는 것이어야 한다. 목표를 달성하기 위하여 몰입과 목표정서를 유발하는 적절한 소재나 이야기를 설계한다.

둘째, **도입** 단계에서는 몰입과 목표정서를 유발시키는 분위기를 조성한다. 물론 분위기는 전개 및 마무리 단계까지 지속되어야 한다. 목표정서를 구체적으로 진술한다. 추상적, 일반적, 문어체로 진술하기보다 나를 중심으로 **구체적인 정서를 구어체로 진술**하는 것이 목표달성에 효과적이다.

셋째, **전개** 단계에서는 **몰입**과 정서를 유발하는 소재나 이야기, 교수학습활동, 리얼한 수업운영을 통하여 해당 정서를 강하게 느끼는 활동을 수행한다.

마무리 단계에서는 수업 후의 감정, 수업활동 중에 느낀 점이나 그동안의 후회, 앞으로의 다짐 등을 솔직하게 **토로하고 생각을 교환**한다. 이때 유의할 점은 절대 타인의 감정을 비판하지 않고 수용하는 자세나 태도를 갖는 것이다.

(4) 교과기반 인지 · 정서통합수업의 실제

1) **국어 교과 적용 사례**

〈수업지도안〉 고교 국어 문학(일부)

단원 및 소재: 국어 문학 시에서 영역에서 민요 '시집살이'
학습목표: 엄마에게 감사한 마음을 표현해야지. 엄마 정말 고마워요**(정서영역)**
학습활동:
  활동 1: 배경음악(향수 혹은 정을 생각하게 하는 음악)을 들으면서 시를 읽기

활동 2: 떠오르는 생각과 감정을 적기(활동지)
활동 3: 학습목표 2를 달성하기 위한 학습활동으로 동영상 시청(나는 어떤 딸이야)
활동 4: 수업시간에 친구들 앞에서 핸드폰으로 엄마와 통화하면서 감사한 마음을 표현하기
활동 5: 현재의 감정, 느낌, 생각을 공유하기
활동 6: 다시 한 번 시를 읽기(생략가능)

(가) 목표정서 선정 및 진술

교사는 먼저 해당단원의 학습내용과 관련되는 중요하고 교육적 가치가 있는 목표정서를 선정한다. '시집살이'의 내용이 엄마가 자신의 힘든 시집살이를 푸념하면서도 자식을 위해 자신을 희생하는 내용이므로 정서영역 학습목표(목표정서)를 '엄마에게 감사한 마음을 표현할 수 있다' 혹은 구어체로 '엄마 정말 고마워 그리고 사랑해'라고 진술하였다.

(나) 몰입과 정서를 유발하는 분위기 조성, 활동선정, 매체활용, 실제적 수업운영

정서의 신경생리학적 접근에 의하면 정서는 신체**감각**을 **활용**할 때 더 강하게 유발된다. 무미건조하게 듣고, 보고, 말하는 것보다 감미로운 음악을 들으면서 활동을 할 때 편안함이 유발되며, 잔잔한 음악을 들을 때는 슬프거나 우울한 정서가 유발된다. 설명을 듣는 것보다 직접 보거나 동영상을 시청하는 것이 몰입과 정서유발에 효과적이다. 이 원리에 근거하여 잔잔한 배경음악을 들으면서 시 읽기를 하였다(활동 1). 또한 엄마에 대한 고마움, 사랑의 정서를 다룬 짧은 동영상을 시청하였다(활동 3).

'**실제상황의 원리**'에 의하면 정서유발 상황을 실제상황으로 지각할 때 강한 정서가 유발된다. 또한 '**직접경험의 원리**'에 의하면 직접 해볼 때 몰입이 잘되고 강한 정서가 유발된다. 이러한 원리에 근거하여 수업시간에 직접 엄마와 통화하면서 감사한 마음을 표현하는 활동을 하였다(활동 4).

그러나 동료들 앞에서 엄마와 스피커폰으로 통화하는 것은 쉽지 않은 활동(활동 4)이다. 동료들 앞에서 자신의 진솔한 속감정을 드러내기 위해서는 비밀보장, 안전함과 신뢰의 분위기 조성이 필수이다. 내가 여기서 무엇을 얘기해도 수용되고, 비밀보장이 된다는 믿음이 있을 때, 학습자는 자신의 속얘기를 털어 놓는다. 그래서 **비밀보장, 안전함, 신뢰의 분위기** 조성이 필수이다. 만약 학습자가 개인적인 상황을

말하기를 꺼려하면 강요하지 않고 통과(pass)시킨다. 참여하지 않고, 동료들의 대화나 과정을 지켜보는 것으로도 도움이 된다.

수업의 **마무리** 단계에서 수업 후의 감정, 수업활동 중에 느낀 점이나 그동안의 후회, 앞으로의 다짐 등을 **솔직하게 토로하고 생각을 교환**하는 것이 필요하다. 이것은 수업활동 중 느낀 감정들을 정리하고 다짐을 하는 데 유익하다. 이때 유의할 점은 절대 타인의 감정을 비판하지 않고 수용하는 자세나 태도를 갖는 것이다.

(다) 수업의 효과

활동2까지에서 아직 감정이 유발되지는 않았다. 그러나 활동3(동영상)을 하면서 학생들은 서서히 몰입하기 시작하였으며, 활동4에서 많은 학생들이 울기 시작하였다. 특히 여학생들이 깊이 몰입하면서 북받친 감정을 참지 못하고 계속 눈물을 흘렸다. 몇몇 남학생들도 울음을 참지 못하였으며 일부 남학생들은 억지로 울음을 참으려고 애쓰는 모습이 보였다. 돌아가면서 스피커폰으로 엄마와 통화하는 활동4에서 자신의 차례가 왔을 때 한두 학생은 못하겠다고 하였다. **프라이버시 존중 원리**에 따라서 교사는 그런 학생들을 통과시켰다.

현재의 감정, 느낌 등을 공유하는 마무리 단계에서 학생들은 "엄마의 사랑을 느끼는 계기가 되었다", "오늘 집에 가서 엄마에게 고맙고 사랑한다는 말을 하겠다"는 등의 감정을 진술하였다. 또한 수업 후 오랜 시간이 경과한 후에도 학생들은 교수자를 만나면 위의 **수업이 기억에 생생하게 남는다**는 말을 하였다.

2) 체육 교과 적용 사례
〈수업지도안〉 중학교 체육(일부)

단원 및 소재: 건강과 환경(대단원) 중 환경오염과 건강
목표정서: 환경오염에 대한 경각심과 환경보호의 절실함을 느낀다 혹은 환경오염이 심각하구나, 물과
　　　　공기가 이렇게 소중한 것이구나, 앞으로 환경보호에 애써야지(**정서영역**).
준비물: 물 1병, 건빵, 비닐 1개
학습활동:
　활동 1: 환경오염의 심각함을 다룬 동영상 시청
　활동 2: 대기오염의 심각함을 간접체험한다. 밀폐된 비닐봉지 안의 공기를 흡입하고 맑
　　　　은 공기의 소중함을 느끼는 활동을 한다.
　활동 3: 수질오염의 심각함을 간접체험한다. 작은 물 1병으로 하루를 버틸 것을 약속한다.

이후 제공된 건빵을 먹고 학생들은 스스로 물 마시는 것을 참거나 조금씩만 물을 마시는 체험을 한다.

활동 4: 환경파괴로 생존위협에 처한 북극곰 동영상 보고 곰에게 미안함, 앞으로 환경보호 실천의 의지를 담은 실천 활동을 한다.

(가) 목표정서 선정 및 진술

먼저 단원의 학습내용과 관련되는 목표정서를 선정하고 진술한다. 목표정서는 단원에서 중요한 것이어야 하며 동시에 교육적으로 가치가 있어야 한다. 단원주제가 환경오염의 심각함을 이해하는 것이므로 목표정서를 '환경오염에 대한 경각심과 환경보호의 절실함을 느낀다' 혹은 구어체로 '환경오염이 심각하구나, 물과 공기가 이렇게 소중한 것이구나, 앞으로 환경보호에 애써야지'로 진술하였다.

(나) 몰입과 정서를 유발하는 분위기 조성, 활동선정, 매체활용, 수업운영

시청각이나 오감을 자극하는 매체를 사용하는 것은 몰입과 정서유발에 효과적이다. '실제상황의 원리'에 따르면 수업은 실제상황이거나 그렇게 인식할 때 몰입이 잘된다. 이 원리에 근거하여 실제로 우리가 처한, 환경오염의 심각성을 다룬 자극적인 동영상을 시청하였다(활동 1, 4).

정서의 신경생리학적 접근에 의하면 정서는 생리적이고 생물학적 측면과 밀접하다. 또한 '직접경험의 원리'에 의하면 실제로 몸으로 해보고 느끼는 것이 정서유발의 효과가 크다. 공기오염의 심각함을 말로 설명하는 것보다 1분 동안 숨을 참거나 먼지가 있는 방에서 잠시 숨 쉬는 활동을 할 때, 공기 오염의 심각함을 절실히 느낄 수 있다. 물 오염의 심각함과 물을 아껴야 한다는 것을 말로 듣거나 사진으로 보는 것보다 한 병의 물로만 하루를 지내는 활동을 수행할 때, 물의 소중함을 더 절실히 느끼게 된다. 이 원리에 근거하여 대기오염과 수질오염의 심각성을 느끼기 위하여 간접체험활동을 하였다(활동 2, 3).

마무리 단계에서는 수업활동 중 느낀 감정들을 정리하고 다짐을 위해 환경보호 실천의 의지를 담은 실천 활동을 하였다(활동 4).

(다) 수업의 효과

활동 2, 3에서 직접경험을 하면서 학생들은 깊이 몰입이 되었다. 간접체험이기는 하지만 밀폐된 비밀봉지의 공기를 흡입하면서, 또한 목이 마름에도 불구하고 물

마시는 것을 참으면서 학생들은 나중에 대기와 수질이 오염되었을 때의 심각한 상황을 생각하게 되었다. 이어서 생존위협에 처한 북극곰에게 미안함과 강한 실천의지를 담은 활동을 할 때, 정말로 미안함을 느끼고 다짐을 하였다고 일부 학생들이 토로하였다.

3) 사회 교과 적용 사례

〈수업지도안〉 중학교 일반사회(일부)

단원 및 소재: 사회의 변동과 발전(대단원) 중 분단의 극복과 통일
목표정서: 이산가족의 아픔을 이해하고 분단극복의 의지를 가진다 혹은 이산가족 그분들 참 안됐구
　　　나, 많이 힘들겠다. 어서 빨리 통일이 되어야 할 텐데(**정서영역**).
학습활동:
　활동 1: 이산가족의 눈물, 아픔을 다룬 다큐멘터리 시청하기
　활동 2: 내 주변의 어느 한 이산가족(할아버지)의 눈물, 아픔을 다룬 인터뷰 영상 시청
　　　하기
　활동 3: 내가 내일 갑자기 가족과 60년 이상 헤어지게 된다면 지금 어떤 감정을 느낄지
　　　를 상상한다. 이제 떠나야 하는 날 가족에게 하고 싶은 말이나 표현하고 싶은
　　　감정을 편지로 진술한다(잔잔한 음악을 배경음악으로 한다).

(가) 목표정서 선정 및 진술

단원내용과 관련되는 중요하면서도 교육적 가치가 있는 것을 목표정서로 선정하였다. 단원내용이 분단의 극복과 통일의 의지를 다지는 것이므로 목표정서를 '이산가족의 아픔을 이해하고 분단극복의 의지를 가진다' 혹은 구어체로 '이산가족들 참 안됐구나. 많이 힘들겠다. 어서 빨리 통일이 되어야 할 텐데'로 진술하였다.

(나) 몰입과 정서를 유발하는 분위기 조성, 활동선정, 매체활용, 수업운영

정서는 시청각이나 오감을 자극하는 매체를 사용하는 것이 몰입과 정서유발에 효과적이다. 잔잔한 음악을 들을 때는 슬프거나 우울한 정서가 유발된다. 설명을 듣는 것보다 직접 보거나 동영상을 시청할 때 강한 정서가 유발된다. 이 원리에 따라 슬픔, 애잔함의 분위기와 정서를 유발하기 위하여 이산가족의 눈물, 아픔을 다룬 동영상을 배경음악과 함께 시청하였다(활동 1).

정서는 나와 거리가 먼 것보다 **가까운 것**을, 추상적이고 모호한 것보다 **구체적인 것**을 소재로 활용할 때 유발된다. '**관심의 원리**'에 의하면 정서는 그것이 나에게 중요

한 의미를 갖는 경우 강하게 유발된다. 내가 사랑하는 사람이 힘들면 나도 힘들고 그가 즐거워하면 나도 즐겁다. 따라서 학습자가 관심을 갖는 내용, 나와 거리가 먼 것보다 가까운 내용이나 스토리를 소재로 선택하여 정서를 유발하는 것이 필요하다. 분단의 현실과 통일 단원에서 이념적, 경제적, 국가 생존적 관점에서 통일의 필요성을 접근하는 것보다, 내 주위에 있는 이산가족의 애환, 슬픔을 정서적으로 느낄 때 더 절실히 통일의 필요성을 생각하게 된다(활동 1, 2). 그래서 내 주변에서 만날 수 있는 어느 한 이산가족(할아버지)의 눈물, 아픔을 다룬 인터뷰 영상을 시청하였다(활동 2).

'**실제상황의 원리**'에 의하면, 정서는 가상의 상황이 아닌, 실제상황으로 지각할 때 강하게 유발된다. 반드시 실제상황일 필요는 없으며 실제상황으로 간주하면 동일한 효과가 나타난다. '실제상황의 원리'와 '**관심의 원리**' 및 '**근접의 원리**'에 의거하여 내가 내일 갑자기 가족과 60년 이상 헤어지는 상상과 그 때의 감정을 편지로 남기는 활동을 하였다(활동 3).

(다) 수업의 효과

활동 1에서 해당 동영상이 이전에도 본 것임에도 불구하고 화면 속의 사람들의 눈물과 애절한 배경음악에 학생들은 진지하고 엄숙해졌으며, 서서히 몰입하기 시작하였다. 활동 2에서 화면 속의 할아버지가 북한에 두고 온 부모형제가 그리워 끝내 말을 잇지 못하고 눈물을 흘릴 때, 많은 학생들이 같이 눈시울을 적시는 모습이 보였다. 활동 3에서 편지를 쓸 때, 그리고 이후 급우 간 편지내용을 공유할 때, 학생들은 진지하고 엄숙하였으며, 통일의 필요성을 다른 관점에서 생각하는 계기가 되었으며, 피부로 절감했다고 토로하였다.

4 사례와 해설

사례 156 소수민족이 탄압당하는 동영상 시청과 교사-학생의 질문과 대답을 하면서 마음이 아팠고 종교적 자유와 인권의 소중함을 인식함(세계지리)

고등학교 세계지리 수업에서 로힝야 족을 다루었다. 동남아시아의 종교와 민족 단원에서 방글라데시와 미얀마에 대해 간단히 설명하고 로힝야 족에 관한 **영상**을 시청하였다. 교과서에서 로힝야 족에 대한 내용은 가볍게 다루어져서 〈더 알아보

관련 동영상 시청

기〉 박스에 짧게 적혀있을 뿐이었다. 하지만 선생님은 그 내용을 영상과 함께 심도 있게 다루었고 더 나아가서 종교적인 이유로 탄압을 받는 다른 소수민족들에 대해서도 이야기해주었다.

교사-학생 간 질의응답

수업은 발표가 아니라 선생님이 '이런 사건에 대해 알고 있는가?', '저러한 상황이 지금도 계속되고 있는데 어떤 느낌이 드는가?', '어떤 해결방법이 있을까?' 등을 **질문하고 학생들이 답하는 방식으로 진행되었다.**

수업이 끝난 후 학생들이 질문을 하러 앞에 나갔다. 시험기간도 아니었는데 세계지리 시간에 학생들이 질문하러 나간 것은 드문 경우였다. 대부분 로힝야 족에 대해 질문을 하였다. 시험과는 관련 없는 내용임에도 '로힝야 족이 탄압받는 이유를 정확히 이해한 것이 맞는지', '언제부터 그렇게 탄압을 받았는지'등 다양한 질문들을 하였다.

나는 영상을 보면서 로힝야 족이 탄압을 받는 것에 대해 **마음이 아팠다.** 하지만 **수업 후 세상을 보는 눈이 넓어졌다.** 선생님은 종교의 자유, 인권 등의 보편적인 가치의 중요성을 우리에게 생각해 볼 수 있는 시간을 주셨다는 생각이 들었다. 교과와 관련된 내용을 깊이 있게 알려주셨고 그들의 삶에 대해서 진지하게 생각할 시간을 주셨다는 점에서 좋은 수업이었다.

이 수업사례는 학습내용이 새롭고 특이하였다. 영상의 내용은 소수민족이 탄압당하는 슬픈 내용이어서 학생들에게 깊은 인상과 슬픔이라는 강한 감정을 유발하고 있다. 학생은 자유와 인권에 대해서 진지하게 생각하는 시간이었다고 토로한다. 아마 학생은 자유와 인권을 단순히 아는 것에 머물지 않고 수업 후 자유와 인권을 위한 행동을 실천할 것으로 보인다.

이 수업은 전형적인 인지정서통합계발 수업모형의 사례이다. 인지정서통합계발 수업은 인지적으로 알고 이해하는 것을 넘어 정서적으로 강하게 느끼기 때문에 수업 후 행동과 실천으로 이어진다.

사례 157 잔인하고 가혹한 역사적 영상과 웹툰을 보면서 주체할 수 없을 정도로 눈물을 흘렸고 교사는 매우 당황하였던 수업(역사)

도입: 연대표를 활용하여 전시학습과 본시학습을 연결함

고등학교 한국사 '일제의 식민지 정책과 민족의 수난' 단원에서 중일전쟁, 일본군 위안부를 학습하였다. 도입 부분에서 선생님이 칠판에 연대표를 그려주면서 1905년 을사늑약부터 지난 수업시간의 내용을 한 번 훑어주었다. 이렇게 본시학습 전에 이전 학습내용을 복습하는 것은 이후의 내용을 이해하는 데 도움이 되었다. 선생님은 본시학습내용을 설명하면서도 연대표를 계속해서 활용하였다.

일본군 위안부를 설명하던 중, 선생님은 수업 자료로 관련된 **영상과 웹툰**을 보여주었다. 영상은 중일전쟁의 참상을 보여주었고, 웹툰은 한 할머니가 일본군 위안부로 끌려가서 겪은 일들을 자세하게 다루었다. 나는 영상을 보면서 조용히 **울먹이**고 있었다. 자료들이 보여준 역사적 사실은 **너무 잔인했고 가혹하였다**. 겨우겨우 참고 웹툰을 보다가 나도 모르게 크게 **소리내어 울었고** 선생님과 급우들이 매우 당황하였다. 나는 수업분위기를 이어나가기 위해 진정하려고 노력하였지만 쉽게 진정되지 않았고 그래서 **계속 울었다**. 영상과 웹툰은 학습내용을 기억하는 데 큰 영향을 미치었다.

본시학습: 영상과 웹툰 시청

정서와 기억: 기억에 영향을 미치는 정서

이 사례에서 학생은 '영상과 웹툰은 학습내용을 기억하는 데 큰 영향을 미치었다'라고 하였는데 이것은 선행연구에서 이미 증명되었다. <정서과 기억>에 관한 이론에 의하면 수업에서 재미, 기쁨, 행복, 분노, 놀라움, 혐오, 공포, 슬픔 등의 감정을 느끼면, 그것도 강하게 느끼면 학생은 수업에 몰입할 뿐만 아니라 학습내용이 기억에 각인이 된다. 그래서 수업장면이 기억에 오래 남게 되는 것이다. 이유는 인지와 정서가 통합적으로 작용하기 때문이다. 즉, 인지와 정서가 상호작용하여 정서가 인지과정에 영향을 주고 인지작용도 정서에 영향을 미치기 때문이다.

157번 사례의 수업은 〈정서와 기억〉 측면에서 **위험한 수업**이다. 비록 학생은 위 사례가 좋은 수업이라 판단하였지만 그것은 수업장면이 학생의 기억에 각인이 되었기 때문이며, 감정이 인지와 행동에 미치는 심각한 영향을 모르기 때문이다.

이 사례에서 교사는 특히 잔인하고 가혹한 장면을 통해 학생들에게 슬픔, 분노의 부정적 정서를 자극하였다. 정서와 기억 이론에 의하면 정서(특히 강한 부정적 정서)는 기억에 각인될 분만 아니라 학생의 이후의 행동에 매우 큰 영향을 미친다. 교사가 당황하였다고 한 것으로 보아 교사가 이것(슬픔이나 분노의 강한 정서가 아이에게 정서와 행동에 매우 큰 영향을 미친다)을 의도한 것처럼 보이지 않는다. 그래서 더 문제인 것이다. 강한 감정이 사춘기 학생에게 특히, 정서적 민감성이 높은 학생의 정서와 행동에 강한 영향을 준다는 것을 교사는 숙지하고 주의하고 수업을 디자인했어야 했다.

아이러니하게도 쾌정서와 불쾌정서의 불균형 원리에 의하면, 쾌정서와 불쾌정서에 학생의 인지, 정서, 행동에 동일하게 작용하지 않는다. 고마움, 사랑, 애틋함, 존경 등의 쾌정서는 학생의 인지, 정서, 행동에 약하게 영향을 미치며 오래 지속되지도 않는다. 그러나 분노, 슬픔, 공포 등의 불쾌정서는 학생의 인지, 정서, 행동에 즉각적으로 매우 큰 영향을 미치며 그 영향도 오래 지속된다.

문제는 사랑, 고마움, 미안함, 애틋함, 존경 등의 교육적 가치가 높은 쾌정서의 영향이 약하고 잘 느끼기도 어렵다는 것이다. 반면, 분노, 증오, 슬픔, 공포 등의 불쾌정서는 교육적 가치가 (상대적으로) 낮은 불쾌정서는 그 영향력이 크고 쉽게 유발된다는 점이다. 쾌정서와 불쾌정서가 불균형적으로 작동하는 이유는 인간이 진화의 과정에서 불쾌정서에 민감하게 반응하도록 진화하였기 때문이다.

정서의 위계적 구조에 의하면(Shaver et al, 2001) 하위수준에 기쁨, 행복, 분노, 놀라움, 혐오, 공포, 슬픔의 7대 기본정서가 있다. 기본정서는 상대적으로 단순하고 분명하여 영유아기 아이도 이해와 표현이 가능하다. 또한 정서분류에서 차원구조에 의하면(Plutchik, 2000) 기본정서는 강한 정서에 해당된다. 강한 정서는 약한 정서보다 분명하고 학생의 인지와 행동에 지대한 영향을 미친다.

진화심리학에 의하면 인간은 기쁨, 행복 등의 쾌정서보다 분노, 놀라움, 혐오, 공포, 슬픔 등의 불쾌정서에 보다 민감하게 반응하도록 진화하였다. 영아도 느낄 수 있는 기본 정서에서 불쾌정서(분노, 놀라움, 혐오, 공포, 슬픔)가 쾌정서(기쁨, 행복)보다 압도적으로 많은 이유는 진화의 과정에서 불쾌정서에 민감하게 반응하여야만 생존할 수 있었기 때문이다.

따라서 교사는 수업에서 학생들의 정서를 유발할 때, 교육적 가치가 높은 쾌정서는 잘 유발되지 않고 학생의 인지, 정서, 행동에 미치는 영향력이 약한 반면, 교육적 가치가 (상대적으로 낮은, 그래서 학생들에게 위험한 영향을 끼칠 수 있는) 불쾌정서는 쉽게 유발되고 인지, 정서, 행동에 심각한 영향력을 미친다는 것을 숙지하고 수업을 디자인해야 한다. 자칫 잘못하면 위 사례처럼 학생에게 의도하지 않은 부정적(위험한) 영향을 미칠 수 있기 때문이다. 정서적으로 민감한 사춘기의 학생은, 특히 정서적 민감성이 높은(예민한) 학생은 위 사례처럼 잔인하거나 참혹한 장면에 즉각 감정이 유발되고 이것은 아이의 인지와 행동에게 심각한 영향을 미칠 수 있기 때문이다.

사례 158 희곡이나 고전을 실제 연극이나 고전극으로 꾸며 실습함(국어)

고등학교 문학 수업은 이론 위주의 일방적 수업이 아니라 **모둠별로 다양한 활동**을 실제로 해보는 수업이었다. 희곡 '파수꾼'을 배울 때 모둠원들이 배우, 감독 등 각자 배역을 맡고 실제 연극을 하였다. 교실에서 책상과 의자를 뒤로 밀고 공간을 만든 후, 학생들이 동그랗게 모여 앉으면 모둠별로 돌아가며 가운데에서 연극을 하였다. 나는 감독을 맡았고, 공간을 활용하여 배우를 맡은 친구들이 연기할 위치를 정해주었고 친구들이 대사를 잊지 않도록 주의 주었고, 다른 학생에게 망루 역할을 부여해 무대 중앙에 서 있게 하였다. 그렇게 '파수꾼' 연극을 성공적으로 마쳤다. 우리 모둠은 1등을 하여 **초코파이를 상으로 받았다.** 이후 재미있게 작품을 배웠고, 이론도 이해가 잘되고 기억에 오래 남았다. 또 봉산탈춤 수업도 무대를 만들고 실제 탈을 쓰고 봉산탈춤까지 추면서 실감나는 연극을 하였다. 문학을 머리(인지) 만이 아닌 **몸(심동, 정의)으로 느낄 수 있어 좋았다.**

> 모둠별로 연극

> 보상

> 인지와 정서 통합

> 이 사례에서 학생은 문학을 인지적으로 이해하는 것 외에도 심동적, 정의적으로 느끼었다고 말한다. 또한 기억에 오래 남는다고 말한다. 이것은 인지정서통합계 수업의 특징에 해당된다.

사례 159 '나의 삶 말하기' 수업에서 자신의 삶을 이야기하고 공유하는 활동을 하면서 충격, 고마움, 자랑스러움, 웃고 울며, 울림의 감정과 몰입을 경험함(화법과 작문)

고등학교 화법과 작문 수업에서 '나의 삶 말하기'라는 **수행평가**를 하였다. '**꿈, 사랑, 가족, 취미, …**' 등의 주제를 중심으로 친구에게 들려주고 싶은, 혹은 본인이 자신 있게 이야기를 준비하여 5분 이내의 발표를 하였다. 학생 수가 많아 약 한 주 동안 진행되었다.

> 나의 삶 발표하기

자신이 꿈꾸는 장래희망과 그것이 자라난 계기, 어린 시절의 환경이 본인의 현재 성격에 어떤 영향을 끼쳤는지, 아버지와의 관계의 어려움 혹은 돌아가신 할머니께 드리고 싶었던 이야기 등 다양하게 발표되었다. 예상외로 깊고 어두운 부분까지 담담하게 발표하는 친구의 모습에 나는 적지 않은 **충격을 받았다.** 친구의 경험에 대한 놀라움과 솔직한 이야기에 대한 **고마움이 교차하였다.** 발표를 통해 '나'라는 존재가 이전보다 더 **자랑스러웠고,** 발표를 들으면서 친구와 거리가 가까워졌다.

> 충격, 고마움, 자랑스러움, 웃고 울며, 울림의 감정과 몰입을 경험

처음부터 끝까지 학생의 발표로 채워진 50분 동안 학생들은 그 어떤 수업보다 몰입하였다. 각자의 이야기는 모두 다른 울림을 주었고, 함께 공감하고, 웃고, 울며 보낸 다시없을 소중한 시간은 오래도록 잊지 못할 수업이 되었다.

이 수업 사례에서 학생은 충격, 고마움, 자랑스러움, 웃고 울며, 울림의 감정과 몰입을 경험하고 있다. 교과 수업을 하면서 감정을 경험하는 것은 전형적인 교과기반 정서수업의 특징이다.

사례 160 교사의 열정에 감화되어 수업에 몰입하고 기억에 각인됨(지구과학)

고등학교 지구과학 암석과 지형 시간이었다. 교과서나 참고자료의 사진만으로는 다양한 암석과 지형을 이해하기 어려웠다. 그래서 우리는 수업 집중도가 떨어졌고 수업이 지루하게 느껴졌다. 이때 선생님은 신혼여행지에서 직접 촬영한 사진들을 보여주며 지형과 암석에 대해 설명하였다. 그 사진들은 우리나라에서는 볼 수 없는 화산 지형이나 암석 사진이었다. 선생님의 사진은 교과서나 참고자료보다 자세하고 실제적이었다.

학생의 관심과 흥미를 자극함

선생님이 신혼여행에서 직접 찍은 사진이라는 점은 학생들의 **관심과 흥미를 자극했고** 사진에 집중할 수 있게 하였다. 특히 사진과 함께 선생님의 설명을 들으니 더욱 잘 이해할 수 있었다. **풍부한 시각자료를 사용하여 학생들의 흥미를 자극하면서 하는 설명은 이해뿐만 아니라 기억에도 각인되었다.** 더불어 신혼여행에서도 수업을 생각하며 사진이나 영상을 촬영한 선생님의 **열정**을 느낄 수 있었다. 그래서 학생들은 더욱 열심히 수업에 임하였다.

이 사례에서 교사는 신혼여행 기간 촬영한 지형사진을 학습 보조자료로 활용하여 수업을 하였다. 학생들은 자신들을 위해 자신의 시간을 희생한 선생님의 열정에 **감화**를 받아 수업에 몰입하였을 뿐만 아니라 학습내용은 **기억**에 각인되었다. 〈정서와 기억〉에 관한 이론에 의하면 재미, 즐거움, 고마움, 슬픔, 분노 등의 감정을 유발하는 수업에 학생은 몰입할 뿐만 아니라 학습내용이 기억에 각인이 된다. 그래서 수업장면이 기억에 오래 남게 된다. 이유는 인지와 정서가 통합적으로 작용하기 때문이다. 즉, 인지와 정서가 상호작용하여 정서가 인지과정에 영향을 주고 인지작용도 정서에 영향을 미치기 때문이다.

사례 161 위로와 응원이 되는 노래를 통해 학교생활에 활력이 되었던 수업

고등학교 때 공부, 진로 등으로 고민이 많아서 학생들은 지쳐 있었고 그래서 학급 분위기는 좋지 않았다. 학생들이 힘들어하는 것을 안 선생님은 다른 날보다 진도를 적게 나갔고 그래서 수업시간이 약 10분 정도 남았다. 그리고 선생님은 우리에게 **위로를 주는 노래**를 들려주겠다며 양희은의 '엄마가 딸에게'라는 노래를 들려주었다. 노래를 아는 학생들이 많지 않아서 노래 시작 전에는 대부분의 학생들은 큰 관심을 갖지는 않았다. 선생님은 가사를 화면에 보여줄 테니 가사에 집중하면서 노래를 들어보라고 하였다. 학생들은 화면의 가사를 보면서 노래를 들었다.

노래 가사가 힘든 우리를 직접적으로 위로하는 가사는 아니었지만 엄마의 모습이 담겨있는 노래였다. 노래를 들으면서 나 자신의 생활을 되돌아보면서 엄마 생각이 났다. **미안하면서도 반성의 마음이 들었고 점점 가슴이 먹먹해지면서 몇몇 학생들은 눈물을 흘렸다.** 나도 참아보려고 하였지만 눈물을 흘렸다. 노래가 끝나고 선생님은 "학교생활이 어렵고, 공부, 진로 등 여러 가지로 힘들지만 선생님이 볼 때 너희들은 지금 너무 잘하고 있으니 **힘내라**"라고 응원해주었다.

노래를 듣고 **감성이 자극**되었기 때문인지는 몰라도 선생님의 위로는 고등학교 3년 동안 가장 **기억에 남는** 말씀이었다. 힘들고 지칠 때 위로가 되고 힘이 되는 말이었다. 수업이 끝나고 여운이 남았다. 그 여운은 힘들고 지친 학생들에게 열심히 하자는 힘이 되었다. 이후 양희은의 '엄마가 딸에게'는 지치고 힘들 때 나를 되돌아보면서 듣는 노래가 되었다. 학생을 응원하고 공부할 힘을 주는 선생님이 참 감사하고 존경스러웠다.

> 감성을 자극
>
> 감정과 기억: 기억에 영향을 미치는 감정

이 수업은 위로가 되는 음악으로 학생을 응원하고 감성을 자극하는 수업이다. 지치고 힘든 학생들을 정서자극을 통하여 위로하고 결과적으로 학습을 촉진하였다. 학생을 위로하고 격려하는 좋은 교사 이미지는 Meyer의 좋은 수업 기준에는 없는 우리만의 독특한 좋은 수업기준이다.

〈정서 자극을 통한 정서적 안정과 학습촉진〉

전통적인 교수이론은 동기유발이 잘 되어있는 학생들에게 효과적으로 작동하였다. 하지만 동기유발이 되어 있지 않는 학생, 수업에 무관심한 학생, 학습에 대한 의지가 없는 학생, '너는 해라 나는 한 시간 대충 때우련다.'라고 마음먹은 학생들에게 전통적인 교수이론은 한계를 가진다. 심지어 이런 학생들이 수업을 방해하거나 거부하는 경우, 전통적인 수업

운영이나 학생지도방법으로 해결하는 것이 점점 어려워지고 있다. 따라서 학생들을 수업에 적극적으로 참여시키고 동기를 유발시키려면 그들의 정서를 자극하는 수업이 학습을 촉진하며 긍정적이고 안정적인 수업 환경을 만드는 데 효과적이다.

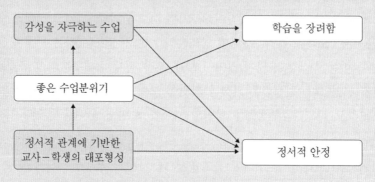

[그림 12-4] 감성(정서)을 자극하는 2가지 수업 모델

Lowman은 훌륭한 수업이 되기 위한 요인으로 1. 교사의 지적·정서적 자극과 2. 학생과의 라포 형성이라는 두 가지 모델을 제시한다.[53]

1. 학생을 감동시키고 긍정적인 정서를 함양하는 수업분위기 형성

교사가 학생에게 **지적·정서적 자극**을 주기 위해서는 ① 의사 전달의 명료성과 ② 정서적인 영향을 주는 상황을 만들어야 한다.

① **의사 전달의 명료성**은 복잡한 주제를 명료하게 설명하는 것을 의미한다. 이때 교사는 주제에 대한 배경지식이 거의 없는 학습자도 이해하거나 따라올 수 있도록 하면서 학습자를 초기에 관찰하고, 필수단계를 설정하고, 중요한 가정과 비판적인 통찰력에 초점을 맞추기 위해 자료를 조작해야 한다.

② 동시에 교사가 학생에게 **정서적인 영향**을 끼치기 위해 교사는 자신을 공연자로 생각하고, 자신의 강력한 존재감을 전달하면서, 목소리, 몸짓과 움직임과 같은 비언어적 의사소통을 사용할 필요가 있다. 이를 통해 학생은 지적이고 정서적인 자극을 받게 되며, 이런 자극을 받은 학생은 수업에 적극 참여한다.

전통적인 수업이론에서 수업분위기는 미묘하고 눈에 보이지 않기 때문에 비중 있게 고려되지 않았다. 교사의 긍정적인 표정, 미소, 태도, 반응 등으로 학생의 감성(정서)은 영향을 받고, 좋은 수업분위기가 조성된다. 겉으로 보기에 무난하게 수업을 진행하는 것 같지만, 무언가 2% 부족한 교사, 이들의 표정과 태도에서 나타나는 미묘한 부족함을 학생들은 감지할 수 있다. 따라서 교사의 마음속에는 성의 없음, 열정 부족, '그냥 대충 하면 되지. 내가 혼자서 어떻게 할 수 없잖아?'라는 생각, 심지어 분노나 불만은 교사의 표정, 태도, 말투에서 미묘하게 나타난다. 학생들은 이런 감정이나 정서를 직감할 수 있다. 이와 같은 교사의 정서적 표현이나 태도는 겉으로 잘 드러나지 않는 것처럼 보이지만, 학생의 흥미, 태도, 동기유발에 큰 영향을 미치는 요인이 된다. 교사의 긍정적이고 적극적인 수업 태도, 언어, 말투 등은 화기애애한 수업분위기를 조성한다.

2. 교사-학생의 관계(라포) 형성

교사가 학생과 라포를 형성하면 수업에 있어서 관계의 역동성이 높아진다. 이런 수준의 관계 역동성에 도달하려면, 교사는 정서적으로 부정적인 상태(불안이나 분노 등)와 학생을 자극하는 언행은 피해야만 한다. 즉 교사는 학생 스스로가 존중을 받고 있음을 느끼도록 긍정적인 분위기를 만들어야 한다.

정서적 관계에 토대를 둔 교사-학생의 라포 형성은 좋은 수업분위기를 매개로 하여 학습을 장려하고, 아이의 정서적 안정에 기여한다. 또한 정서적인 관계(emotional bonds)의 핵심인 교사-학생의 라포는 상호존중, 믿음, 배려 등의 정서적인 관계를 기본으로 한다. 이러한 라포 형성은 교사가 학생에게 관심을 보인다는 의미이며, 이는 동기부여, 수업의 즐거움, 상호의존적 학습을 자극하며, 함께 만들어 가는 공동의 수업을 지향한다.

3. 긍정적인 의사소통

라포 형성을 위해서 교사는 학생이 교사로부터 존중을 받고 있음을 느끼도록 긍정적인 수업 분위기 형성과 반응과 같은 긍정적인 의사소통을 해야 한다. 이를 위해 교사는 학생에 대한 깊은 이해를 가지고, 공감하며 소통하고, 학생을 지원하는 태도를 가져야 한다. 특히 교사는 학생에게 비난, 비판, 판단 등의 비효과적인 의사소통을 줄이고 대신 속감정의 대화(너-감정 메시지, 나-감정 메시지)를 하는 것이 좋다.

결론적으로 좋은 수업분위기를 위해서는 ① 학생의 감성(정서)을 자극하는 교사의 긍정적인 표정, 미소, 태도, 언어적 반응하기, ② 교사-학생, 학생-학생의 정서적 유대관계 형성하기, ③ 관계를 회복하는 의사소통하기가 요구된다.

이렇게 형성된 좋은 수업분위기에서 아이는 정서적인 안정을 느끼게 되고 교사-학생의 신뢰관계는 지속적으로 유지된다. 또한 좋은 수업분위기에서 인지적으로 기억과 재생, 전이가 더 잘 일어난다. 그 이유는 인지와 감성(정서)은 서로 긴밀하게 연결되어 있는 혼재된 덩어리로 존재하기 때문이다(Mixed together chunk).

13 교수학습결연[1]

1 의미

교수학습결연은 수업 상황에서 교사와 학생이 통용할 권리와 의무, 달성하고자 하는 성취기준과 성과에 대하여 교수학습 측면의 사회적인 합의(혹은 계약)이다(Meyer, 2004). 따라서 교수학습결연은 수업과 교육활동을 위해 교사와 학생이 하는 동의하거나 체결하는 암묵적이거나, 명시적, 혹은 문화적인 합의를 의미한다. 여기서 중요한 것은 교수학습결연이 교수학습에 관한 교사와 학생의 합의란 점이다. 교수학습결연의 관점에서 보면 수업과 교육활동 역시 이러한 합의를 토대로 운영된다.

교수학습결연은 심리학이나 상담학의 **작업동맹**(working alliance)에 근거를 두고 있다. 1970년대 후반부터 심리치료와 상담에서는 작업동맹과 수업의 유사성에 관심을 보였다. Bordin(1979), Brooke(1987), Wool(1989), Robertson(2000), Forsyth (2003), Koch(2004), Meyers(2008) 등의 학자들은 상담가의 내담자에 대한 심리치료와 교사의 학생대상 수업이 유사함을 주장했다. 특히 Robertson(2000)은 심리치료와 수업이 비슷하다고 주장한 이유는 두 영역이 모두 공통적으로 교사나 상담사의 조력적인 측면과 학생이나 내담자의 변화를 강조하기 때문이다. 상담자는 내담자의 변화를 이끌어 내는 조력자 역할을 한다. 이와 유사한 방식으로 교사는 학생의 지식이나 기술, 경험에 있어서 성장이나 진보를 위한 조력자 역할을 한다. 이를 위한 구체적인 방법이 교수학습이자 수업으로 볼 수 있다.

---

1 좋은 수업의 13번째 기준은 다음 논문의 내용을 수정·보완·정리하였음. 김대석·박우식(2018). 좋은 수업을 위한 교수학습결연 탐구: 의미, 구성요소, 좋은 수업과의 관계를 중심으로. 초등교육연구, 31(4), 1-20.

심리치료와 교수학습(수업)의 근본적인 유사성 때문에 Bordin(1979)은 자신의 심리치료 이론이 교사와 학생의 관계까지 확장해서 적용될 수 있다고 주장하였다. 수업에서 교사와 학생 사이의 친밀한 관계 형성은 작업동맹에서 상담자와 내담자 사이의 유대형성과 유사한 개념이다. Buskist와 Saville(2004)은 수업에서 교사와 학생 사이에 친밀한 관계 형성이 가능한 이유는 수업의 목표, 목표달성을 위한 교사와 학생의 역할과 책임, 교사와 학생 간의 감정(정서적)적 관계에 근거를 두기 때문이라고 보았다. Buskist와 Saville이 말하는 수업에서의 교사와 학생 관계는 Bordin이 작업동맹에서 주장한 상담자와 내담자의 관계가 갖는 구성요소와 유사하다.

Forsyth(2003)도 교사와 학생의 관계는 상담자와 내담자의 관계와 유사하다고 보았는데, 이유는 교사와 학생이 관계, 역할, 네트워크라는 복잡한 망으로 연결되어 있기 때문이다. 그는 상담자가 치료적 관계를 통해 환자의 인지, 정서, 행동에 변화를 주는 것처럼, 교사의 리더십과 학생과의 유대관계는 수업 혹은 교육의 성공에 영향을 줄 수 있다고 주장한다. 상담자와 내담자의 건전한 유대관계가 치료에 도움이 되지만 그 반대의 경우에는 치료에 부정적인 영향을 미치듯이, 교사와 학생의 좋은 관계는 교수학습에 긍정적인 영향을 주지만 양자의 불편한 관계 속에서는 효과적인 수업을 기대하기 어려울 것이다.

〈표 13-1〉 작업동맹과 교수학습결연 비교

구분	작업동맹	교수학습결연
관계성	상담자 – 내담자	교사 – 학생
목적	심리치료, 인지 · 정서 · 행동의 변화	교수학습(수업) 수행, 인지 · 정서 · 행동의 변화
효과적인 과업 수행의 조건	내담자와 라포 형성	학생과의 유대관계 형성
역할	내담자의 변화를 이끌어 내는 조력자	학생의 지식이나 기술, 경험에 있어서 변화를 위한 조력자
사회적 계약	상담자의 권위에 대한 암묵적 동의	교사의 권위에 대한 암묵적 동의

2 교수학습결연의 구성요소

Koch(2004)는 교수학습결연을 교수학습을 촉진하는 강력한 요인으로 간주하고, Bordin의 세 가지 작업동맹의 구성요소를 교수학습결연에 직접 적용하였다.

첫째 요소는 **교사-학생 간의 긴밀한 유대관계** 형성이다. Koch는 긴밀한 유대관계 형성을 위한 구성요소로 ① 공감(empathy), ② 환대(warmth), ③ 진심(genuineness)의 중요성을 강조한다.

① **공감**은 학생의 의견에 귀를 기울이고 건설적인 피드백을 제공하면서 학생과 의사소통을 하는 것이다.

② **환대**는 교사가 학생과 시선을 마주치고, 학생의 이름을 외우며, 교단과 같은 구조적인 장벽을 없앰으로서 학생에 대한 존중을 보여주면서 의사소통을 하는 것이다.

③ **진심**은 교사가 학생에게 진정한 관심을 보여 주고 동시에 적당한 수준까지 자신을 개방하고 학생과 공유하는 것이다. 이 세 가지 구성요소를 갖춘 교사-학생의 유대관계는 상담자-내담자의 관계와 유사하다.

둘째 요소는 수업의 **목표에 대한 교사와 학생 간의 인식의 일치**이다. Koch는 수업현장에서 중요한 것으로 인식되거나 요구되는 일차적 목표가 강조되어야 한다고 주장한다.

셋째 요소는 수업목표를 달성하기 위해 교사와 학생이 수행하는 **과업에 대한 교사와 학생의 인식의 일치**이다. Koch는 교사가 정한 과업(교사나 학생의 과제, 임무, 역할)의 중요성과 필요성을 학생이 이해하면 학생은 해당 과업에 동의할 것이며 교수학습결연은 긍정적으로 발전할 수 있다고 주장한다. 결론적으로 Koch는 Bordin의 작업동맹의 각 구성요소가 교수학습결연에 그대로 적용될 수 있음을 보여주고 있다.

Meyers(2008)는 Koch의 논리를 확장시켜 작업동맹이 수업에 적용될 수 있음을 이론화하였다. 그 역시 작업동맹이 교수학습 상황에서 유사하게 적용할 수 있다는 Koch의 견해에 동의했지만, 재활프로그램에 초점을 두었던 Koch와는 달리 교수학습결연을 통해 교수학습에 도움이 되는 분위기를 형성할 수 있다고 주장한다.

교수학습결연을 확고히 하기 위해서는 학급에서 (1) 정서적 유대관계에 형성하기, (2) 공동의 목적의식을 형성하기 위한 공유된 교육목적과 역할 및 책임 형성하기, (3) 대인관계의 붕괴를 해결하기 위한 교실갈등 다루기가 필요하다.

(1) 정서적 유대관계에 형성하기

교수학습결연을 확고히 하기 위해서는 교사와 학생 사이의 정서적인 유대관계 형성이 필요하다. 교수학습결연은 신뢰, 존경과 돌봄(trust, respect, and care)의 정서적인 관계를 기본으로 하며, 이런 유대관계 조성을 위해서는 학생에게 주의 깊은 경청, 지원, 이해가 필요하다(Bachelor, 1995; Meyers, 2008). Meyers가 제안하는 교수학습결연 구축을 위한 다음의 라포 형성 전략은 Buskist와 Saville의 주장과 유사하다. 이러한 친밀한 라포 형성은 결석을 줄이고, 수업에 집중하며, 수업을 즐겁게 하는 긍정적 결과를 가지고 온다.

- 학생이름 외우기
- 수업(전공)에 대한 열정 보이기
- 학생을 칭찬하고 격려하기
- 학생의 관심사 경청하기
- 수업 외에도 학생과 소통하기

(2) 공동의 목적의식을 형성하기 위한 공유된 교육목적과 역할 및 책임 형성하기

교수학습결연을 공고히 하기 위해서는 교사와 학생이 수업의 목적과 역할·책임을 상호 공유할 필요가 있다. 이를 위해 학습목표 설정, 바람직한 학생의 역량이나 교수학습방법을 결정할 때 교사가 학생에게 조언을 구하거나, 학생의 흥미나 개인적 관심을 알기 위한 조사를 하거나, 일방적인 교사 중심의 수업보다 학생이 참여하는 방법을 사용하는 것이 필요하다. 이런 방법은 모두 수업의 목적과 역할 및 책임을 공유하는 데 기여한다.

(3) 대인관계의 붕괴를 해결하기 위한 교실갈등 다루기

마지막으로 교수학습결연은 대인관계의 붕괴문제해결, 즉 교실갈등 문제해결의 출발점이자 지향점이다. 확고한 교수학습결연은 교실의 갈등문제, 대인관계 붕괴문제 해결에 기여한다. 이유는 교사와 학생 또는 학생 사이의 상호 존중, 공유된 책임, 목표설정에 공동 참여와 상호간의 신뢰가 교수학습은 물론 교실갈등문제 해결에 기여하기 때문이다(Meyers, 2008). 이와 같이 작업동맹의 원리로부터 차용된 교수학습결연은 교사와 학생의 관계를 향상시키고 교수학습을 향상시키는 새로운 틀을 제공한다.

3 좋은 수업과 교수학습결연의 관계

좋은 수업은 교사와 학생의 확고한 교수학습결연을 지향한다(Meyer, 2004). 교수학습결연은 매일 새롭게 수업을 하는 교사와 학생의 암묵적(혹은 명시적, 문화적) 합의라고 볼 수 있다. 좋은 수업을 위해서는 교수학습과정에 대하여 교사와 학생이 공동으로 책임을 지는 것이 필요하다. 교사가 책임을 지는 것은 자명하다. 그러나 학생도 수업의 과정에 책임이 있다는 것은 일반적으로 간과된다. Klingberg(1990)는 교사는 학생이 각자의 능력을 발휘하는 경험을 하도록 수업에 책임을 지며, 학생은 교사가 그러한 수업을 완수하도록 하는 데 책임을 진다고 주장한다.

좋은 수업의 중심에는 항상 교수학습결연이 위치해 있다(Meyer, 2004). 따라서 좋은 수업은 교수학습결연을 중심으로 전개되는 것이며, 좋은 수업을 지향하는 많은 기준의 밑바탕에는 교수학습결연이 존재한다. Meyer 역시 자신이 선정한 좋은 수업의 기준들 중 교수학습결연과 직접적으로 관련된 3가지 기준을 제시했다. 그 기준들은 (1) 학습을 촉진하는 분위기, (2) 학습에서의 발달, 흥미와 동기를 유발시키는 의사소통, (3) 분명한 학습 성취기준이다.

(1) **학습촉진의 분위기**는 학습을 촉진하는 혹은 학습에 도움이 되는 학급(혹은 학교) 분위기를 의미한다. 학습촉진 분위기는 학급의 구성원이 서로 존중하고 배려하며, 규칙을 준수하며, 책임을 공유하며, 개별 학생과 학급 전체에 대하여 교사가 공정한 태도를 갖는 것을 요소로 한다(Meyer, 2004). 좋은 학습촉진 분위기가 형성된 학급에서 학습촉진 분위기의 요소들은 서로 균형을 이루어서 학생의 자신에 대한 신뢰와 책임감, 학교와 수업에 임하는 태도, 동료와 교사에 대한 태도, 학업성취를 위한 준비자세, 수업에 대한 흥미를 촉진시킨다. 특히 교사-학생의 상호존중과 배려, 상호책임과 규칙준수의 분위기는 교사를 존중하는 태도, 수업에 임하는 태도 및 성취를 위한 자세에 영향을 미치고 궁극적으로 교수학습결연을 확고히 할 것이다.

(2) **학습에서의 발달, 흥미와 동기를 유발시키는 의사소통**은 학생이 교사와의 상호작용 속에서 교수학습과정과 그 결과에 대하여 나름의 의미를 부여하는 과정이다 (Meyer, 2004). 의미 생성적인 의사소통은 수업설계에서부터 학생을 참여시키고 그들의 요구와 의견을 반영하는 것, 수업에 관한 교사-학생의 회의, 수업 이후의 피드백 등을 통하여 달성 가능하다.

수업설계에서부터 학생을 참여시키고 그들의 의견을 반영하는 것의 긍정적인 측면은 그것이 학생으로 하여금 자신이 교사로부터 존중받고 있다는 인식을 하게 한다는 것이다. '내가 교사로부터 존중받고 있다'는 인식은 학생으로 하여금 교수학습의 과정에 책임감을 형성하여 수업에 임하는 태도에 영향을 미치고 궁극적으로 교수학습결연을 확고히 할 것이다. 수업에 관한 회의에서 교사와 학생은 수업의 목적, 내용, 교수학습방법, 평가방식 등에 대하여 서로 합의를 한다. 수업의 목적, 내용, 방법에 관한 교사-학생의 합의는 교사-학생의 공동 책임감과 연대의식을 형성하고 교수학습결연을 더욱 확고히 하여 좋은 수업에 이바지 할 수 있다.

학습에서의 발달, 흥미와 동기를 유발시키는 의사소통을 촉진하는 위의 활동들이 성공적으로 이루어지면 ① 학생의 학습 동기는 고양되고, ② 교과에 대한 흥미가 향상되며, ③ 학습과정에 대해 반성하는 초인지 작용의 결과가 나타난다(Meyer, 2004). 의미 생성적 의사소통으로 나타나는 세 가지 결과는 교수학습결연을 확고히 하고, 확고한 교수학습결과는 다시 의미 생성적 의사소통의 요소들을 촉진한다. 의미 생성적 의사소통의 요소, 결과, 교수학습결연이 선순환하면서 좋은 수업에 이바지하는 것이다.

(3) 성취기대(기준)를 분명히 하는 것도 교수학습결연에 영향을 미친다. Meyer는 성취를 학습목표와 내용의 제시, 성취능력, 노력과 시간의 투입의 합으로 재정의하였다. 특히 성취기대를 교사와 학생이 분명히 인식하고 정식화하는 것은 교수학습결연의 한 부분이다. 성취기대는 교사만 하는 것이 아니다. 학생도 목표를 기대하며 그 기대를 공식화한다. 수업에 관한 회의에서 학생이 자신의 요구와 의견을 제시하고 이것이 수용되고 합의가 되면 학생도 성취기대를 갖게 된다. 수업에 관한 회의에서 학습목표와 내용, 방법, 평가 등에 대하여 교사와 학생이 상호이해하고 그것을 교수학습결연의 대상으로 삼을 때 성취기대는 높아지는 것이다. 성취기대가 분명해지기 위해서는 다음이 필요하다(Meyer, 2004).

- 교육과정의 성취기준에 정향하고,
- 학습자의 상태를 (진단)평가하고,
- 적절한 학습내용과 과제를 제시하고,
- 평가기준을 공개하고,
- 모든 학생을 향한 교사의 개별적인 학습촉진과 피드백 실행

성취기대의 요소들이 잘 실행되면, 제시된 학습목표와 내용 및 과제에 대하여 학생이 교사와 인식을 같이 하며(동일화), 학습에 임하는 태도가 향상된다. 이것들은 다시 교수학습결연에 긍정적 영향을 미쳐서 좋은 수업에 이바지하게 된다.

교수학습결연에도 다양한 종류의 형태가 존재한다. 흔히 거론되는 종류는 **암묵적, 명시적, 형식적 계약, 거짓**(pseudo), **갈등적** 교수학습결연이 있다(Meyer, 2004).

(1) **암묵적** 교수학습결연은 교사와 학생은 수업이 교수학습을 위해 존재한다는 사실을 알고, 별다른 불평불만 없이 매일 열심히 그리고 즐겁게 수업에 참여하는 관계이다.

(2) **명시적** 교수학습결연은 학년 초 혹은 수업이 처음 시작될 때 교사와 학생이 서로에 대한 기대나 성취에 대하여 구속력 있는 합의(학급규칙, 교육과정운영계획, 수업계획 등)를 도출하며 가능한 그 선을 지키는 관계이다.

(3) **형식적 계약**의 교수학습결연은 드문 일이지만 교사와 학생이 누가 무엇을 언제 어떻게 수행할 것인가에 대해 합의하고 문서로 남기는 관계이다(개인 교습학원에서 있는 형태이다).

(4) **거짓** 교수학습결연은 학생이 자신의 흥미와 관심을 속이면서 수업에 참여하는 척하고 교사는 학생의 거짓행동을 인정하는 관계이다. '교사 당신이 나를 가만히 놓아둔다면, 나도 수업을 방해하지 않겠다'라고 서로가 묵시적으로 동의할 때 이런 관계가 발생한다. 거짓된 교수학습결연은 상황에 따라 그리 부정적이지 않을 수 있다. 왜냐하면 교사가 수업참여를 거부하는 학생을 거짓참여를 통해서나마 약간의 학습효과와 학습동기를 부여할 수 있을 것으로 기대하기 때문이다. 거짓된 교수학습결연은 갈등적 교수학습결연이나 수업참여를 거부하는 것보다는 나을 수 있다.

(5) **갈등적** 교수학습결연은 교사가 교육과정에 규정되어 있는, 준비한 수업을 하고, 학생은 수업을 '시험적으로' 수용하지만 언제라도 수업을 거부할 수 있는 관계이다.

(6) 학생이 수업을 거부하는 경우인데, 이것은 교수학습결연이 맺어지지 않는 것이다.

교사와 학생 사이에 어떤 유형의 교수학습결연이 체결될 것인지 여부는 개별적인 요인들, 즉 학습자의 연령, 학급분위기, 학습동기, 교과목에 대한 흥미, 허용된 시간, 교사의 인격과 수업 상황을 조직하고 운영하는 교사의 노련함 등에 의해 결정될 것이다.

2부
미주

1) Meyer, H. (2004). *Was ist Guter Unterricht?* Berlin: Cornelsen. 손승남·정창호 역 (2011). 좋은 수업이란 무엇인가? 서울: 삼우반. p. 73.

2) 김대석·성정민(2020). 교육과정과 수업의 이해와 실천. 서울: 박영스토리. pp. 143-144.

3) 김대석(2018). 교육환경이 잠재적 교육과정에 미치는 영향: 각성효과 및 과밀을 중심으로. 대한지리학회 연례학술대회 발표자료집.

4) Meyer가 검토한 효과적인 피드백 문화를 위한 명제와 제안을 우리의 수업 환경에 맞게 재구성한 내용임. Meyer, H. (2004). *Was ist Guter Unterricht? Berlin: Cornelsen.* 손승남·정창호 역(2011). 좋은 수업이란 무엇인가? 서울: 삼우반. pp. 111-115.

5) Borich, G. D. (2011). *Effective Teaching Methods: Reasearch-Based Practice (7th ed.).* 박승배·부재율·설양환·이미자·조주연 역(2014). 효과적인 교수법. 경기 파주: 아카데미프레스. p.372

6) Meyer, H. (2004). *Was ist Guter Unterricht?* Berlin: Cornelsen. 손승남·정창호 역 (2011). 좋은 수업이란 무엇인가? 서울: 삼우반. p. 118. 일부 내용은 수정·보완함.

7) 류수열, 유지은, 이수라(2007), 「스토리텔링의 이해」, 서울: 글누림, pp. 13-38.

8) 황신웅(2014), 「스토리텔링 교육을 아우르다」, 서울: 성균관대학교 출판부, p. 7.

9) 류수열·유지은·이수라(2007). 스토리텔링의 이해. 서울: 글누림, pp. 13-38.

10) 유종열(2017). 사회과 수업의 이해와 실천. 지식정보. p. 225

11) Borich, G. D.(2011). *Effective Teaching Methods: Reasearch-Based Practice 7ed.* 박승배, 부재율, 설양환 이미자, 조주연 역(2014). 효과적인 교수법 7판. 경기 파주: 아카데미프레스. pp. 460-462

12) Chan, C. C., & Ho, W. C. (2008). 「An ecological framework for evaluating relations hip-functional aspect youth mentoring」, *Journal of Applied Social Psychology, 38*(4).

13) 김경준·김지혜·김영지(2013), 「청소년 또래멘토링의 효과에 대한 질적 연구」, 한국청소년연구, 23(3), pp. 306-310.

14) 김대석·성정민·김경성(2020). 잠재적 교육과정의 이론과 실제. 박영스토리. pp. 54-56.

15) 선거연수원(2015). 토론의 이해와 실습(토론의 이해와 실습 강의 교재). 경기 수원: 선거관리연수원.

16) 정문성(2013). 토의토론 수업방법. 서울: 교육과학사.

17) 정문성(2013). 전게서, p. 16.

18) Johnson, D. W., & Johnson, R. T. (1994). Learning together in the social studies classroom, In R. J. Stahl(Ed.), *Cooperative learning in social studies: A handbook for teachers*. New York: Addison-Wesley Publishing Company, p. 311을 수정함

19) Johnson & Johnson (1994). 전게서.

20) Johnson, D. W. & Johnson, R. T. (1994). Learning together in the social studies classroom, In R. J. Stahl(Ed.), *Cooperative learning in social studies: A handbook for teachers*. New York: Addison-Wesley Publishing Company

21) 유종열(2017). 사회과 수업의 이해와 실천. 지식정보.

22) CCSSO (2011). *InTASC model core teaching standards: A resource for state dialogue*. Washington, DC: Council of Chief State School Officers.

23) CCSSO (2013). *InTASC Model core teaching standards and learning progressions for teachers 1.0*. Washington, DC: CCSSO.

24) 변영계(2014). 교수·학습 이론의 이해(개정판). 서울: 학지사. p. 305.

25) 한국교육심리학회(2000). 교육심리학용어사전. 서울: 학지사.

26) 홍완기(2020). 우리 안의 개별화 수업(Differentiated Instruction). 서울교육, 여름호(239호).

27) 변영계(2014). 교수·학습 이론의 이해(개정판). 서울: 학지사. pp. 310-312.

28) Cronbach, L., & Snow, R. (1977). *Aptitudes and Instructional Methods: A Handbook for Research on Interactions*. New York: Irvington.

29) Borich, G. (2011). *Effective teaching methods: Research-based practice(7th ed.)*. Boston: Pearson. p. 41.

30) Borich, G. (2011). 전게서. pp. 42-43.

31) 변영계(2014). 교수·학습 이론의 이해(개정판). 서울: 학지사. pp. 315-316.

32) 변영계(2014). 전게서. pp. 315-316.

33) 정옥분(2017). 사회정서발달. 서울: 학지사. p. 405.

34) Aptekar, L. (1983). Mexican-American high school student's perception of school. Adolescence, 18, 772-790.
   Carter, E. B. (1984). A teacher's view: Learning to be wrong. *Psychology Today*, 18, 35.
   Teddie, C., Kirby, P. C., & Stringfield, S. (1989). Effective vs. ineffective schools: Observable differences in the classroom. *American Journal of Education*, 97, 221-236.

35) Spiegler, M. C., & Guevremont, D. C. (2010). *Contemporary behavior therapy(5th ed.)*. 강영심·황순영(역)(2011). 최신행동치료. 서울: 센게이지러닝코리아. p. 132.

36) 김대석·성정민·김경성(2020). 잠재적 교육과정의 이론과 실제. 박영스토리. pp. 114-115.

37) Spiegler, M. C., & Guevremont, D. C. (2010). *Contemporary behavior therapy (5th ed.)*. 강영심·황순영(역)(2011). 최신행동치료. 서울: 센게이지러닝코리아. p. 108.

38) Spiegler & Guevremont (2010). 전게서. p. 120.

39) Spiegler & Guevremont (2010). 전게서. p. 107.

40) Spiegler & Guevremont (2010). 전게서. p. 124.

41) Charles, C. M. (2014), 김대석·박우식 역(2019). 실패없는 아이: 모두가 성공하는 행복한 학급 만들기. 서울: 박영스토리.

42) Charles, C. M. (2014). 전게서.

43) Charles, C. M. (2014). 전게서.

44) Winkel, R. (1997). *Theorie und Praxis der Schule: oder: Schulreform konkret—im Haus des Lebens und Lernens*. Schneider-Verlag Hohengehren.

45) 박성익 외(2016). 교육방법의 교육공학적 이해. 경기: 교육과학사.

46) 백영균 외(2014). 교육방법 및 교육공학. 서울: 학지사. pp. 68-87.

47) 박성익 외(2016). 교육방법의 교육공학적 이해. 경기: 교육과학사. pp. 163-164.

48) Brophy, J. E. (1987). Synthesis of research strategies on motivating students to learn. *Educational leadership*, *45*(2), 40-48.

49) Levin, J., & Nolan, J. F. (2007). *Principles of classroom management(5th ed.)*. 한유경·박상완 역(2008). 전문적 의사결정 모델에 따른 학급경영의 원리. 서울: 시그마프레스. pp. 172-173.

50) Levin, J., & Nolan, J. F. (2007). 전게서. p. 220.

51) Borich, G. (2011). *Effective teaching methods: Research—based practice(7th ed.)*. Boston: Pearson. p. 353.

52) Hoy, W. K., & Miskel, C. G. (2013). *Educational administration: Theory, research, and practice*. 오영재 외 역(2013). 교육행정: 이론, 연구, 실제. 경기 파주: 아카데미프레스. pp. 193-194.

53) Lowman, J. (1984). *Mastering the techniques of teaching*. San Francisco: Jossey-Bass.
김대석·박우식(2018). 좋은 수업을 위한 교수학습결연 탐구: 의미, 구성요소, 좋은 수업과의 관계를 중심으로. 초등교육연구, 31(4), 1-20.

PART
3

좋은 수업의
경험적 사례
특성 분석

좋은 수업의 경험적 사례 특성 분석[1]

　본 저서에 실린 학생들의 좋은 수업에 대한 경험적 사례를 심층적으로 분석하였다. 본 저서에 실린 사례는 자신이 생각하는 좋은 수업의 의미와 자신이 중고등학교 때 경험한 수업 가운데 좋은 수업으로 인식하는 수업의 특성을 자유 기술한 글이다. 여기서는 이들 사례(텍스트)를 심층적으로 분석하였다. 자료분석은 학생이 좋은 수업을 기술하면서 많이 사용한 단어(명사, 형용사)의 빈도, 해당 단어를 사용한 학생의 수와 비율, 워드클라우드 방법을 사용하였다. 또한 수업에서 학생이 경험한 정서를 표현하는 단어와 애정, 배려, 칭찬 등 교사의 사회정서적 행동특성 단어를 세분하여 분석하였다.

　자료분석에서 개인의 글쓰기 패턴이나 좋은 수업을 기술한 분량의 차이 등에서 오는 오차(편차)를 줄이기 위한 보정이 필요하다. 개인에 따라 같은 내용을 단어를 변경하면서 많이 쓰는 경우가 있는데, 이 경우 1명이 같은 항목(예: 감정 표현)에 단어를 바꿔가며 여러 단어를 사용한 것을 1명으로 산정하지 않으면, 적은 단어로 적은 분량을 쓴 여러 학생보다 1명의 학생의 비중이 훨씬 커져서 결과를 왜곡하게 된다. 그래서 자료분석에서 오차(편차)를 줄이고 신뢰도를 높이기 위하여 동일인이 여러 항목에 반응한 경우(예: 여러 정서 단어를 사용한 경우) 1명으로 산정하여 총계를 산정하였으며, 같은 항목에 동일인이 2번 이상 반응한 경우(동일인이 같은 항목의 단어를 2번 이상 사용한 경우) 1명으로 산정하였다. 비율은 전체 학생수(여: 118명, 남: 51명)를 기준으로 하였다. 분석도구는 r의 'KoNLP' 라이브러리, 'wordcloud' 라이브러리를 사용하였다.

---

1 이 부분은 김대석(2020). 학생이 인식하고 경험한 좋은 수업의 의미와 특성 분석: 학생이 경험한 정서와 교사의 사회정서적 행동에 대한 인식을 중심으로. 교육방법연구, 32(4), pp. 607-626에서 부분 발췌 및 수정하였음.

학생이 인식하는 좋은 수업의 특성

학생이 인식하는 좋은 수업의 의미와, 자신이 중고등학교 때 경험한 수업 중 좋다고 인식하는 수업 장면(특성)을 기술하면서 많이 사용한 단어(명사, 형용사)의 빈도, 해당 단어를 사용한 학생의 수와 비율을 분석하였다.

〈표 1-1〉 좋은 수업을 기술하면서 사용한 단어 특성 (단위: 개수, 명, %)

단어	전체		여		남		여-남 차이(%)
	단어수	명(%)	단어수	명(%)	단어수	명(%)	
수업 정서(감정): 홍미, 재미, 지루하지 않음; 성취감, 성공경험, 뿌듯함, 보람, 자신감, 자존감; 기쁨, 환호, 즐거움; 감사, 행복, 따뜻함, 감명; 편안함, 격식없음, 부담(감) 없는, 불안해소, 위로; 긴장감; 인내, 끈기	120	71(42.0)	101	58(49.2)	19	13(25.5)	23.7
참여	75	47(27.8)	54	33(28.0)	21	14(27.5)	0.5
집중, 몰입	38	27(9.1)	31	21(17.8)	7	6(11.8)	6.0
교사의 사회정서적 행동: 칭찬, 격려, 북돋아줌; 애정, 사랑, 인자함, 따뜻함, 온화, 다독임, 위로, 안쓰러워함, 미소, 위함; 친근친밀, 인사, 구수함; 배려, 공감, 경청; 마다하지 않음, 희생, 긍정적; 신뢰(의), 든든함	39	23(13.6)	28	19(16.1)	11	4(7.8)	8.3
교사의 열정, 노력, 성실, 고민, 책임(의무)감, 최선	39	22(13.0)	26	16(13.6)	13	6(11.8)	1.8
이야기, 스토리텔링	22	17(10.1)	21	16(13.6)	1	1(2.0)	11.6
교과의 내용, 원리, 개념, 작품 이해	26	19(11.2)	22	15(12.7)	4	4(7.8)	4.9
매체나 도구, 자료의 활용(이용)	22	17(10.1)	19	14(11.9)	3	3(5.9)	6.0
흥미롭고 즐거운(새로운, 색다른, 다양한) 교육방법	17	16(9.5)	14	13(11.0)	3	3(5.9)	5.1

단어	전체		여		남		여-남
	단어수	명(%)	단어수	명(%)	단어수	명(%)	차이(%)
활동(중심)	29	18(10.6)	20	13(11.0)	9	5(9.8)	1.2
학습동기 유발, 부여	17	15(8.9)	12	11(9.3)	5	4(7.8)	1.5
모두	15	14(8.3)	12	11(9.3)	3	3(5.9)	3.4
교사의 수업행동(퍼포먼스): 표정(모습), 인상, 시선, 말투(목소리), 어조, 발성, 쩌렁쩌렁함, 몸짓, 손짓, 팔, 리액션, 파워	37	15(8.9)	19	10(8.5)	18	5(9.8)	−1.3
학생의 열정, 성실, 적극성, 노력	21	14(8.3)	13	10(8.5)	8	4(7.8)	0.6
수업분위기	14	13(7.7)	9	9(7.6)	5	4(7.8)	−0.2
그림	16	10(5.9)	10	7(5.9)	6	3(5.9)	0.0
실험, 실습, (실제)체험, 경험	18	14(8.3)	8	7(5.9)	10	7(13.7)	−7.8
보상	11	9(5.3)	8	7(5.9)	3	2(3.9)	2.0
교류, 교감, 소통, 상호작용	10	8(4.7)	8	7(5.9)	2	1(2.0)	4.0
생활(삶)에 (실제) 적용, 응용, 활용, 실천	10	7(4.1)	9	6(5.1)	1	1(2.0)	3.1
자발적, 스스로, 능동적	7	7(4.1)	6	6(5.1)	1	1(2.0)	3.1
교사의 학생에 대한 관심, 이해	7	5(3.0)	7	5(4.2)	−	−	4.2
자극	6	5(3.0)	6	5(4.2)	−	−	4.2
힘이 됨(힘들고 지칠 때 힘이 되는, 힘과 위로가 되는)	5	4(2.4)	5	4(3.4)	−	−	3.4
학생중심	5	3(1.8)	5	3(2.5)	5	4(7.8)	−5.3

* 동일인이 같은 항목의 단어를 여러 번 사용한 경우 1명으로 산정함.
* 비율은 전체 학생수(여: 118명, 남: 51명)를 기준으로 산정함.

  학생이 생각하는 좋은 수업의 의미와, 자신이 경험한 좋다고 생각하는 수업 장면(특성)을 기술하면서 많이 사용한 단어(명사, 형용사)들의 빈도를 기준으로 워드클라우드로 분석하였다.

여학생   남학생

 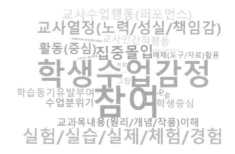

[그림 1-1] 학생이 인식하고 경험한 좋은 수업을 기술하면서 사용한 단어 특성
         (워드클라우드)

　　학생이 생각하는 좋은 수업의 특성을 기술하면서 많이 사용한 단어는 기본적으로 '참여'가 가장 많았다(27.8). 그러나 흥미, 기쁨, 즐거움, 감사, 행복함, 편안함, 긴장감, 책임감 등의 정서 관련 단어를 합계하여 한 항목으로 제시하면 **특정 정서를 경험한 수업을 좋은 수업으로 인식하는 경우가 가장 많았다**(42.0). 이어서 칭찬, 격려, 애정, 인자함, 온화함, 친근함, 배려와 공감, 희생, 신뢰 등의 교사의 사회정서적 행동(13.6); 교사의 열정, 노력, 성실, 고민함, 책임감, 의무와 역할, 최선을 다함(13.0); 교과의 내용이나 원리·개념·작품을 이해하는 것(11.2), 활동(중심)(10.6); 이야기나 스토리텔링(10.1); 매체나 도구·학습자료 활용(10.1); 흥미롭고 즐거운 교육방법(9.5); 집중이나 몰입(9.1); 학습동기 유발(9.3); 모두(8.9); 교사의 표정, 인상, 시선, 목소리, 몸짓, 손짓, 팔, 리액션, 파워행동 등의 교사의 수업행동(퍼포먼스)(8.9); 학생의 열정, 성실, 적극성, 노력(8.3); 실험, 실습, 실제, 체험, 경험(5.9); 보상(8.3); 수업분위기(7.7); 그림(그리기)(5.9); 교류, 교감, 소통, 상호작용(4.7) 순으로 분석되었다.

　　여학생은 수업참여(28.0)**보다 흥미, 기쁨, 즐거움, 감사, 행복함, 편안함, 긴장감, 책임감 등의 정서를 경험한 수업을 좋은 수업으로 인식하는 경우**(49.2)**가 많았다. 반면, 남학생은 수업참여**(27.5)**가 수업에서 경험한 정서를 표현하는 단어보다**(25.5) **많았다.** 칭찬, 격려, 애정, 인자함, 친근함, 배려와 공감, 희생, 신뢰 등의 교사의 사회정서적 행동을 경험한 수업을 좋은 수업으로 인식하는 경우가 많았는데(13.6), 특히 여학생(16.1)이 남학생(7.8)보다 많았다. 이야기나 스토리텔링을 통한 수업을 좋은 수업으로 인식하는 것도(10.1) 여학생(13.6)이 남학생(2.0)보다 많았다. 그러나 실험, 실습, (실제)체험이 있는 수업을 좋은 수업으로 인식하는 것(8.3)은 여학생(5.9)보다 남학생(13.7)이 많았다.

좋은 수업을 표현한 나머지 단어들의 빈도는 남녀별로 비슷하였다.

2 좋은 수업에서 경험한 정서 특성

학생이 인식하고 경험한 좋은 수업의 의미와 그 수업 장면(특성)을 기술하면서 사용한 특정 정서 관련 단어를 분석하였다. 즉, 학생이 좋은 수업을 기술하면서 흥미, 성취감, 기쁨, 감사함, 편안함, 위로감, 긴장감 등의 특정 정서를 경험한 경우를 분석하였다.

좋은 수업에서 흥미, 성취감, 기쁨, 감사함, 편안함, 긴장감 등의 정서를 경험한 학생은 전체 중 71명(42.0%)이었으며, 여학생 비율(49.2)이 남학생 비율(25.5)보다 많았다. 즉, 흥미, 성취감, 기쁨, 편안함, 긴장감 등의 **정서를 경험한 수업을 좋은 수업으**

〈표 1-2〉 좋은 수업에서 특정 정서를 경험한 학생의 수   (단위: 명, %)

구분	단어	전체 (명, %)	여 (명, %)	남 (명, %)	여-남 차이 (명,%)
쾌-각성	흥미, 재미, 지루하지 않음	42(24.9)	37(31.4)	5(9.8)	32(21.6)
	성취감, 성공경험, 뿌듯함, 보람, 자신감, 자존감	10(5.9)	7(5.9)	3(5.9)	–
	기쁨, 환호, 즐거움	8(4.7)	6(5.1)	2(3.9)	4(1.2)
	감사, 행복, 따뜻함, 따뜻함, 감명	4(2.7)	4(3.4)	–	4(3.4)
	소계	60(35.5)	50(42.4)	10(19.6)	40(22.8)
쾌-비각성	편안함, 격의없음, 부담(감) 없음, 불안해소, 위로감	15(8.8)	12(10.2)	3(5.9)	9(4.3)
불쾌-각성	긴장감	3(1.8)	3(2.5)	–	3(2.5)
중립적	인내, 끈기	2(1.1)	2(1.7)	–	2(1.7)
계		71(42.0)	58(49.2)	13(25.5)	45(23.7)

* 동일인이 여러 항목에 반응한 경우(동일인이 여러 정서 단어를 사용한 경우) 1명으로 산정함.
* 같은 항목에 동일인이 2번 이상 반응한 경우(동일인이 같은 항목의 단어를 2번 이상 사용한 경우) 1명으로 산정함.
* 비율은 전체 학생수(여: 118명, 남: 51명)를 기준으로 산정함.
* 쾌-불쾌, 각성-비각성은 Mayne & Ramsey(2001)의 정서 분류체계(기준)를 따름.

로 인식하는 경우가 여학생이 남학생보다 많은 것이다. 따라서 흥미, 성취감, 기쁨, 감사함, 편안함, 긴장감 등의 정서를 경험한 수업을 좋은 수업으로 인식하는 경우가 여학생이 남학생보다 많은 것으로 추측된다.

특히 학생들은 좋은 수업에서 흥미, 재미, 성취감, 보람, 기쁨, 즐거움, 감사, 따뜻함 등의 **쾌-각성의 정서를 많이 느낀 것으로 나타났다. 이것은 남녀 모두에게 공통적으**로 나타났다(전체: 35.5; 여: 42.4; 남: 19.6). 따라서 학생들은 흥미, 재미, 성취감, 보람, 기쁨, 즐거움, 감사, 따뜻함 등의 쾌-각성의 정서를 경험한 수업을 좋은 수업으로 인식하는 경우가 특히 많은 것으로 추측된다.

쾌-각성의 정서를 세분하여 분석할 경우, 학생들은 **흥미, 재미, 지루하지 않음의 정서를 많이 느낀 것으로 나타났으며**(전체: 24.9, 여: 31.4, 남: 9.8), **특히 여학생이 남학생보다 훨씬 많이 경험한 것으로 나타났다.** 학생들은 흥미, 재미, 지루하지 않음의 정서를 경험하는 수업을 좋은 수업으로 인식하는 경향이 크며, 특히 여학생이 남학생보다 큰 것으로 추측된다. 성취감, 성공경험, 뿌듯함, 보람, 자신감 등(전체: 5.9, 여: 5.9, 남: 5.9); 기쁨, 환호, 즐거움(전체: 4.7, 여: 5.1, 남: 3.9); 감사, 행복, 따뜻함, 감명(전체: 2.7, 여: 3.4, 남: 0)의 정서를 경험하는 수업을 좋은 수업을 인식하는 경우는 많지 않으며 이것은 남녀 공통적이었다.

좋은 수업에서 편안함, 격의없음, 부담(감)없음, 불안해소, 위로감의 쾌-비각성의 정서를 경험한 여학생이 일부 있는 것으로 나타났다(여: 10.2). 여학생은 편안한·부담(감)없는·격의없는 수업, 불안해소, 위로감을 경험하는 수업을 좋은 수업으로 인식하는 경향이 일부 있는 것으로 추측된다. 반면 좋은 수업에서 긴장감(전체: 1.8, 여: 2.5, 남: 0); 인내, 끈기(전체: 1.1, 여: 1.7, 남: 0)를 경험한 경우는 거의 없었다. 이것은 남녀 공통적이다.

결론적으로 **특정 정서를 경험한 수업을 좋은 수업을 인식하는 경우가 여학생이 남학생보다 많았다.** 여학생의 경우, 흥미롭고 재미있고 지루하지 않은 수업을 좋은 수업으로 인식한다는 경우가 가장 많았고(31.4), 다음으로 편안한·부담(감)없는·격의없는 수업, 불안해소, 위로감을 경험하는 수업을 좋은 수업으로 인식하는 경우가 일부 있었다(10.2). 나머지 정서를 경험하는 수업을 좋은 수업으로 인식하는 경우는 드물었다. 남학생의 경우, 흥미롭고 재미있고 지루하지 않은 수업을 좋은 수업으로 인식하는 경우가 일부이고(9.8), 나머지의 정서를 경험한 수업을 좋은 수업으로 인식하는 경우는 매우 드물었다.

3 좋은 수업에서 경험한 교사의 사회정서적 행동에 대한 인식

학생이 인식하고 경험한 좋은 수업의 의미와 그 수업 장면(특성)을 기술하면서 사용한, 교사의 사회정서적 행동을 좋게 인식한 경우를 분석하였다. 즉, 학생이 좋은 수업을 기술하면서 애정, 인자함, 위로, 배려와 공감, 칭찬과 격려, 친근·친밀함, 교사의 희생이나 긍정적 태도 등의 교사의 사회정서적 행동이 좋았다고 기술한 경우를 분석하였다.

〈표 1-3〉 좋은 수업에서 교사의 사회정서적 행동을 경험한 학생의 수

(단위: 명, %)

교사의 행동	전체	여(명, %)	남(명, %)
교사의 애정, 사랑, 인자함, 따뜻함, 온화함, 다독임, 위로, 안쓰러워함, 미소, (학생을) 위하는 마음; 교사가 어려움이나 불편함을 마다하지 않음, 희생, 긍정적 태도	12(7.1)	9(7.6)	3(5.9)
교사의 배려와 공감, 경청	6(3.5)	6(5.1)	–
교사의 칭찬, 격려, 북돋아줌	5(2.9)	5(4.2)	–
교사의 친근·친밀함, 구수한 행동, 인사	4(2.3)	2(1.7)	2(3.9)
계	24(14.2)	20(16.9)	4(7.8)

* 동일인이 여러 항목에 반응한 경우(동일인이 교사 수업행동 관련 여러 단어를 사용한 경우) 1명으로 산정함.
* 같은 항목에 동일인이 2번 이상 반응한 경우(동일인이 같은 항목의 단어를 2번 이상 사용한 경우) 1명으로 산정함.
* 비율은 전체 학생수(여: 118명, 남: 51명)를 기준으로 산정함.

좋은 수업에서 사랑, 인자함, 배려와 공감, 칭찬과 격려, 친근·친밀함 등의 교사의 사회정서적 행동을 경험한 학생은 전체 중 24명(14.2)이었으며, **여학생(16.9)이 남학생 (7.8)보다 많았다.** 즉, 사랑, 인자함, 배려와 공감, 칭찬과 격려, 친근·친밀함 등의 교사의 사회정서적 행동(반응)을 경험한 수업을 좋은 수업으로 인식하는 여학생이 일부 (16.9) 있는 것으로 나타났다. **남학생의 경우 전체적으로 교사가 사회정서적 행동을 보인 수업을 좋은 수업으로 인식하는 경우가 매우 적었다**(7.8). 교사가 사회정서적 행동을 보

인 수업을 좋은 수업으로 인식하는 경향이 여학생이 남학생보다 큰 것으로 추측된다.

연구결과에 의하면 일부 학생들(특히, 여학생)은 수업에서 교사의 사회정서적 행동이 좋았고 이러한 경험 때문에 해당 수업이 좋았다고 기술하였다. 수업에서 교사의 사회정서적 행동에 대한 경험이 학생들의 좋은 수업에 대한 인식에도 영향을 끼친 것이다.

4 논의 및 결론

학생이 생각하는 좋은 수업의 특성을 기술하면서 많이 사용한 단어는 기본적으로 '참여'가 가장 많았다. 이것은 학생들이 자신이 참여하는 수업을 좋은 수업으로 인식하는 것으로 '학생중심수업'을 좋은 수업으로 강조하는 선행연구(고창규, 2006; 김주훈 외, 2003; 손승남, 2006; 이화진 외, 2001; 조규진 외, 2011; Gaskins, 1992; Weinert & Helmke, 1997; Zemelman et al., 1988)와 일치되는 결과이다. 이어서 수업에서 **정서적 경험과 교사의 사회정서적 행동**을 표현하는 단어가 많았는데 이것은 **교사-학생의 정서적 유대관계**를 좋은 수업의 특성으로 강조하는 선행연구(서경혜, 2004; 이화진 외, 2001; 조규진 외, 2011; Buskist & Saville, 2004; Bordin, 1979; Borich, 2011; Danielson & McGreal, 2000; Forsyth, 2003; Gaskins, 1992; Koch, 2004; Lowman, 1984; Meyer, 2004; Meyers, 2008; Tileston, 2007; Zemelman et al., 1988)와 일치하는 결과이다. 이 외에도 교과의 내용 이해, 활동(중심), 이야기나 스토리텔링, 매체나 도구, 자료의 활용(이용) 등의 단어 표현도 많았는데 이것은 내용교수지식(PCK)과 관련되는 단어들이다.

여학생은 수업 참여보다 **특정 정서를 경험한 수업을 좋은 수업으로 인식하는 것이 많았으나, 남학생은 정서 경험보다 참여하는 수업을 좋은 수업으로 인식하는 경우가 많았다.** 이것은 정서 인식과 반응에서 남녀별 특징이 있고 여학생이 남학생보다 정서인식이 더 명확하며 인식하는 정서의 정도가 더 크다는 선행연구(고대욱, 2014; 김원, 2008; 박성희, 2002; 정옥분, 2017; 정옥분 외, 2006; 조성은, 2005; 최효정, 2010; 허인숙·유준상, 2004; Diener et al., 1991; Sprecher & Sedikides, 1993; Zarbatany et al, 1985)와 일치하는 결과이다.

연구결과에 의하면 수업에서 경험한 **정서를 근거로 좋은 수업으로 인식하는 경향이 여학생이 남학생보다 큰 것으로** 추측된다. 여학생의 경우, 흥미롭고 재미있고 지루하지 않은 수업을 좋은 수업으로 인식한다는 경향이 가장 크고, 편안한·부담(감)없는·격의 없는 수업, 불안해소, 위로감을 경험한 수업을 좋은 수업으로 인식하는 경향이 일부 있는 것으로 추측된다. 나머지 정서를 경험한 수업을 좋은 수업으로 인식하는 경향은 별로 없는 것으로 추측된다. 남학생의 경우, 흥미롭고 재미있고 지루하지 않은 수업을 좋은 수업으로 인식하는 경향이 일부 있고, 나머지의 정서를 경험한 수업을 좋은 수업으로 인식하는 경향은 별로 없는 것으로 추측된다.

여학생이 특정 정서를 경험한 수업을 좋은 수업으로 인식한다는 것은 **교사가 수업에서 학생의 정서를 고려해야 한다는 것**을 시사한다. 남학생은 특정 정서를 경험한 수업을 **좋은 수업으로 인식하기보다 참여·집중·몰입을 경험하고 실험·실습하고 (실제)체험·경험하는 수업, 교사가 열정, 노력, 책임감을 보이는 수업을 좋은 수업으로 인식한다는 것**은 교사가 열정과 노력을 보이고, 실험·실습·체험을 통하여 학생들의 집중·몰입시키고 자발적 참여를 이끄는 수업이 필요하다는 것을 시사한다. 여학생 중 일부가 편안함, 부담(감)없음, 격의없음, 불안해소, 위로감을 경험한 수업을 좋은 수업으로 인식한다는 것은 여학생에게는 흥미롭고 재미있고 지루하지 않은 것 외에도 수업에서 편안함, 부담(감)없음, 격의없음, 불안해소, 위로감을 느끼도록 고려할 필요가 부분적으로 있다는 것을 시사한다.

좋은 수업에서 **사랑, 온화함, 배려와 공감, 칭찬과 격려, 친근한 행동, 희생, 긍정적 태도 등의 교사의 사회정서적 행동을 경험한 여학생이 일부 있는 것**으로 나타났다. 같은 수업 내에서 교사의 사회정서적 행동이 남녀별로 차이가 나지는 않을 것이다. 한 교실에서 교사가 남녀에 따라 다른 사회정서적 행동을 한다고 가정하기 어렵기 때문이다. 그런데 교사의 사회정서적 행동을 경험한 남녀학생의 차이가 나는 것은 **인식의 차이**인 것이다. 즉, 교사의 특정 사회정서적 행동을 좋게 인식하였고 그것이 학생의 좋은 수업에 대한 인식으로 이어진 것이다. 교사의 특정 사회정서적 행동을 좋게 인식하는 것에 있어서 남녀 차이는 있을 수 있다. 이것은 여학생이 남학생보다 친사회적인 정서를 더 많이 보이고(정옥분, 2017), 남학생과 여학생 간에 정서적 반응 및 친사회적 행동에 차이가 있다(허인숙·유준상, 2004; 박성희, 2002)는 선행연구에서도 확인이 된다. 연구결과에 비추어 볼 때, 여학생은 교사의 사회정서적 행동을 보인 수업을 좋은 수업으로 인식하는 경향이 일부 있는 것으로 추측된다. **남학생의 경우 전체적으로 교사가 사회정서적 행동을 보인 수업을 좋은 수업으로 인식하는 경향이 적은 것**으로 추측된다.

수업에서 경험한 정서와 교사의 사회정서적 행동의 공통점은 학생의 정서와 관련이 깊다는 점이다. 학생들은 수업에서 이들 요소들을 경험하면서 정서를 느끼고 이것은 좋은 수업에 대한 학생(특히, 여학생)의 인식에 영향을 미치는 것으로 추측된다. 학생이 수업에서 느끼는 정서, 교사의 사회정서적 행동을 좋은 수업의 요소로 인식한다는 점은 기존 선행연구에서 보고되지 않은 결과이다. 또한 수업에서 느끼는 학생의 좋은(쾌-각성) 정서는 **교사-학생의 사회적 정서에 기반한 유대관계 형성**에 기여할 것인데, 이것은 교사가 학생과의 사회적 정서에 기반한 유대관계 형성을 위해 수업에서 학생의 정서를 고려해야 한다는 것을 시사하다.

본 연구는 학생이 인식하고 경험한 좋은 수업의 의미와 특성, 좋은 수업에서 학생이 경험한 정서적 특성, 수업에서 교사의 사회정서적 행동에 대한 인식 및 남녀 특징을 분석하였다. 연구결과 학생들은 학생 참여, 교사-학생의 유대관계, 내용교수지식(PCK)과 관련된 요소를 좋은 수업의 요소로 인식하였다. 특히, 특정 정서를 경험한 수업을 좋은 수업으로 인식하는 경향은 컸는데, 여학생에서 보다 많은 것으로 나타났다. 또한 교사가 사회정서적 행동을 보인 수업을 좋은 수업으로 인식하는 경향이 여학생은 일부 있지만 남학생에게는 거의 나타나지 않았다. 이 외에도 이야기나 스토리텔링을 통한 수업을 좋은 수업으로 인식하는 것은 여학생이 남학생보다 많았으나 실험, 실습, (실제)체험이 있는 수업을 좋은 수업으로 인식하는 것은 남학생이 보다 많았다. **남녀학생이 좋은 수업의 요소를 달리 인식한다**는 것은 교사가 좋은 수업을 위해 고려할 학생의 이해와 요구가 다르다는 것을 시사한다. 전체적으로 학생들(특히 여학생)이 좋은 수업의 요소로 인식하는 특징들(수업에서 정서 경험, 교사의 사회정서적 행동)의 공통점은 이들 요소들이 학생의 정서와 관련이 깊다는 점이다. 연구결과에 따르면 교사는 좋은 수업을 위해서 내용교수지식(PCK)뿐만 아니라 학생을 이해하고 그들의 정서적 요구와 반응을 고려하는 것이 필요하다.

인명 색인

사항 색인

참고문헌

본 QR코드를 스캔하시면, '좋은 수업의 이론과 실제'의 참고문헌을 확인할 수 있습니다.

저자 약력

김대석

공주대학교 사범대학 교육학과 교수
현) 한국인성 · 감성교육학회장

[저서 및 논문]

『쉽게 풀어 쓴 교육과정과 수업의 이해와 실천』(박영사)
『아이들의 눈으로 본 학교와 교실 이야기: 잠재적 교육과정의 이론과 실제』(박영사)
『실패없는 아이: 모두가 행복한 학급 만들기』(박영사)
〈좋은 수업의 의미와 특성 분석〉, 〈Social and emotional learning in a classroom〉, 〈좋은 수업을 위한 교수학습결연 탐구〉, 〈인지·정서통합계발 수업의 설계원리 및 방법 탐구〉, 〈감성교육의 필요성에 관한 연구〉, 〈인성교육의 실천적 방법으로서 학급훈육 결정모형 연구〉, 〈협동학습과 수학에 대한 정의적 태도의 관계분석〉, 〈학교 교육과정의 효과성에 관한 연구〉, 〈학교 과학교육과정이 과학과 학업성취도에 미치는 영향의 크기 측정〉 외 다수

박우식

고려대 문학 박사, 공주대 교육학 박사
전) 육군3사관학교 전임강사, 한국교총 국제국장 겸 기조실장
현) 공주대 · 서울교대 강사

[저서 및 논문]

『UNITED 청소년 인권교육 지침서』(역서)
『실패없는 아이: 모두가 행복한 학급 만들기』(박영사)
〈Grotesques: Representation of Absolute Truth in Winesberg, Ohio and Yellow〉, 〈교원의 교육권 보호 방안 연구〉, 〈남북교육교류 활성화 방안 연구〉, 〈외국의 사회정서학습이 인성교육 정책에 주는 시사점〉, 〈사회정서 관계에 기반을 둔 학급운영 접근방법 연구〉 외 다수

성정민

경기도교육청 계성초등학교 교사
전) 경기도교육청 교육과정 선도요원, 경기도교육청 학생평가 강사요원
현) 공주대학교 교직부 강사, 전국시도교육감협의회 교육과정 현장 네트워크 추진단

[저서 및 논문]

『쉽게 풀어 쓴 교육과정과 수업의 이해와 실천』(박영사)
『아이들의 눈으로 본 학교와 교실 이야기: 잠재적 교육과정의 이론과 실제』(박영사)
〈2015 국가교육과정 성취기준과 CASEL의 사회정서학습(SEL) 역량의 비교를 통한 교육과정 설계 방안 연구〉, 〈교육과정과 수업의 미학적 해석: Dewey의 "하나의 경험"을 중심으로〉, 〈UbD 설계론에 기반한 교과 단원 설계 실습 모형 개발〉 외 다수

아이들의 눈으로 본 수업 이야기

좋은 수업의 이론과 실제

초판발행   2021년 2월 26일

지은이   김대석·박우식·성정민
펴낸이   노 현

편 집   배근하
기획/마케팅   이영조
표지디자인   이미연
제 작   고철민·조영환

펴낸곳   ㈜ 피와이메이트
            서울특별시 금천구 가산디지털2로 53 한라시그마밸리 210호(가산동)
            등록 2014. 2. 12. 제2018-000080호
전 화   02)733-6771
f a x   02)736-4818
e-mail   pys@pybook.co.kr
homepage   www.pybook.co.kr
ISBN   979-11-6519-126-9 93370

정 가   19,000원

박영스토리는 박영사와 함께하는 브랜드입니다.